미래 인재와 대학 혁신

연세대학교 레지덴셜 칼리지(Residential College)와 교양교육

미래 인재와 대학 혁신

연세대학교 레지덴셜 칼리지(Residential College)와 교양교육

초판인쇄　2018년 2월 19일
초판발행　2018년 2월 19일

지은이　정갑영 외
펴낸이　채종준
기　획　양동훈
편　집　백혜림
디자인　홍은표
마케팅　송대호

펴낸곳　한국학술정보(주)
주　소　경기도 파주시 회동길 230(문발동)
전　화　031-908-3181(대표)
팩　스　031-908-3189
홈페이지　http://ebook.kstudy.com
E-mail　출판사업부 publish@kstudy.com
등　록　제일산-115호(2000. 6. 19)

ISBN　978-89-268-8252-8　03370

미래 인재와 대학 혁신

연세대학교 레지덴셜 칼리지(Residential College)와 교양교육

정갑영 외 공저

이담
Books

머리말

        이 책은 연세대학교에서 2013년부터 실시한 레지덴셜 칼리지Residential College, RC의 경험을 바탕으로 미래 인재의 양성과 세계 명문으로의 도약을 위한 대학교육의 방향을 정리한 것이다. RC는 세계적인 명문 대학에서는 널리 보편화되어 있지만, 국내에서는 그 사례를 찾기 어렵다. 연세대학교 원주캠퍼스에서 2007년부터 1학년을 대상으로 RC가 처음 도입되었으나 소규모로 진행되었고, 일부 지방대학에서 기숙사 생활에 약간의 생활교육을 추가한 유사한 형태가 진행되고 있기는 하나 공동체에서 전인교육을 실시하는 RC의 기본 취지와는 거리가 먼 개념이었다.

   연세대학교가 전체 신입생 약 4,000명을 대상으로 새롭게 조성된 송도캠퍼스에서 RC를 실시하는 것은 결코 쉬운 일이 아니었다. 많은 재학생이 연일 반대 시위를 하고, 교수와 동문, 학부모 등 연세 공동체 모두가 실험적인 RC의 도입에 전혀 호의적이지 않았다. 서울에서 조금만 벗어나도 입학 성적이 떨어지고, 우수한 교수진의 확보에도 어려움을 겪는 한국적 현실을 감안하면 초기에 이러한 반응은 당연한 것이었다고 생각된다.

   그러나 당시 연세대학교는 매우 특수한 여건에 처해 있었다. 그중의 하나는 바로 새롭게 조성된 송도캠퍼스에 누가 가느냐는 문제였다. 여러 난관을 극복하고 최신 시설의 캠퍼스를 완공하였음에도 불구하고, 어느 단과대학도 송도캠퍼스로의 이전을 선호하지 않았다. 기숙사 시설까지 완벽하게 준비되었지만, 이를 적극적으로 활용하여 대학의 경쟁력을 높이는 것은 쉽게 풀기 어려운 문제로 부상하였다.

이런 여건에서 2012년 2월 제17대 정갑영 총장의 취임은 송도캠퍼스에 RC를 도입하는 기폭제가 되었다. 정 총장은 연희와 세브란스의 창립, 연세대학교의 통합에 이은 제3 창학을 주창하면서 송도캠퍼스에 RC를 도입하여 글로벌 명문 대학으로 도약하자는 공약을 일부의 반대에도 불구하고 적극적으로 추진하였다.

다행히 도입 당시의 여러 난관과 반대, 우려를 극복하고 2013년 송도캠퍼스에서 RC를 시작하였고, 해가 갈수록 더욱 완성된 모습으로 발전해나가고 있다. 이 과정에서 RC의 성과에 가장 크게 기여한 것 중 하나는 1학년 교육의 책임을 맡고 있는 학부대학 교수진의 열정과 헌신이었다. 교양교육과 RC의 중요성에 대한 집념, 작은 일에서부터 큰 현안에 이르기까지 초기 정착기에 숱한 어려움을 토론하고 설득하며 풀어나갔던 의지와 사명감이 가장 중요한 성공 요인이 되었다고 자부한다.

이 과정에서 교양교육과 RC, 언더우드국제대학Underwood International College, UIC의 정착에 가장 핵심적인 역할을 한 교수와 보직자들이 본래의 목표와 취지는 물론 당시의 생생한 경험을 담아 미래 대학교육의 발전을 위한 자료를 만들기 위해 이 책을 집필하였다. 본서는 기출간된 『대학교육의 혁신』과 『1461일의 도전』과 함께 2012년에서 2015년 사이에 연세의 제3 창학을 위한 혁신적인 전략을 담은 세 번째 저작이기도 하다.

다행히 최근 국내 여러 대학에서도 RC와 교양교육이 확산되는 추세여서 본서에 정리된 연세대학교의 모델이 큰 도움이 될 수 있을 것으로 기대한다. 또한 제3 창학의 일환으로 추진되었던 RC의 본래 목표와 취지, 프로그램 등이 지속적으로 발전하여 연세대학교가 글로벌 명문으로 도약할 수 있는 발판이 되기를 기원한다.

그동안 송도캠퍼스에서 헌신적인 열정으로 RC 과정의 정착에 심혈을 기울여주시고, 이번 집필 과정에서 도움을 주신 학부대학의 여러 교수님과 출판을 기꺼이 맡아주신 한국학술정보(주) 채종준 대표님께도 감사드린다.

2017년 11월
저자 일동

목차

3부

연세대학교 레지덴셜 칼리지(RC)

1부

한국의 미래와
대학교육

Residential College

1. 국가 발전과 대학교육

　　　　　　대학은 학문을 탐구하고 미래를 이끌어나갈 인재를 양성하는 교육기관이다. 역사적으로 대학은 연구와 지식탐구를 통해 새로운 과학적 진리를 발견하고, 인간과 사회에 대한 연구를 통해 인류 문화의 발전에 큰 역할을 해왔다. 과학적 지식과 기술을 개발하여 학문과 문명의 발전을 이끌었으며, 역사와 철학 등 인문학을 발전시켜 인류 공동체의 문화를 융성하게 만들었다. 특히 보편적인 기초과학의 연구결과를 널리 확산시켜 학문과 경제 발전에 기여해왔을 뿐만 아니라, 근대 문명을 이끈 사회제도의 정립과 새로운 사조思潮의 형성에도 선도적인 역할을 해왔다.

　대학의 사명과 역할도 시대 흐름에 따라 지속적으로 확장되어 왔다. 예를 들어, 중세시대의 많은 과학적인 발견이나 사회사상의 주창은 개인의 독창성이나 우연한 발견으로 이루어진 것이 많았지만, 현대사회에서는 대학이 집단지성을 형성한 조직으로서 개인이나 소규모 연구로서는 도저히 이룩할 수 없는 연구와 교육을 수행하고 있다.

또한 최근 다양한 학문에 걸친 융합 연구가 보편화됨에 따라 각 분야의 연구 인력을 다양하게 확보하고 있는 대학의 중요성이 더 크게 부각되고 있다. 예를 들어, 의학과 공학이 함께 융합되어 의용공학적 도구를 개발하고, 인문학과 경제학, 공학 등이 결합된 융복합 연구는 대학이라는 거대한 지식집단에서 가장 활발하게 이루어진다. 특히 제4차 산업혁명을 계기로 실물의 공간과 가상의 공간이 통합되고 기계가 지능화되는 21세기에는 더욱더 다양한 학문 간의 융합이 강조되고 있다.

한편 교육의 주체로서도 대학은 인문학적 소양과 다양한 학문의 기초를 다지는 가장 적합한 현장이다. 또한 대학은 교육하기에 가장 알맞은 지성의 집합체이자, 여러 학문이 공존하고 있어 인문학적인 기초교육은 물론 다양한 전공 교육이 동시에 가능한 현장이기도 하다. 현대사회의 다차원적인 발전과 더불어 융합 교육의 중요성이 강조되고, 제4차 산업혁명을 선도할 전문 인력의 필요성을 감안하면 대학은 미래 국가의 발전을 좌우할 가장 중요한 요건이 되고 있다.

특히 21세기 지식정보사회의 발전과 더불어 많은 경제활동이 지식을 기반으로 가치를 창출하는 형태로 전환되면서, 전문화된 고도의 지식을 창출하고 교육하는 대학의 중요성이 더 크게 부각되고 있다. 17세기 이후 산업사회에서는 자본과 노동의 투입이 가장 중요한 생산의 근원이었고, 21세기 지식정보사회에서는 지식과 정보가 부가가치 창출의 원천이 되고 있다. 따라서 향후 경제성장은 인적자원의 질에 의존하게 될 것이며, 고도로 전문화된 인적자원을 양성하는 대학의 역할이 그 어느 때보다 중요한 시기가 도래한 것이다. 이와 같이 대학은 학문 연구를 통해 인류의 문명과 정신사의 발전에 기여하고, 경제와 과학기술 발전의 산실이 되며, 국가의 번영을 위한 사상과 제도를 정착시키는 데 결정적인 역할을 해오고 있다.

특히 한국에서의 대학교육은 그 어떤 국가에서보다 더 중요한 의미와 역할을 갖는다. 그동안 한국의 대학은 한국의 산업화와 민주화, 정보화를 선도하는 주체로서 혁혁한 공헌을 해왔다. 개인의 차원에서도 유교 문화에서 비롯된 교육 중시의 풍토에서 대학은 가장 중요한 사회 진출의 교두보가 되어 왔고, 대학이 곧 인생을 결정한다는 인식이 많이 확산되어 있다. 이러한 이유로 대학 입학 경쟁은 세계 어떤 나라에서보다도 더욱 치열하며, 대학 입시를 위해 초등학교 때부터 (또는 그 이전부터) 엄청난 준비와 경쟁 과정을 거쳐야만 한다.

사면초가의 한국 대학[1]

그동안 한국의 대학은 연구와 교육을 통해 학문의 발전은 물론, 전문 인력의 양성을 통해 한국사회의 선진화에 큰 공헌을 해왔다. 특히 지난 반세기 동안 산업화와 민주화, 정보화 등 한국사회의 역동적인 변화 속에서 대학은 항상 사회 발전에 있어 선도적 역할을 해왔고, 대학에서 양성된 엘리트 집단의 사회적 공헌은 그 어떤 기준으로도 높이 평가받을 수밖에 없다.

그러나 최근 국내외 여건의 변화로 한국의 대학은 사면초가의 어려움을 겪고 있다. 첫째, 급속한 노령화와 저출산으로 국내의 인구구조가 급격히 변화하고 있다. 대학에 입학하는 18세에서 21세까지의 학령인구는 1990년 366만 명을 정점으로 지속적으로 감소하고 있다. 통계청 자료에 의하면 2025년 대학 학령인구는 2013년보다 36%나 감소한 178만 명 내외로 추정되며, 향후 몇 년 후부터는 입학생의 절대 부족으로 모든 대학이 심각한 도전에 직면하게 될 것으

---

1) 이하 본 장의 일부 내용은 정갑영 외, 『대학교육의 혁신』(21세기북스, 2016)에서 인용하였다.

로 예측된다.

설상가상으로 대학교육에 대한 사회적 기대가 저하되어 고등학교를 졸업하고 대학에 진학하는 비율 자체도 크게 감소하고 있다. 학령인구 중에 대학 재학생의 비율을 나타내는 취학률은 2007년 70.2%로 세계 최고 수준이었으나, 2013년 68.7%로 감소하였고 이러한 추세는 당분간 지속될 것으로 보인다. 또한 고등학교 졸업생의 대학 진학률도 2008년 83.9%에서 2013년 70.7%로 5년 사이에 무려 10% 이상 감소하였다. 학령인구와 대학 진학률 감소를 동시에 감안하면 향후 10년간 대학에 진학하는 인구는 40% 이상 크게 감소할 것으로 예상된다. 이러한 구조적 변화 속에 한국의 대학들은 강도 높은 구조조정을 통해 생존의 길을 모색해야만 하는 환경에 다가오고 있다.

둘째, 취약한 재정구조로 인하여 수준 높은 연구와 교육을 수행하는 것이 한계에 다다르고 있다. 2011년 대선공약으로 등장한 '반값등록금' 정책으로 지난 8년 이상 등록금이 인하되거나 동결되어 한국의 대학들은 재정적으로 심각한 압박을 받고 있다. 특히 정부의 재정 지원이 취약하고 외부로부터의 모금도 부진한 사립대학을 중심으로 재정 압박이 심각한 수준에 이르고 있다.

한국은 OECD 국가 중에서 고등교육에 대한 정부의 재정 지원이 최하위 수준이며, 민간의 고등교육비 부담은 일본 다음으로 두 번째로 높다. 사립대학은 등록금 의존율이 매우 높아 정원 감축과 반값등록금은 곧바로 사립대학의 재정 부실로 이어질 가능성이 크다. 이로 인한 연구와 교육 수준의 질적 저하는 한국 대학의 하향평준화를 초래할 수도 있다.

나아가 한국의 대학들은 교육 당국으로부터 획일적이고 경직적인 규제를 받고 있으며, 때로는 사회여론도 대학에 호의적이지 못한 경우가 많다. 사립대학도 자율적인 의사결정을 하지 못하는 경우가 대부분이며, 정부정책이 변화함에 따라 연구의 중점과제나 입시, 학사제도에 이르기까지 대학의 고유 업무가 크게 흔들리고 있다. 이러한 규제정책이 반복적으로 오랫동안 지속되면서 한국의 대학들은 일관성 있고 안정적인 학사운용을 수행하기 어렵게 되었고, 학교마다 특성화를 통해 자율적인 경쟁력을 제고시키는 것도 현실적인 제약이 많다.

셋째, 대학의 세계적 경쟁이 더욱 치열해지고 있어 해외로부터 인재를 유치할 여건도 취약할뿐더러, 오히려 국내에서 해외로 유출되는 인재도 적지 않다. 이미 선진국을 비롯해 일부 아시아 국가에서는 대학경쟁력의 강화와 유학생 유치를 위해 적극적인 재정 지원과 인재 유치에 노력을 기울이고 있는 반면, 한국은 아직까지 이런 정책을 시행하고 있지 않다. 예를 들어, 싱가포르는 자율과 경쟁을 통해 혁신을 유도하고, 규제와 간섭보다는 연구와 교육활동에 대한 정부의 막대한 재정 지원이 이루어지고 있다. 중국 역시 1990년대 초반부터 선택과 집중을 통한 우수 대학의 집중 육성 정책을 시행하여 칭화淸華대학교, 베이징北京대학교, 푸단復旦대학교 등 10여 개 대학을 집중 지원하고, 한편으로는 과감한 대학 구조조정도 실시하고 있다.

세계적인 ICT Information & Communications Technologies, 정보통신기술의 발전으로 고등교육 영역에서 시공간의 제약이 없는 무한 경쟁은 더욱 가속화되고 있다. 세계 각국에서 양질의 강의를 동시에 수강할 수 있는 MOOC Massive Open Online Course, 동영상 강의제도의 보편화는 그 한 예로, 대학은 지금 교육과 연구 등 모든 분야에서 글로벌 시장을 무대로 무한 경쟁을 해야 하는 상황에 직면하고 있다.

이러한 환경에서 무엇보다 대학은 글로벌 경쟁력을 높여 시대 변화에 적합한 전문 인력을 배출할 수 있는 역량을 확보해야 한다. 특히 지식기반경제에서 국가경쟁력은 전문 인재에 의한 첨단지식의 창출과 기술혁신의 비교우위에 달려 있고, 고등교육은 이를 지원하는 핵심적인 요인이다.

안타깝게도 한국의 대학들은 대체로 개방적이지 못하고 거버넌스 시스템Governance System이 선진화되지 못하여 전문 인력 배출을 위한 내부 혁신이 매우 어려운 환경에 처해 있다. 시대적 흐름에 맞춰 전공과목을 개편하고, 사회적 수요에 맞춰 학과를 선제적으로 조정하는 것도 현실적으로 매우 어려운 게 사실이다. 거버넌스가 안정되지 못하여 학생과 교수, 직원, 동문 모두가 이해관계자로서 행정에 영향력을 행사하려 하고, 실제로 총장 선출 때마다 그 방식에서부터 임명 과정까지 항상 논란이 많으며 선진화된 제도로 정착되지 못하고 있다.

2. 한국 대학의 미래: 아시아 교육의 허브

이러한 제약에도 불구하고 한국 대학들은 국제적인 경쟁력을 갖출 수 있는 잠재적 역량을 충분히 갖고 있다. 실제로 한국은 연구자와 학생의 수준이 매우 높으며, 최근 연구 역량도 크게 향상되었을 뿐 아니라 높은 교육열, 대학에 대한 사회의 관심도 상당하다. 정부로부터 자율성과 재정적 지원이 뒷받침된다면 충분히 국제적인 경쟁력을 갖출 수 있는 잠재력을 갖고 있다. 실제로 한국과 같은 인구 규모와 교육에 높은 관심을 가진 나라의 경우, 입시 경쟁의 해소, 대학경쟁력뿐만 아니라 국가경쟁력을 한 단계 도약하기 위해선 보다 많은 수의 국내 대학이 세계 100대 대학에 포함될 수 있도록 노력과 정진이 필요하다. 한국의 인구 규모나 경제력을 감안한다면 적어도 10개 내외의 대학이 세계 100대 대학에 들어가야 할 것이다. 경쟁력 있는 대학이 많아져야만 좋은 대학을 찾는 수요도 충족시킬 수 있어 국내의 입시 경쟁도 개선될 수 있을 것이다.

한국 대학이 아시아 교육 허브를 구축할 수 있는 수준의 명문 대학으로서의 경쟁력을 갖추려면 적어도 몇 가지 조건이 충족되어야 한다. 첫째, 우수한 교육과 연구 성과를 실현해야 한다. 이를 위해서는 당연히 연구 역량이 탁월한 교수가 충분히 확보되어야 하며, 세계 수준의 연구를 수행할 수 있는 연구 여건을 갖추어야 한다. 바로 연구를 뒷받침하는 시설과 지원인력을 말한다. 세계적인 명문 대학은 흔히 교육보다는 연구를 강조하는 경우가 많다. 물론 대학의 사명은 교육과 연구에 있고, 의과대학의 규모가 큰 대학은 임상과 의료연구 수준의 고도화도 중요한 사명이 된다. 그러나 한국적 상황에서는 연구 못지않게 교육의 중요성이 매우 높다. 교육을 통해 세계적 인물을 배출해야 하고, 미래사회를 선도할 엘리트를 양성해야 한다.

둘째, 교육은 연구와 달리 작은 규모의 투자와 시설만으로도 세계적인 경쟁력 달성이 가능하다. 대학의 설립 정신과 교육철학을 공고히 하고, 인재상을 설정한 후에, 자질 있는 교육자가 성실하게 사명을 다하는 환경을 조성하는 것이 그 방법이다. 특히 교육 프로그램과 교수자의 열정, 교육을 지원하는 시설과 행정시스템 등 소프트웨어가 교육경쟁력을 좌우한다. 미국의 윌리엄스 칼리지Williams College, 애머스트 칼리지Amherst College 등 리버럴 아츠Liberal Arts 대학들은 규모는 작지만 교육 중심으로 특화하여 세계적 명성을 유지하고 있다. 학교의 규모보다는 탁월한 교수와 우수한 학생, 활발한 학술 및 연구활동을 뒷받침할 수 있는 역량이 명문 교육을 결정하는 가장 중요한 요인임을 단적으로 보여주는 예이다.

셋째, 명문 교육을 확립하기 위해서는 대학에 영향을 미치는 외부환경도 중요하다. 교육정책은 물론 문화와 인구구조, 대학을 보는 사회의 눈, 진학률 등 주변 여건이 그것이다. 미국은 대체로 사립대학을 중심으로 자율성과 시장의 경쟁을 기본으로 하는 대학정책을 시행해왔다. 반면 유럽은 국공립대학이 중심을 이루고 재원도 대부분 정부에서 부담하고 있다. 어떤 모델이 바람직한가는 획일적으로 평가하기 어렵지만 대체로 기초연구는 정부가 지원하고, 사학의 자율성을 제고시키는 것이 대학의 경쟁력을 강화하는 데 필수적이라고 본다. 자율성은 항상 사회적 책무와 함께 주어지므로 대학은 소외계층에 대한 교육 기회의 확대와 사회적 배려에 적극적으로 나서야 한다.

넷째, 세계적인 경쟁력을 갖추기 위해서는 재정 여건도 중요하다. 대학교육의 결과는 공공재의 성격을 가지므로 좋은 교육을 받은 인재가 창출하는 연구 결과와 사회적 기여는 특정 개인은 물론 사회 전체에 엄청난 파급효과를 가져온다. 예를 들어, 명문 교육을 받은 인재가 위대한 발명을 하거나 새로운 사업을 발전시킴으로써 나타나는 긍정적 효과는 많은 사람이 공유할 수 있다. 이러한 공공재의 성격 때문에 국공립과 사립을 불문하고 정부가 대학에 투자해야 할 당연한 책임이 있는 것이다.

그러나 현실적으로 정부의 지원에 많은 제약이 있기 때문에 사립대학에 자율성을 주어 재정 부문의 제약을 극복할 수 있도록 하고 있다. 반면 한국의 경우에는 대학의 자율권이 엄격하게 규제받고 있고, 민간의 기부 문화도 열악하여 등록금 이외에는 재정 확보가 현실적으로 어려운 상태이다. 그나마도 최근에는 등록금마저 엄격하게 규제를 받고 있어 재정 압박이 더욱 심화되고 있다.

마지막으로, 명문 대학으로 도약하려면 대학 내부의 혁신과 개방성을 바탕으로 학생과 연구진의 유치에서부터 대학행정과 거버넌스 등이 선진화되어야 한다. 이러한 기준에서 보면 한국의 대학은 아직도 명문 교육을 실시하는 선진 대학으로 가는 길이 멀기만 하다.

그러나 역설적으로 보면 재정과 정책환경 그리고 거버넌스는 대학의 노력 여하에 따라서 충분히 개선해나갈 수 있는 과제이기 때문에 대학사회의 적극적인 노력이 필요하다. 대학 스스가 앞장서서 내부의 혁신을 시도하고, 정책환경을 바꾸기 위한 사회운동을 전개하며, 적극적인 기부활동 등을 통해 재정 역량도 강화해나가야 할 것이다.

대학의 자율성과 경쟁력

이러한 여건의 어려움에도 불구하고 한국 대학은 우선 소수 분야에서부터 국제적인 경쟁력을 갖출 수 있도록 특성화하는 혁신을 시도해야 한다. 특히 교육 분야의 경쟁력을 제고시켜 아시아 교육의 허브로 성장할 수 있는 발판을 마련해야 할 것이다. 한국은 중국과 일본 등 인구가 집중된 국가가 인접해 있어 유치할 수 있는 잠재적인 학생 규모가 세계 어떤 지역보다도 풍부하다. 또한 일본이나 중국에 비교하여 교육의 서구화와 개방화가 더 빨리 진행되고 있기 때문에 한국 대학이 비교우위를 점하고 있다. 국내 대학의 글로벌 경쟁력 향상은 내국인의 해외 유학 수요를 흡수하고, 한국 문화의 국제화 등 다양한 부수효과도 거둘 수 있다.

이를 위해서는 무엇보다도 소수의 저명 대학에서부터 글로벌 명문 교육과 연구 역량을 갖출 수 있는 기반을 조성해야 한다. 먼저 전략적으로 비교우위를 확보할 수 있는 선도적인 프로그램을 집중적으로 육성하여 아시아 교육 허브의 주도적 역할을 할 수 있게 해야 한다. 한국의 우수한 사립대학 중 재정적 자립이 가능한 대학은 규제 완화와 자율성 확대를 통해 세계적인 명문 대학과 경쟁할 수 있는 아시아 고등교육의 허브로서 발전할 수 있도록 적극적인 정책적 지원이 필요하다.

예를 들어, 연세대학교의 언더우드국제대학Underwood International College, UIC은 이미 미국의 아이비리그Ivy League에 준하는 경쟁력 있는 대학 프로그램을 운영하고 있다. 2006년 세계 수준의 리버럴 아츠Liberal Arts 교육을 표방하면서 출범한 UIC는 100% 영어로 진행되는 교육과정, 국제적 교수진(100% 외국인 교수) 및 기숙사 등 풍부한 인프라를 바탕으로 세계 60여 개국으로부터 인재들이 찾아오는 교육경쟁력을 확보하고 있다.

한국이 아시아의 교육 허브로서 세계적인 인재를 유치할 수 있는 수준의 대학경쟁력을 확보하려면 기본적으로 "자율형 사립대학"을 허용하여 정부의 규제 없이 자체적으로 특성화된 경쟁력 있는 프로그램을 개발할 수 있게 하는 대전제가 충족되어야 한다. 물론 정부의 재정 지원이 함께 이루어진다면 아시아 교육 허브 전략은 더욱 신속하게 이루어질 수 있지만, 획일적이고 형평지향적인 교육정책의 기본 틀을 벗어나기 어려운 현실을 고려하면 재정 지원보다는 사회적 책무를 부과한 자율성의 확대가 더 용이하게 실시될 수 있을 것이다.

대학은 경제 침체와 일부 기술집약적 선도 산업의 불균형적인 발전으로 인해 최근 급속히 심화되고 있는 사회 양극화를 교육을 통해 해소할 수 있는 창구 역할도 해야 한다. 대학교육이 교육 기회 불균형을 해소하여 '신분 상승의 사다리'로서의 전통적인 기능을 회복하고 사회 양극화 해소와 통합에 기여하는 시대적 사명을 달성해야 한다. 이것은 소외계층을 배려하는 적극적인 전략affirmative initiatives과 재정적인 지원을 바탕으로 이루어져야 하며, 이 목적을 실현하기 위해서는 대학의 자율성과 사회적 책임을 연계하는 정책이 필요하다.

자율형 사립대학은 글로벌 시대에 외국 명문과 자유롭게 경쟁할 수 있도록 자율을 주되, 동시에 사회적 약자를 적극적으로 배려하여 교육 기회 불균형을 해소하고 우리 사회의 갈등 해소와 신뢰 수준을 높이는 데 기여할 수 있는 사회적 책무를 부과해야 한다. 동시에 교육과 연구의 세계적 수월성을 확보할 수 있는 대학이 10개 이상 만들어진다면 한국은 아시아의 교육 허브로서 부상할 수 있을 것이다.

이와 함께 내부적으로 대학행정의 비효율성과 전근대적인 인사제도 및 지배구조의 개선, 교수와 직원, 학생, 동문 간의 전문적인professional 역할 분담이 동시에 이루어진다면 한국의 대학은 아시아 교육 허브로 크게 발전할 수 있을 것이다.

3. 연세대학교 제3 창학과 레지덴셜 칼리지(RC)

　　　　　　　　명문 교육의 경쟁력을 확보하려면 먼저 어떤 인재가 지식 정보화시대에 필요한가를 정의하고, 어떤 교육을 통해 그러한 인재상을 길러낼 수 있는가를 파악해야 한다. 먼저 대학의 창립 정신과 교육철학, 미래 인재의 수요를 감안하여 미래의 인재상을 정립하고, 그 조건에 적합한 교육 프로그램을 개발하며, 필요한 교육자와 시설을 확보하는 적극적인 전략을 개발해야 한다. 즉, 대학은 이러한 인재를 길러내기 위한 철학과 교수법, 교육자 등을 확보해야만 교육경쟁력을 선진국 수준으로 발전시킬 수 있다. 특히 미래 경제의 지속적 발전의 근간이 되는 고급 인재에 대한 수요는 더욱 증가하고 있으므로 고급 인력 양성을 위한 경쟁력 있는 교육 기반을 마련하는 것이 절실히 요청되고 있다. 미래사회가 필요로 하는 인재의 조건은 여러 측면에서 정의할 수 있겠지만 가장 중요한 것은 역동적인 변화에 적극적으로 대응하고, 창의적인 접근으로 변화를 도전적으로 극복하며, 새로운 변화를 선도할 수 있는 인재라고 할 수 있을 것이다.

　우리 사회가 필요로 하는 미래의 인재는 최근의 급격한 변화와 미래의 불확실성, 제4차 산업혁명 등 혁신적인 변화를 적극적으로 수용하면서 미래 발전을 선도할 수 있는 능력을 갖추어야 한다. 전공 분야의 전문성은 당연히 갖추어야 할 조건이지만, 그보다 먼저 사회의 리더로서 갖추어야 할 기본적인 소양과 품격을 함양해나가야 한다.

　연세대학교는 1885년 제중원으로부터 설립한 이래 130여 년이 지나면서 본교와 의료원, 원주, 송도 등 4개의 캠퍼스를 지닌 한국 최대의 대학으로 성장하였다. 학생 규모나 예산, 연구 인력 등 세계 어디에 비교해도 뒤지지 않을 만큼 양적으로도 규모가 큰 대학으로 성장하였다. 2014년에는 영국의 글로벌 대학평가기관 THE Times Higher Education, 타임스 고등교육에서 80위권의 세계 저명 대학으로 평가받음으로써 연세 역사상 처음으로 세계 100대 대학에 진입하였다.

그러나 130년의 긴 역사에도 불구하고 연세대학교는 아직도 교육과 연구의 수월성은 물론 국제적 위상이 세계적 명문과는 견주기 어려운 수준에 머물러 있다. 대학을 둘러싼 국내의 경제·사회적 여건도 선진국들과는 비교조차 하기 힘들다. 사립대학에 당연히 주어져야 할 자율성도 매우 미흡하여 사학 명문으로서의 특성화를 추구하는 데도 많은 제약을 안고 있다.

이러한 여건에서 2012년 2월에 취임한 정갑영 제17대 총장은 "연세, 제3 창학"의 기치를 내걸고, 연세가 새롭게 헤쳐나가야 할 미래의 도전과 비전을 제시하였다. 1885년과 1915년에 각각 창립된 세브란스와 연희전문의 시대를 제1 창학기, 1957년 연희와 세브란스의 합병을 제2 창학기의 시작으로 구분한 후, 2012년부터 송도캠퍼스의 개교를 계기로 제3 창학의 꿈을 펼쳐 연세의 새로운 역사를 만들자고 주창한 것이다. 당시 정 총장은 취임사에서 "역사를 만드는 연세 Yonsei, where we make history"의 사명을 되새기며 연세의 학문적 수월성과 위엄을 제고하여 아시아 최고의 명문 Asia's World University으로 도약하기 위한 제3 창학의 전략을 발표하였다. 즉, 교육과 연구의 학문적 수월성 확보, 캠퍼스 인프라의 경쟁력 제고, 멀티 캠퍼스의 자율과 융합을 추구하고 새로운 공동체 문화를 확립하기 위한 전략 등을 구체화하였다.

정갑영 총장은 연세대학교가 지향하고 있는 미래의 인재상과 교육의 중점을 창의력 Creativity, 융합 Convergence, 소통 Communication, 문화적 다양성 Cultural Diversity, 기독교적 리더십 Christian Leadership의 "5C"로 규정하고, "섬김의 정신을 실천하는 창의적인 글로벌 리더"를 길러내는 것을 교육목표로 설정하였다. 특히 이러한 교육목표를 효과적으로 달성하기 위해서는 학습과 생활을 통합하는 교육이 절실하다는 판단하에 미국의 아이비리그 등 선진 명문의 교육모델인 기숙 교육 Residential

Education을 1학년 학생들을 대상으로 전면 도입하게 되었다.

레지덴셜 칼리지Residential College, 즉 RC는 학원형 대량교육체제를 혁신하여 학습과 생활이 통합된 창의적인 공동체 교육을 실시함으로써 학습효과를 극대화하고, 건강한 공동체 문화를 선도하는 글로벌 리더를 양성하기 위한 선진화된 명문형 프로그램이다. 특히 연세대학교의 RC는 해외 대학들의 프로그램을 단순히 이식한 것이 아니라, 이미 2007년부터 원주캠퍼스에서 RC를 실시한 경험을 바탕으로 한국의 실정에 맞게 개선한 연세만의 특성화 프로그램이다. 즉, RC는 대학이라는 작은 공동체에서 생활과 학습을 통합하는 공동체 생활을 통해 서로 소통하고 이해하며, 다양한 문화적 체험을 함께하는 건강한 전인교육의 기반을 제공하고자 하는 것이다.

이러한 정책을 실행하는 데 많은 어려움이 있었지만, 2012년부터 시작된 연세 제3 창학의 꿈은 상당히 많은 성과를 맺게 되었다. 그중에서도 송도 국제캠퍼스는 5,300여 명이 거주하는 아시아 최고의 RC 교육현장으로서 성과를 거두었고, 지금은 오히려 아시아 저명 대학이 벤치마킹하는 캠퍼스로 변모하였다. 신촌캠퍼스 백양로는 2만 2천여 기부자가 참여하는 대역사를 만들며 3만 8천여 평의 녹지공간이 문화와 예술이 함께 숨 쉬는 캠퍼스의 명품으로 재탄생하였다. 경영관과 암센터 등의 신축으로 신촌캠퍼스와 의료원은 면모를 일신하였고, 원주의료원도 새롭게 탄생하였으며, 캠퍼스 융합의 상징인 기숙사 제중학사와 법현학사의 통합 건축도 이루어지는 계기를 만들었다. 물론 연세대학교는 국내 최고 사학으로서 RC라는 새로운 체계의 도입 여부에 불문하고 지속적인 순항이 가능할 수도 있다. 이러한 이유로 일부에서는 새로운 송도캠퍼스의 건립과 RC 교육과 같은 모험에 적극적으로 반대하기도 하였다.

왜, 레지덴셜 칼리지(Residential College)인가?

대학교 1학년은 발달론적 측면에서 매우 중요한 시기이자 인생의 중요한 전환기conversion year로서 대학생활의 성패를 좌우하는 시기이다. 특히 대학 입학 후 2~3주간the first crucial weeks은 학생들이 자신의 인생 목표를 어떻게 정립할지, 대학에서 무엇을 할 것인지 등에 대해 깊이 고민하는 시기이다. 이 시기를 어떻게 보내느냐에 따라서 학생들의 향후 인생 진로는 크게 달라진다. 하지만 우리나라의 대학 신입생 대부분은 불행하게도 이 시기를 제대로 보내지 못하고 있다. 통상 신입생들은 대학 입학 이전에 신입생 오리엔테이션 행사에 참여하게 되는데, 이 행사는 대학교 또는 전공에 따라서 오랫동안 준비되고 학교와 학생회의 적절한 역할 분담으로 선배와 교수들과의 뜻깊은 만남이 시작되는 장이 되기도 한다.

그러나 상당수의 대학에서는 신입생들이 대학에 입학해 처음으로 만남을 갖는 기회는 학교의 공식적인 행사가 아닌, 소위 '새터'라는 학생회 주관의 오리엔테이션이다. 또한 우리나라 수도권 대학생들의 평균 통학시간은 2시간이 넘고, 연세대학교 신입생의 경우 50% 정도가 부모와 거주하지 않는 것으로 나타났다. 이에 따라 학생들의 공동체 활동시간과 학습시간은 매우 낮고, 1학기 학사 경고자의 대부분은 대학 1학년인 실정이다.

이러한 상황에서 학생들을 올바르게 교육하기 위해서는 연세대학교와 같은 대형 대학에서 학원형 대량교육이 아닌 생활과 학습이 통합된integration of living and learning 작은 공동체small community 안에서 전문적인 지식과 전인적 교육holistic education을 받고, 아울러 공동체 의식을 함양하게 할 필요가 있다. 대학은 다시 근본으로 돌아가서Back to the Basics 학부교육, 특히 인문학적 기초를 확고히 하는 교양교육의 중요성을 재인식할 필요가 있다. 결과적으로 연세대학교는 다섯 가지의 핵심 역량(5 Core Competences: Creativity, Convergence, Communication, Cultural Diversity, Christian Leadership)을 함양하기 위해서는 학습과 생활을 통합하는 기숙 교육Residential Education이 가장 절실히 필요하다고 판단한 것이다.

RC 교육은 물론 1학년 한 해만 실시하는 것이 이상적인 것은 아니다. 연세가 송도에서 1년 과정을 도입하였던 것은 기숙사라는 기본 시설의 제약이 있고, RC에 따르는 많은 프로그램의 개발과 운용에 한계가 있었기 때문이다. 이상적으로는 2년 내외로 연장하는 것이 바람직하며, 이를 위해서는 학교의 많은 투자와 RC에 대한 인식의 제고, 많은 전공과 RC와의 연계, 교수자 확보와 프로그램 개발 등이 선행되어야 한다. 특히 많은 대학이 서울에 위치해 있는 현실을 감안하면 RC의 필수조건인 대량의 기숙사를 확보하는 것이 큰 제약이 된다.

RC는 국가마다 다른 형태로 운영되고 있지만, 연세는 미국의 아이비리그 모델을 한국 실정에 맞게 개선하여 1학년에 적용하였다. 실제로 도입 당시 4,000여 명에 달하는 1학년 학생 전체를 대상으로 새롭게 조성된 캠퍼스에서 대규모 RC를 실시하는 것은 유례를 찾아보기 힘든 역사적 사례였다. RC는 도입 초기에 많은 반대가 있었음에도 불구하고 3년이라는 짧은 기간에 안정되게 정착하여 아시아 고등교육의 패러다임을 바꾼 새로운 모델로 인용되고 확산되고 있으며, 학생은 물론 학부모와 대학 관계자들로부터도 성공적인 모델로 평가받고 있다.

연세에서 비교적 단기에 RC 교육이 정착될 수 있었던 것은 기초교양교육의 틀 안에서 RC 교과 영역이 자리잡고, 학사지도시스템이 이미 1999년부터 학부대학University College을 중심으로 실시되었기 때문이다. 특히 당시 연세는 송도에 새로운 캠퍼스를 조성하였음에도 불구하고 어떤 단과대학이 갈 것이냐에 대한 논란이 심각하였고, 새 캠퍼스의 운영방침도 불명확한 시기였다. 이 상황에서 1학년을 주관하는 학부대학이 RC 형태로 이동함으로써 모든 전공학과에 불문하고 교양과 인문, 전인교육을 강화하는 계기는 물론, 단과대학 간 송도 이전

논란을 종식시키는 계기가 되었다. 이 과정에서 연세대학교가 국내 최초로 설립 운영해왔던 학부대학의 전임교수와 학사지도교수가 가장 적극적인 역할을 하였으며, 교과과정의 안정적인 운용도 기존의 학부대학 경험이 큰 교훈이 된 것이 사실이다.

지금까지 초기의 어려운 여건에도 불구하고 단기에 성공적으로 정착한 연세의 RC 경험이 향후 많은 대학에 확산되어 한국의 고등교육에 크게 기여할 수 있기를 바란다.

2부

교양교육:
학부대학과
언더우드국제대학(UIC)

Residential College

1

학부대학[1]

1. 기초교양교육의 중요성

미국의 교육자이자 제3대 대통령인 토머스 제퍼슨Thomas Jefferson은 "기초교양교육을 받은 인재들은 시민들의 권리와 자유를 수호할 수 있어야 한다"라고 주장하였고, 노벨평화상 수상자이자 미국의 제28대 대통령인 우드로 윌슨Woodrow Wilson은 "모든 사회에는 기초교양교육을 받고 특별하고 어려운 임무를 수행하는 인재가 필요하다"는 말로 기초교양교육의 필요성을

---

[1] 이하 본 장의 일부 내용은 장수철, 김은정, 최강식, 「연구중심대학의 교양교육 모형 연구: 레지덴셜 칼리지와 학사지도시스템의 융합」(연세대학교 정책연구, 2016) Ⅲ장에서 발췌하였다.

피력하였다.

우리나라의 대학교육협의회_{대교협}에 해당하는 미국대학교육협의회_{Association of American Colleges and Universities}는 기초교양교육을 받은 학생은 지식이 축적되는 과정에서 제시되는 새로운 문제에 호기심을 가지는 자세, 하나의 상황이나 문제를 여러 각도로 파악하는 능력, 결론에 이르기 위한 과정에서 지식을 동원하는 능력, 다른 사람의 비판을 수용할 수 있는 능력, 모호한 실체를 명확하게 밝혀낼 수 있다는 확신, 타인이 지닌 이견을 존중하는 자세 등의 소양을 갖출 수 있다고 천명하였다. 이처럼 미국은 기초교양교육의 중요성을 일찍부터 전 사회적으로 인지한 것으로 보인다.

최근에 이르러 우리나라에서도 교양교육의 중요성에 대한 인식이 점점 더 확장되고 있다. 연세대학교를 비롯한 몇몇 대학의 노력 끝에 2006년에 전국대학교양교육협의회와 한국교양교육학회가 출범, 현재 50여 대학교를 회원교로 거느리고 있다.[2] 또한 교양교육 강화와 학회활동을 지원하기 위해 2011년 한국대학교육협의회 산하에 한국교양기초교육원이 설립되었다.

한국교양교육학회에 따르면 대학 교양교육이란 기본적 지식과 자율적 학습 능력을 포함하는 것으로 인간, 사회, 자연에 대한 폭넓은 이해를 바탕으로 올바른 세계관과 건전한 가치관을 확립하는 데 기여하는 교육이다.[3] 특히 입시 위주의 불균형한 중등교육이 개선될 기미가 보이지 않고 물질 위주의 전도된 사회적 가치가 횡행하는 우리나라의 경우 이러한 교양교육의 목표는 남다른 의미를 가진다고 할 수 있다. 더구나 지식의 생산이 폭증하고, 지식의 수명이 짧

---

2) 2015년 연세대학교 학부대학장이 전국대학교양교육협의회 회장을 역임하였다.

3) 윤우섭, 「제4차 산업혁명과 대학교양교육」, '제4차 산업혁명시대 대학교양교육 발전방안' 토론회 자료, 2017, 9~27쪽.

으며, 지식의 유통이 용이해진 현대와 앞으로 더욱 이러한 경향이 심해질 미래에 대비하는 데에 교양교육의 중요성은 크게 증가할 것이다. 현대사회에서 기업이 요구하는 인재상도 교양교육의 강화이다. 기업은 기존의 전문성과 지식을 주로 요구하였던 것과 다르게 과학기술에 대한 이해, 인문학적 소양, 인성 등을 갖춘 문제해결능력이 있는 인재를 원하게 되었다.

교양교육을 통해 학생들이 얻게 될 소양은 학생들이 하나의 교양인으로서 지녀야 할 자질임은 물론, 학생들이 고학년 또는 그 이상의 과정에서 전공 실력을 쌓은 데에도 매우 훌륭한 토대가 될 것이다. 그래서 현대 세계를 이끌고 있는 미국을 비롯한 앞서가는 많은 국가의 최고지도자들과 교육자들은 교양교육의 중요성을 강조해왔고, 필요한 노력을 경주해온 것으로 간주된다.

이러한 교양교육의 역사와 내용을 배경으로 연세대학교에서는 기초교양교육의 중요성을 인식하여 "Back to the Basics"를 학교 교육의 구호로 정하였고, 글로벌 인재교육의 목표로 5C를 세우게 되었다. 그런데 연세대학교는 교양교육의 중요성을 이제야 인정한 것이 아니며, 창립 때부터 이미 기초교양교육을 실행해왔다.

한국경제 2016-03-18

[시론] 알파고 세상, 학원형 교육풍토로는 안 된다

최강식 〈연세대 교수 · 경제학〉

알파고와 이세돌 9단, 인공지능(AI)과 인간의 바둑 대결에서 이
세돌 프로가 초반 세 판을 연달아 패하자 많은 사람은 상당한 충
격을 받았다. 인공지능이 무서운 속도로 발전하면서 마치 영화
에서 보던 것처럼 기계가 인간을 지배하는 날이 곧 닥칠 것 같은
두려움이 엄습했기 때문일 것이다. 최근 다보스포럼에서 발표된
향후 일자리 전망 역시 우리를 더욱 불안하게 하고 있다. 머잖아 대부분의 일자리가 기계
로 대체돼 대량 실업 사태가 벌어질 것만 같기 때문일 것이다.

이런 우려를 보여주기라도 하듯이 통계청에서 발표한 올 2월의 고용 사정은 지표상으로 좋
은 편이 아니다. 원래 1년 중 2월이 고용 사정이 가장 좋지 않은 달이기는 하지만 취업자 증
가세도 둔화하고, 전체 실업률뿐만 아니라 청년 실업률 역시 전년 동월에 비해서 높아졌다.
물론 2월의 고용 사정은 좀 더 자세히 살펴보면 그리 걱정할 만한 일은 아니다. 작년 2월이
그 이전 5개년 평균보다 취업자 수가 특별히 증가한 점, 경제활동 조사 시점이 설 연휴 이
전인 데 비해 올해는 설 연휴 이후에 조사한 점 등의 특이 요인을 감안하면 2월 고용동향은
실질적으로는 예년과 큰 차이가 없고, 3월 이후는 고용 여건이 더 좋아질 것으로 보인다.

그러나 인공지능, 빅데이터와 사물인터넷 등의 급속한 발전으로 인해 다가올 제4차 산업혁
명은 우리의 삶과 경제, 고용 구조를 근본적으로 뒤흔들 가능성이 높다.

기술 진보의 역사를 돌이켜 보면 인류가 이런 공포감을 느낀 것은 처음이 아니다. 제2차 산업혁

명으로 기계가 노동을 대체하면서 많은 노동자가 일시적으로 일자리를 잃자, 위기감을 느낀 사람들은 기계를 파괴하자는 운동(러다이트 운동)까지 일으켰다. 그러나 실제로는 없어진 일자리보다 더 많은 일자리가 생겨났다. 기술진보로 생산성이 증가해서 오히려 노동수요가 증가하는 효과와 더불어, 기계를 개발하고 유지·보수하는 새로운 일자리가 생겼기 때문이다.

그러나 정보통신 혁명으로 시작된 제3차 산업혁명에서는 일자리의 구조가 바뀌기 시작했다. 숙련도가 높은 근로자는 기술과 보완적인 관계를 이뤄 이들의 일자리는 늘어나고, 저숙련 근로자의 일자리는 기계로 대체되기 시작한 것이다. 특히 제4차 산업혁명 국면에서는 오히려 중숙련 근로자의 일자리가 기계로 대체될 가능성이 높아졌다. 하지만 숙련 수준이 높지 않더라도 기술이 대체하지 못하는 직종은 큰 변화를 겪지 않을 것으로 나타났다. 요약하면 고숙련 직종은 수요가 증가하고, 중간 숙련 직종은 감소하고, 저숙련 직종이나 기술진보와 독립적인 직종은 큰 영향을 받지 않게 돼 중간 계층이 몰락하는 양극화가 가속화될 것이다.

다가올 급속한 기술변화에 대응하기 위해서는 기술과 독립적이거나 보완적인 역량을 더 길러야 한다. 즉, 알파고를 개발해내고 이를 유지·개선하는 직종, 기술이 넘보기 힘든 문화·예술 등의 감성적 영역에서 필요한 역량을 계발해야 한다. 이런 역량은 대량 학원형 교육으로는 길러지지 않고, 한국 교육의 패러다임을 바꿔야만 가능하다. 한국 교육에서 상대적으로 소홀히 여겨온 소통의 능력, 창의적 능력, 문화적 다양성과 융합의 능력은 기계로 대체되지 않는다. 이런 능력은 세분화된 전문 교육보다 인문학적 소양과 기본적인 자연과학 등의 교양교육을 통해 더 강하게 길러질 수 있다. 교육이 근본으로 다시 돌아가야 하는 이유다.

2. 연세대학교 기초교양교육의 역사

1) 연희전문의 기초교양교육

　1885년 제중원에서 물리와 화학을 가르치는 교사로서 봉사활동을 하던 선교사 호러스 그랜트 언더우드Horace Grant Underwood는 이듬해에 훗날 독립운동가로 성장하는 4세의 김규식을 비롯한 40여 명의 고아를 모아 교육을 시작하였다. 이 언더우드학당은 경신학교가 되고 1915년 경신학교 대학부, 즉 연희전문학교 Chosen Christian College로 발전하게 된다. 언더우드에 의한 교육의 시작이 연세대학교의 탄생, 즉 연세의 제1 창학이라 할 수 있다. 제1 창학의 정신적 토대는 "척박한 땅에 뿌려진 작은 씨앗이었지만 하나님이 축복으로 이끌어주셨습니다"라는 언더우드의 간절하고도 확신에 찬 기도에서 찾을 수 있다.

　1896년에는 16세의 안창호가 입학하게 된다. 2013년이 되어서야 연세대학교 정갑영 총장은 도산 안창호에게 명예졸업장을 수여하게 되었는데(외손자가 대신 수여), 도산 선생의 외손자인 필립 안 커디Philip Ahn Cuudy는 이에 대한 감사의 편지 속에 "…과거의 유산Heritage을 품고, 책임Responsibility을 가지고 현재를 살아가며, 미래를 향해 도전Challenge합니다!"라고 연세대학교를 크게 축복하였다. 이처럼 연세대학교는 당시 사회가 필요로 하는 인재를 배양하였는데 그 배경에는 기초교양교육이 놓여있었다고 해도 과언이 아니다.

　1915년 연희전문학교는 문학, 신학, 농학, 상업학, 수학, 물리학, 응용화학을 가르쳤는데 이는 당시 전 세계의 주요 대학들이 학생들을 대상으로 그 중요성을 강조하였던 교양교육의 추세와 크게 다르지 않다. 연희전문학교는 당시의 인재들이 갖추어야 할 소양을 길러내기 위해 교양교육을 충실히 수행한 것으로 판단된다. 정인보와 최현배 교수는 각각 조선한문학과 우리말을 가르쳤고, 유억겸, 백낙준 등의 교수들도 우리의 역사를 바로 세우기 위해 노력하였다. 당시의 교육에 대해 백낙준 교수는 『백낙준 전집』 「회고록」에서 다음과 같이 기록하였다. "우리는 한문학을 가르쳤다. 국문학이란 학문이 없는 바는 아니지만, 그것이 아직 분류화되고 체계화되어 대학의 교과목으로 편입될 만큼 준비가 되지 않았다. 나는 정인보 선생에게 한문학을 강의하면서 한국학을 자료로 써 주기를 요청하였다. 그리하여 그는 중국의 한문학을 형태로 하고 한국의 국문학을 내용으로 하는 한문학을 강의하였던 것이다. 이리하여 국어, 국사, 국문학이 조금씩이나마 우리 학교에서 교수되었고, 또한 전파되어 나가게 되었다. 그때에 국어, 국사, 국문학 연구를 통칭하여 '국학國學'이라고 하고 싶었다."

1932년 「연희전문학교 상황보고서」에 따르면 연희전문학교의 교육은 "기독교주의하에 동서 고근古近 사상의 화충和衷으로 문학, 신학, 사업, 수학, 물리학, 화학에 관한 전문교육을 시施하야 종교적 정신의 발양으로써 인격도야를 기期하면 인격도야로부터 돈실한 학구적 성위를 도圖하되 학문의 정토에 반伴하야 실용능력을 겸비한 인재를 배출하는 방침을 천명하였다"라고 기록하고 있다.

1938년 입학한 윤동주 시인은 연희전문학교를 택한 이유를 다음과 같이 표현하였다. "문학을 공부하려면 내가 다니는 학교(연희전문학교)가 가장 적당하다… 민족문학은 민족사상의 기초 위에 서야 하는데 우리 학교는 그 전통과 교수 그리고 학교의 분위기가 민족정서를 살리기에 가장 알맞은 배움터다", "당시 만주 땅에서는 볼 수 없는 무궁화가 캠퍼스에 만발하였고, 캠퍼스 도처에 태극마크가 새겨져 있고, 일본말을 쓰지 않고, 강의도 우리말로 하는 '조선문학'도 있다. 일본 사람이 경영하는 이역의 중학교에서 탈출하여 고국의 품에 안기고 싶었다…"[4]

요컨대 연세대학교는 초기부터 인재들이 갖추어야 할 교양을 고루 교육해왔

---

4) 윤동주 시인의 광명중학교 2년 후배인 전 서울대학교 교수 장덕순 기록의 일부(2005년 발간된 『창립 120주년 기념 연세의 발전과 한국사회』, 539쪽)이다.

음을 알 수 있다. 그리고 이 전통은 연희전문학교와 세브란스가 통합하여 연세대학교가 탄생하는 제2의 창학을 거쳐 현재에 이르기까지 계속 이어지고 있다. 연세대학교는 창립 이후에도 지속적으로 기초교양교육을 비롯한 대학교육을 선도해왔던 것이다. 이러한 노력은 1999년 학부대학의 설립을 기점으로 하고 2011년에 시작하는 제3의 창학에서 시도하는 기초교양교육의 질적인 도약까지 이어지게 되었다.

2) 학부대학 설립과 학부교육 개선 과정

연세대학교는 국제적인 교육 추세와 사회적 변화를 반영하여 교양교육 개선을 위한 끊임없는 노력을 경주해왔다. 1985년 10월 교양교육개선연구위원회는 「교양과목 개선연구 결과보고」에서 교양교육의 중요성과 더불어 전공 영역을 강조[5] [6] [7]하였고, 1994년 교육연구소 교과과정운영개선연구위원회는 「교과과

---

[5] 영어영문학과 이상섭은 교양교육이 문제가 되는 이유를 다음과 같이 서술하고 있다. "일반적으로 대학교수는 각자 전공 영역이 있으며 (……) 자신의 전공 영역을 깊이 파고드는 교수일수록 (……) 많은 청년을 지도하는 교육자로서의 의식은 상대적으로 둔화되는 경향이 있는 것이다. 교양과목은 분명히 전문적 연구 분야이기보다는 교육, 그것도 다수 학생을 상대하는 일반적인 교육이다." 또한 "교양은 전공보다 쉽다는 선입관은 반드시 버려야 한다. 오히려 교양은 전공의 좁은 울타리를 벗어나게 해주는 어려운 학문이기도 하다"라며 교양이 정규 학문 내용을 다루므로 반드시 저학년에서 배워버릴 쉬운 학문이 아님을 밝히고 있다.

[6] 불어불문학과 홍재성은 "현재 한국사회에서 시행되고 있는 대학교육의 관념 속에는 고전적인 정예 지성인의 훈련 및 배출을 위한 교육으로서의 개념과 대중적인 전문직업교육으로서의 개념이 혼합되어 있음을 부인할 수 없다"며 대학교육의 양면성을 지적하고 있다. 보고서에서 정예 지성인에 대해서는 "지성, 윤리, 행동, 감성의 차원에서 균형 잡히고 조화로운 인격의 계발, 이와 같은 인간의 내적 완성을 추구함으로써 인간과 세계에 대한 통합적 안목, 식견, 통찰력, 심성을 지닌 지성인, 다시 말해 새로운 상황 변동을 올바르게 분석·평가하고, 미래를 예측하고 새로운 이상과 가치를 설정하며, 삶의 현장, 사회의 변화를 주도할 수 있는 지도자"라고 설명하고 있다.

[7] 철학과 박순영은 대학이 가져야 할 교양교육의 중요성에 대한 관심을 다음과 같이 강조하였다. "비록 대학이 전문교육과 고급 인력의 양성이라는 사회적 요청을 외면할 수 없다고 하더라도 교양교육이 대학의 중요한 이념인 인간교육에 대해서 새로운 방향 조정을 하지 않는다면 미래를 향한 대학의 중요한 기능을 상실하게 될 것이다. 대학은 학문 연구만큼 중요한 인격의 만남과 인간으로서의 갖추어야 할 인격 함양을 제외시킬 수 없는 과제로 갖고 있기 때문이다."

정운영 개선연구」 제안[8]을 통해 세분화되고 전문화된 사회에서 학생들이 '전문화된 반쪽 사람' 혹은 이른바 '전문 얼간이'one-track specialist: Fachidiot'가 되는 것을 경계하였다. 아울러 교양교육 용어문제에 있어 영어 표현이 인문학Liberal Arts과 일반교육General Education의 두 가지로 사용되는데, '인문학'으로서의 교양교육은 '도야', '전인성', '인격성', '비판정신'을 주로 하는 계몽주의의 산물이고, '일반교육'으로서의 교양교육은 타 학문 영역에 대한 대략적인 지식 습득을 통해 의사소통의 가능성을 높이자는 것으로 구분하였다. 그리고 연세대학교의 교양교육의 목표를 '인문학'으로서의 목표로 설정하되, 교양선택 과정은 인접 학문과의 연계를 위해 '일반교육'으로서의 기능도 가져야 한다고 주장하였다.

1998년에 학제개편위원회가 작성한 「학부제 발전 및 대학원 중심 교육에 관한 연구보고서」와 1999년 교양교육개선위원회의 「연세대학교 교양교육 발전방향」 등의 보고 그리고 오랜 기간 다양한 논의를 통하여 연세대학교는 연구중심대학, 학부교육 강화, 학생지도 강화를 위해 1999년 9월 학부대학University College을 설립하였다. 2000년에는 인문, 사회, 이학, 공학 등 4개의 대계열大系列로 신입생을 선발하는 광역학부제를 도입하여 이때부터 1학년 학생들을 학부대학에 소속시켰다.[9]

학부대학 설립 후 학부대학은 산하에 교양교육 관련 위원회를 구성하여 상시적이고 전문적인 자체 점검을 실시하였다. 먼저 2001년 9월에 '교양교육분야

---

8) 연세대학교 교육연구소 교과과정운영개선연구위원회, 「교과과정운영 개선연구」, 1994.8.

9) 제36대 총학생회는 1999년 3월 18일 '모집단위 광역화 방안'이 통과된 이후 「학부제의 모집단위 광역화 방안에 대한 보고서(Ⅱ)」를 통하여 연세대학교 학부교육 내용에 대해 '진정한 아카데미즘을 위한 교양교육의 강화', '객관적인 기준을 바탕으로 한 강의 개선', '강의평가를 통한 교수사회의 변화' 등 세 가지 개선 방안을 요구하였다. 특히 교양교육 수업의 낮은 수준, 과목 간 중첩, 애매모호한 수업 목표 등을 문제로 지적하였고, 형식적인 담임교수제로 면담시간은 지정되어 있으나 자신의 지도교수도 모르는 채 학년을 마치는 경우가 많고 학과설명회도 형식적이라 언급하며 지도교수제의 강화를 학교에 요구하였다.

자체평가연구위원회', 이어서 2002년 8월에 '교양교육개선연구팀'을 구성하여 「연세대학교 2001년도 교양교육 분야 자체평가 연구보고서」, 「교양교육 개선 연구보고서」를 각각 발표하였다.

학부대학은 2003년부터 기초교양교육을 담당할 전임교수인 강의전담교수를 임용하기 시작하였다. 이로써 다양한 교수법을 개발하고 교육환경 변화에 부응하여 새로운 교과목을 개설할 수 있게 되었으며, 과목별 워크숍 정례화, 교과목 코디네이터 등으로 활약하여 교과과정을 표준화하는 등 기초교과목의 운영을 정상화함은 물론 발전을 도모할 수 있게 되었다. 추가적으로 학부기초, 학부필수, 학부선택 교과목의 영역별로 해당 단과대에 재직 중인 전임교수들을 대상으로 학부대학의 책임교수로 위촉하여 강의전담교수와의 밀접한 교류를 통해 각 과의 의견이 반영될 수 있게 하였다.

학부대학에서는 다양한 조사 작업을 통해 기초교양교육의 개선과 발전을 위해 많은 노력을 기울였고, 이를 보고서의 형태로 문서화하였다. 2006년 10월에 「능력 함양-목표 중심의 교양교육 개선 연구보고서」, 2007년 8월에는 「기초교양교육 개선 실행위원회 보고서」 등을 통해 기초교양교육체제 개편과 영역목표 재설정, 수준별·주제별 다양한 교과 개발, 능력 함양 중심의 교육방법론 도입 등을 제안하였다.

2009년 6월에는 학교 차원에서 학과제로의 전환이 결정된 후 「모집단위 변경에 따른 학부대학 발전방안 연구」를 작성하였다. 여기에서 학부대학은 '연세 비전 2020'을 실현하기 위한 기초교양교육의 강화를 강조하며, 전문대학원 체제하에서의 학과제로의 회귀는 기초교양교육의 약화, 나아가 대학경쟁력의 약화를 초래할 것이라는 우려를 표시하기도 하였다.

3) 2010 교육제도 개편

2008년에 출범한 '교육제도개편준비위원회'는 세분화된 제7차 고등학교 교육과정으로 인해 학생들의 기초학력 수준은 낮고, 파편화된 지식 학습으로 인해 통합적 사고능력이 결여되어 있다고 판단하였다. 게다가 수동적 지식 습득으로 인하여 탐구 정신이 부족한 대학 입학생이 생겨나고, 고등학교에서의 전공탐색 교육이 전무하고 수능 성적에 따라 대학의 학과를 정하게 되는 한국의 교육 현실에서 기초교양교육 역할의 중요성과 범위의 확대가 필요하다고 보았다. 이 같은 인식에서 위원회는 2009년 5월 사회에서 요구하는 통합적 사고가 가능한 인재 육성을 목표로 하여 기초교양교육제도 개편을 권고하였다.

교무처는 위원회의 권고를 받아들여 2009년 6월, 「학과제 전환에 따른 교육제도 개편안」을 발표하였다. 개편의 이유로는 2010년 학과제 전환을 계기로 전공교육의 강화와 교수-학생 간 유대 강화 등 순기능을 추구함과 동시에, 그간 실시되어온 광역학부제의 장점 가운데 다양한 학문 습득의 기회를 제공하고 체계적인 학사지도제도 등을 계속하여 유지할 필요가 있기 때문이라고 밝혔다. 아울러 송도 국제화복합단지Global Academic Complex, GAC 교육 프로그램에서 학부 저학년생들을 교육시킬 경우, 기초교양교육의 전체 틀 및 내용과 유기적으로 연계되어 '글로벌 지도자' 양성의 기반이 종합적으로 마련되어야 한다고 보았다. 그리고 2년의 이행기를 거쳐 2012년 송도 국제캠퍼스의 프리미엄 교육과정과 연계할 수 있도록 하였다.

3. 새로운 기초교양교육제도에 따른 교양교육 개선 성과

2010 교육제도 개편에 의하면 교양교육의 새로운 목표로 1)

학문 간 융합을 통한 통찰력 함양, 2) 기독교 정신에 기반을 둔 섬김의 리더십, 3) 지역, 국가, 세계의 변화에 능동적으로 대응할 수 있는 능력과 4) 논리적 · 분석적 · 과학적 판단능력의 배양을 정하였다. 그리고 기초교양교육과정을 크게 공통기초와 교양으로 구성하고, 교양 영역은 필수적으로 이수해야 하는 필수교양 영역과 선택 가능한 선택교양 영역으로 나누었다. 공통기초 영역은 연세대학교 학생이 기본적으로 갖추어야 할 소양을 함양할 수 있는 교과목으로 구성하고, 필수교양 영역은 세계의 변화에 능동적으로 대응할 수 있으며 학문 간 융합을 통한 통찰력을 함양하고 논리적 · 분석적 · 과학적 판단능력을 함양시킬 수 있는 교과목으로 개편한 것이다.

표 2-1. 2009년 이전의 교양교육체계와 개편안의 비교

2009년 이전			2010년 개편안		
과목종별	영역(교과목)명	학점 수(P)	과목종별	영역(교과목)명	학점 수(P)
	채플	4		채플	4
학부기초	기독교의 이해	3	공통기초	기독교의 이해	3
	글쓰기	3		글쓰기	3
	영어	4		영어	4
학부필수 (5개 영역 중 전공 유사영역 제외한 4개 영역에서 각각 택 1)	인간의 이해	12	필수교양 (9개 영역 중 8개 영역에서 각각 택 1)	문학과 예술	24
	사회의 이해			인간과 역사	
	문화의 이해			언어와 표현	
	자연의 이해			가치와 윤리	
	세계의 이해			국가와 사회공동체	
계열기초 (계열별 선택)	인문 (문학/사학/철학 입문, 제2외국어)	12		지역사회와 세계	
	사회 (정치/경제/통계/사회 or 심리학 입문)	12		논리와 수리	
	이학 (수학/물리학/화학/ 생물학)	14		자연과 우주	
	생명시스템 (수학/물리학/화학/ 생물학)	24		생명과 환경	
	공학 (수학/물리학/화학/ 생물학)	18	합계		34
합계		34~46			

1) 공통기초

이 영역은 채플과 기독교의 이해, 글쓰기, 대학영어 교과목들로 구성된다. 기독교의 이해 교과목들은 기독교 정신에 기초하여 남을 배려하고 섬기며 인류 공동체에 대한 사회적 책임을 공감하고 실천하는 '섬김의 리더십'을 함양할 수 있는 내용과 주제를 다룬다. 글쓰기는 사고를 논리적으로 전개하고 이를 다양한 방법을 통하여 정확하고 효과적으로 상대방에게 전달하는 능력을 함양할 수 있도록 하며, 대학영어는 학술적 영어의 기반을 마련할 수 있도록 한다. 글쓰기와 대학영어는 학생들의 다양한 교육 경험에 따른 기초학습능력의 차이를 극복할 수 있도록 수준별 학습을 도입하여 운영하며, 2010년부터는 영어인증제를 대학영어 교과목과 연계하여 실시하였다. 대학 1학년 시기에는 영어 교과목들을 수강하기 위한 준비단계로 대학영어를 통해 학술적 영어의 토대를 마련하고, 이후 졸업 전까지 여러 영어 강의와 특수목적 영어English for Specific Purposes, ESP, 고급 영어English Honors 교과목들을 수강하면서 영어 능력을 체계적으로 향상시켜나갈 수 있는 방안을 학교에서 제공하게 되었다. 또한 이에 대한 학생들의 노력과 성과가 졸업 후 진로에 도움이 될 수 있도록 영어인증방식을 도입, 운영하고 있다. 최근 공통기초 영역의 교과목별 분반 수는 [표 2-2]와 같다.

표 2-2. 공통기초 영역 교과목 분반 수 현황

(단위: 명)

영역 과목종별	2015-1		2015-2	
	분반 수	수강 인원	분반 수	수강 인원
채플	22	10,166	22	9,053
기독교의 이해	30	2,265	32	2,023
글쓰기	90	1,940	99	2,107
대학영어 I(L/S), II(R/W)	166	3,377	163	3,383
합계	308	17,748	316	16,566

① 채플과 기독교의 이해

　연세대학교는 기독교 정신을 토대로 세워진 학교로 채플은 학교의 창립 정신이 반영된 교과목이 되었다. 채플은 기독교에 기반한 학교의 창립 정신을 소개하고 학생들의 기독교에 대한 이해력을 높이는 것은 물론 기독교를 전도하는 목적도 가지고 있다. 또한 채플은 가능한 대로 현대사회가 필요로 하는 인재들이 갖추어야 할 인성을 배양하는 데에 노력을 기울여왔다. 그러나 연세대학교 입학생들이 모두 기독교인이 아니기 때문에 오래전부터 신자와 비신자를 대상으로 하는 특화된 채플의 필요성이 대두하였다. 이 점을 고려하여 신자들이 원하는 수준의 채플인 '신앙채플'과 비신자들에게 편하게 다가갈 수 있는 채플인 '일반채플'을 만들어 운영하고 있으며, 외국인을 위한 '영어채플' 역시 운영하고 있다. 채플은 필수적으로 들어야 하는 과정이므로 학생들은 채플 참석을 학점에 부여해 줄 것을 학교에 요구하였다. 교목실을 비롯한 학교에서는 채플의 교과목화 필요성을 인정하고 몇 학기 동안의 논의 끝에 채플을 졸업에 필수적인 학점으로 인정하기로 하였다.

　기독교의 이해 영역에 속하는 교과목들은 연세대학교의 창립 정신인 기독교의 정신과 내용 등을 소개하고, 연세대학교가 지향하는 인재상의 가장 기본인 섬김의 리더십을 배양할 수 있는 토대를 제공하는 것을 목표로 한다. 이 목표에 따라 각 교과목은 전인교육, 사회적 책임, 사람들 사이의 공감 등 현대사회가 요구하는 덕목을 갖춘 섬김의 리더십 배양을 위해 노력하고 있다. 또한 전 세계 인류의 대다수가 종교를 가진 점, 종교가 인류 역사와 함께한 점, 이 시대에도 여러 영역에 종교의 영향력이 미치는 점 등을 고려할 때 종교문맹Religious illiteracy 은 인간, 사회, 역사, 예술에 대한 올바른 이해에 장애요소가 될 수 있다. 기독교의 이해 교과목은 종교문맹을 극복하게 함으로써 학생들의 인문·사회적 소양을 배양하는 것을 목표로 한다.

공통기초 교과목들은 1학년 학생들이 의무적으로 수강해야 하는 다른 교과목과 마찬가지로 수업의 질을 일정 수준으로 유지하거나 향상시키는 것이 매우 큰 과제이다. 따라서 학부대학에서 임용한 기독교의 이해 영역 교과목의 강의전담교수들은 역량을 발휘하여 이 과제를 수행하기 위해 노력해왔으며, 분반마다 수강생의 수는 많지만 시청각 자료와 독서 자료 등을 이용하여 수업의 내용을 다양화하고자 하였다. 이러한 노력은 높은 강의평가 결과에서 볼 수 있듯이 학생들의 만족도를 증가시켰다. 전임교수들은 무차별적인 교과목 개설을 지양하는 대신 대상을 세분화하고 학생들의 요구를 면밀히 관찰하여 교과목들을 개설하였는데 '기독교와 현대사회', '기독교와 세계문화', '성서와 기독교' 등이 그 예이다.

이 영역의 교과목들은 전체 학생이 수강해야 하므로 비교적 많은 분반이 개설되고 많은 교수와 강사가 수업을 담당해야 한다. 그 결과 전임률은 약 50% 정도로 유지되고 그만큼 수업의 내용과 수준이 천차만별일 가능성이 있다. 이에 대비하여 전임교수들은 교강사들을 대상으로 학기 시작 전에 전체 수업에 대한 오리엔테이션과 워크숍을 운영하고 있으며, 학기 중에도 이 영역을 담당하는 주임교수는 교과목들의 운영을 위해 많은 노력을 기울이고 있다. 그 결과 많은 성과 가운데 전임교수들의 가장 의미 있는 성과는 교과목들의 내용을 기독교의 강요가 아닌 종교에 대한 이해 정도를 높이기 위해 노력함으로써 교과목들을 교양 교육화하는 데에 중요한 진전을 이루었다는 점이다. 현재 학부대학 전임교수들은 학생들의 인성을 계발하고 종교문맹을 줄이기 위한 교양교육으로서의 종교교육을 어떻게 준비해 수행할 것인지 수업의 내용과 진행방식 등에 대한 논의를 이어가고 있다.

② 글쓰기

글쓰기는 사고를 체계적으로 펼치고 다양한 방법을 통해 자신의 생각을 정확하고 효과적으로 상대에게 전달하기 위해 개설된 교과목이다. 연세대학교가 가장 처음 연구하여 개설한 교과목으로 이 교과목을 담당한 전임교수들은 우리나라 글쓰기 교육의 틀을 마련한 선구적 역할을 하였다. 5C 역량 중 소통능력 함양을 위한 중요한 많은 교과목이 있지만 가장 기본적인 역할을 하는 교과목이 바로 글쓰기이다.

글쓰기 교과목은 처음 개설된 이후 글쓰기 교육의 틀을 형성하고 계속해서 변화해왔는데, 2010년 이후로 3학점 4시간 수업의 형식으로 운영되고 있다. 다른 교과목과 마찬가지로 글쓰기 교과목들도 수업의 수준을 높게 유지함과 동시에 국내의 글쓰기 교육을 선도해왔다. 글쓰기 교과목 수업에는 주로 박사학위 과정의 학생들인 튜터tutor가 배치되어 교강사의 수업을 보조하고 학생들의 글쓰기 수준을 높이는 데에 일정 정도 역할을 한다. 튜터들은 박사학위를 취득한 이후에는 글쓰기 시간강사로 선발될 수 있다.

현재 학부대학 소속으로 4명의 전임교수와 시간강사 40여 명이 글쓰기 교과목의 수업과 운영에 참여하고 있다. 글쓰기 전임교수 4명 중 1인은 글쓰기 영역 책임교수직을 수행하면서 학부대학, 국어국문학과, 시간강사 등 교육 주체들의 수업 운영에 대한 조정을 비롯하여 시간강사의 채용 및 평가에 책임을 지고 있다. 글쓰기 분반은 거의 100여 개에 육박하기 때문에 수업 내용과 수준을 미리 조정하기 위해 교강사와 튜터를 대상으로 학기마다 오리엔테이션과 워크숍을 운영하고 있다.

전임교수들은 또한 대학교육의 변화에 따른 글쓰기 교육의 내용과 형식을 반영하기 위해 주기적으로 글쓰기 교재를 검증하여 개편하고 있다. 글쓰기 수업은 분반당 24명의 학생을 대상으로 진행되고 있는데 글의 교정과 첨삭을 통해 학생들의 글쓰기 능력 향상을 도모한다. 1학년 학생이 국제캠퍼스로 이전한 후에는 본격적으로 튜터링을 수행하여 학생들의 공부를 돕고 있다. 이러한 노력으로 학생들의 글쓰기 수업에 대한 만족도는 높은 편이다.

한편, 외국인 학생의 증가로 인한 수준별 교육의 필요성에 따라 재외국인이나 외국인 전형 중 한국어 4급 이하의 학생들을 대상으로 한 '기초글쓰기', 재외국민이나 외국인 전형 중 12년 전 교육과정 해외이수자들을 대상으로 한 '특례글쓰기' 그리고 심화단계의 글쓰기 교과목 등을 개설하여 운영하고 있다.

③ 대학영어

현대와 같은 글로벌 시대에 학술적 영어를 익히는 것은 매우 중요하다. 대학에서의 영어교육 목표는 학생들이 영어 능력을 함양하는 과정에서 5C 소양에 해당하는 세계인과의 소통능력과 문화적 다양성의 중요함을 깨닫게 하는 것이다. 또한 학생들의 실질적인 영어 능력을 향상시켜 국제화 시대에 유용하게 활용하게 하는 것을 목표로 한다.

연세대학교는 영어교육의 목표 달성을 위해서 학생들의 학술적 영어Academic English 능력을 향상시키기 위한 일환으로 유럽공통언어기준Common European Framework of Reference, CEFR에 기준한 커리큘럼을 준수하고 있다. 먼저, 영어교육의 질을 유지하기 위한 가장 중요한 요소는 원어민 교수자의 확보라고 판단하고 이를 위해 노력하였다. 학부대학에서는 원어민 교수 30명을 확보하여 조교수 신분을 부여하였고, 2년마다 재임용 심사를 진행하여 영어교수의 직업 안정성을 증가시켰다. 이들 교수진의 운영을 위하여 관련 학과인 영어영문학과 교수 중 1인을 책임교수로 초빙하고, 원어민 영어교수 중에서 주임교수를 임명하였다. 영어운영위원회는 책임과 주임교수 및 기타 대학에서 추천된 4~5인으로 구성되며, 영어교수들의 수업 배분, 영어교육 담당자 대상 워크숍 준비와 수행, 학기 중의 교과목 운영에 대한 논의를 진행한다.

대학영어 교육이 접하는 큰 문제 중의 하나는 신입생들의 영어 실력이 매우 다양한 수준을 나타낸다는 것이다. 이러한 현실을 반영하여 학부대학은 신입생을 대상으로 입학 전 약 90여 분 동안 진단평가를 시행하고 있다. 진단평가는 운영의 편리성을 위해 웹사이트(www.yonseisat.com)를 개발하여 평가에서 채점까지 관리하고 있다. 진단평가에서는 영어 말하기speaking와 쓰기writing 능력을 측정하며, CEFR의 권고사항에 따라 원어민 교수자들이 학생들의 시험성적을 평가한다. 학생들은 진단평가 성적에 따라 수준별로 '기본대학영어 I과 II', '대학영어 I과 II', '고급대학영어 I과 II' 등의 교과목에 배정된다. 각 수준에서 I은 말하기를 II는 쓰기를 가르치며, 학생들은 각각 1과목씩 총 2개 과목 4학점의 수업을 수강해야 한다. 수강과목에 따라 졸업 시 최고영예, 영예인증, 고급인증, 연세영어인증이라는 자격을 부여하여 성적표에 기재한다. 진단평가 성적이 매우 낮거나 수업에서 낙제Fail한 경우, 세이프티 넷Safety Net이라는 시험제도를 통해 학생들을 구제하고 있다. 학생들의 영어 실력 향상을 위해 영문과 대학원생을 튜터로 하는 튜터링 프로그램인 대학영어 튜터링 서비스College English Tutoring Service, CETS와 RC 환경에서 원어민 교수와 영어로 자유롭게 의사소통하며 상호작용할 수 있는 기회를 제공하는 영어원어민 레지덴셜 펠로우English Residential Fellow 프로그램 또한 운영하고 있다.

2) 필수교양: 단일과목-단일분반, 융복합 주제

새로운 필수교양 영역은 학문 간 융합을 통한 통찰력과 논리적·분석적·과학적 판단능력을 함양시킬 수 있는 9개의 영역으로 구성된다. 이러한 구성을 통해서 연세대학교 교양교육은 '쉬운 교양'이 아닌 전공 수준의 심도 있는 내용과 주제들을 다루는 심화된 교육을 지향하며, 대학 입학 전까지 문과와 이과로 구분되어 편중된 교육을 받은 학생들이 다양한 영역의 교과목을 경험할 수 있게 함은 물론, 학생 개개인의 선택권을 존중할 수 있게 되었다.

새로운 필수교양 체계는 이러한 목적을 달성하기 위해 여러 가지 방법을 시도하였다. 첫째, 간학문 간, 범학문 간 나아가 기존의 학문 영역을 뛰어넘는 주제들을 다루는 교과목들의 개설을 위해 필수교양의 영역 구분을 특정 학과와 직접 연결시키거나 학문의 영역discipline으로 구분하기보다는 교양 영역에서 필수로 다루어야 하는 주제 위주로 구성하였다. 이와 관련하여 과목 개설 시 학제적 접근이 쉽게 이루어질 수 있도록 과목의 성격에 따라 한 교과목이 두 필수교양 영역에 동시에 속하는 등 유연한 체제를 갖도록 하였다. 또한 전임교원들이 각 영역을 대표할 수 있는 융복합 주제로 운영되는 대표과목Signature Course들을 개발하고, 신규 개설되는 교과목들은 '단일과목-단일분반' 형태로 운영하여 다양한 주제의 교과목으로 구성할 수 있도록 새로운 교수법을 도입하였다. 기존에는 한 과목에 대한 학생들의 선호가 증가하면 분반을 증설하는 방법을 택하였으나 이는 동일 과목을 다른 강사자가 강의하게 됨으로써 강의의 질 저하를 초래할 우려가 있다. 따라서 강의는 단일분반으로 제한하되 학생들의 참여를 고무하고 개별피드백을 제공할 수 있도록 하는 섹션토론수업[10]을 도입하였다.

둘째, 학생들이 9개의 영역 중 8개 영역의 교과목을 필히 이수하도록 정하였다. 인문사회계열 학생들은 최소한의 수리적 · 논리적 · 과학적 판단능력을 함양시킬 수 있도록 하며, 이공계 학생들 역시 인문사회과학적 통찰력을 함양시킬 수 있도록 이수 의무를 부과하였다. 8개 영역에 대한 선택은 학생이 자신의 관심과 적성에 따라 선택할 수 있도록 하였다. 즉, 기존의 교양교육제도하에서는 소속 계열에 따라 수강과목이 정해졌으나 새로운 제도하에서는 학생 개개인이 8개의 영역을 자유롭게 선택할 수 있게 된 것이다.

---

10) 해외 유수 대학에서 실시하고 있는 대형 강의와 토론 수업을 병행하는 교수법의 한 종류로, 대형 강의의 경우 수강 학생들을 20명 정도씩 나누어 '섹션'(조)을 구성한 후 강의와는 별도로 매주 조교가 조별 토론과 발표 수업을 진행한다.

셋째, 전공과목 중 기초성격의 교과목 일부를 필수교양 과목으로 교차인정[11] 하여 학생들에게 입학 시 정해진 학과 이외의 타 학문의 기초지식을 함양할 수 있는 기회를 제공하였다. 개편 이전에는 복수전공이나 이중전공이 아닌 경우, 타 학과에서 개설되는 전공과목 이수는 빈번하지 않았다. 교차인정 과목의 설정은 학과를 결정하여 입학하기 때문에 자칫 관심과 사고의 폭이 좁아질 수 있는 학생들에게 타 전공의 교과목을 교양과정 내에서 이수할 수 있는 기회를 제공함으로써 쉽게 복수전공이나 부전공을 선택할 수 있는 방안이다.

표 2-3. 필수교양 영역 및 영역 설명

필수교양 영역	영역 설명
문학과 예술	인간의 삶과 내면을 표현한 다양한 매체의 특성과 내용을 비판적으로 탐구하고 즐긴다.
인간과 역사	인류가 걸어온 삶의 흔적을 사회 · 문화 · 심리 · 철학적으로 접근하여 이해한다.
언어와 표현	세계의 언어를 탐구함으로써 의사소통능력과 각 언어권에 대해 깊이 있게 이해한다.
가치와 윤리	인간의 행위를 윤리적으로 분석하여 이해하고 사회적 · 정치적 이념과의 관련성을 탐구한다.
국가와 사회공동체	국가와 사회공동체의 구성 원리, 형성 과정 및 역학 관계에 대해 탐구한다.
지역사회와 세계	지역사회(세계)가 정치 · 경제 · 사회 · 문화 · 환경적으로 세계(지역사회)에 미치는 영향에 대해 탐구한다.
논리와 수리	논리적 사고의 기본 유형들을 숙지하고, 수리 · 논리의 개념과 이론을 실제 현상에 적용하여 분석적 판단과 의사결정능력을 함양한다.
자연과 우주	물질과학의 핵심 개념과 원리를 이해하고 주변 현상에 적용한다.
생명과 환경	과학적 원리와 개념을 적용하여 생명현상과 인간행동을 이해하며 환경과의 상호작용에 대해 탐구한다.

① 융복합 교과목 개설과 운영

변화하는 시대의 요구를 반영하고 전인적인 교육을 조장하기 위하여 융복합 과목의 개발과 개설을 장려하고 있는데 그 대표적인 과목으로 '위대한 유산 I:

---

11) 한 교과목이 각기 다른 종별 혹은 영역의 요건을 충족할 수 있는 제도이다.

인간과 생명'을 들 수 있다. 이 교과목은 가치와 윤리 영역에 개설된 과목으로 개설 취지는 서양 최초의 철학자들이 우주 질서 안에서 인간과 생명체를 어떻게 보았으며, 중세와 르네상스를 거쳐 이들의 사고가 기독교 문화에 어떻게 유입되었고, 그로 인해 인간과 생명체의 상호 관계에 대한 인식이 어떻게 달라졌는지를 살펴보는 것이다. 또한 17세기 과학혁명과 19세기 다윈의 진화이론 이후 생명과학이 어떻게 발전하였으며 오늘에 이르러 21세기의 시스템생물학_{sys-} _{tems biology}이 생명체의 기원과 미래에 어떤 새로운 통찰을 제시할 수 있는지를 알아보는 것이며, 이런 철학·과학 이론의 역사적 변화 사이사이에는 문학세계의 반응이 있었는데, 고대 그리스 철학부터 현재 과학사상에 이르기까지 철학이나 과학이 아닌 상상력의 세계에서는 인간과 생명체가 어떻게 그려졌는지를 살펴보는 것이다.

이 교과목의 수업 방식은 다음과 같다. 3학점짜리 과목으로 영어영문학과, 시스템생물학과, 철학과의 3개 학과 교수가 팀을 이루어 매주 250명의 학생을 대상으로 2시간 강의를 진행하고, 박사급 전문가가 25명의 학생을 단위로 매주 1시간씩 토론을 진행한다(총 10개의 분반). 학생들은 교수들의 수업을 청취하고 토론을 통해 다양한 생각을 교환하면서 각 영역의 학문을 근거로 제시되는 내용을 배우고, 이를 소집단 내 전문가의 지도하에서 토론할 기회를 가진다. 이 교과목은 경제적인 의미도 있다. 25명의 소규모 수업이 나타내는 효과를 기준으로 보면, 250명의 학생을 대상으로 한 융복합 교과목 수업에 3명의 전임교수와 10명의 전문가가 투입되는데 이는 25명 단위의 수업 10개를 진행하기 위해 10명의 전임교수를 배정하는 것보다 비용절감 효과가 크다. 게다가 25명 단위의 수업 개설은 1인 이상의 교수와의 교류가 불가능하므로 융복합 교육의 효과를 얻을 수 없다.

이 수업에 적극적으로 참여한 학생들이 얻을 수 있는 소양은 다음과 같다. 첫째, 기초적이며 근본적인 문제(이 경우 '인간'과 '생명체'에 대한 문제)에 대한 깊은 성찰, 둘째, 제반 사실과 근거를 종합해서 합리적 결론을 도출할 수 있는 사고능력 습득, 셋째, '인간'과 '생명체'의 여러 정의에 대한 인식을 통한 사고의 유연성 습득, 넷째, 세상이 인간을 위해 존재한다는 '기정사실'에 대한 재고 등이 해당한다.

② Great Books and Debate 개설과 운영

학부대학은 기존의 학부선택 2학점 교과목인 '독서와 토론'을 3학점 필수교양으로 한층 강화하여 필수교양의 여러 영역에 다수의 교과목을 개설하였다. 이 교과목들의 목표는 학생들이 고전과 명저를 읽고 토론하여 깊이 있는 사고력과 다양하고 유연한 관점을 기르고, 이를 토대로 의미 있는 지식을 생산하는 능력을 함양하는 데에 있다. 이 교과목을 통해 학생들이 쌓게 될 소양은 창조력, 융복합능력, 문화적 다양성, 소통능력 등으로 연세대학교의 인재상이 갖출 5C 소양에 해당한다.

우리나라 대부분의 대학생처럼 연세대학교 학생들도 입시 위주의 지식전달 교육에 익숙해 있다. 학생들은 손쉽게 제공된 지식을 섭취함으로써 변화하는 현대사회 속에서 작용하는 원리를 꿰뚫어 보거나 자신이 스스로 지식을 생산하고 만드는 데에 어려움을 겪는 경우가 많다. 기초가 든든한 상상력을 얻는 데에 가장 효과적인 방법은 명저와 고전을 읽는 것이다. 이와 함께 학생들은 읽기, 토론, 글쓰기 등을 포함하는 통합적인 교육이 필요한 것으로 보인다.

Great Books and Debate GB&D 교과목은 2011년부터 개설되어 교강사들로부터 매 학기 교과목 개설 신청을 받고 심사를 통해 개설 과목을 결정한다. 개설 과목의 수는 매 학기 14~17과목 사이이다. 이 과목들 역시 필수교양의 9개 영역 중 하나로 개설되며 주제는 매우 다양하다([표 2-4] 참조). 학부대학은 학기

마다 과목을 담당한 시간강사 등 교강사를 대상으로 워크숍을 수행하고 회의를 통해 교과목 운영에 대한 피드백을 받아 개선하도록 노력하고 있다.

표 2-4. 2015년에 개설된 Great Books and Debate 교과목

영역	교과목명(국제)	교과목명(신촌)
문학과 예술	동아시아 문학 읽기 서양 예술의 멜랑콜리 그리스 비극의 영웅 세계	문학과 욕망 문학과 세계관
인간과 역사	여행기와 시선 읽기 문학으로 보는 동아시아의 근대 풍경	서구 가족의 역사 책과 독서의 사회사
가치와 윤리	개인과 사회의 변화를 위한 기독교 윤리적 가치와 규범	개인의 가치와 행복의 조건 SF를 통한 자아의 발견 여성과 도시: 한국문화를 통해 본 젠더와 공간의 정치학
국가와 사회공동체	국민, 시민 그리고 개인	서구와 동아시아의 근대국가와 사회 서양 고중대 정치사상
지역사회와 세계	글로벌 자본주의의 위기와 전환	
생명과 환경	생명윤리와 건강한 삶	환경과 미래

GB&D 교과목은 한 분반당 최고 35명의 학생을 대상으로 한다. 학생들은 매주 3시간의 수업을 받고 학기당 총 6권의 지정된 도서를 읽어야 하며, 수업 중 토론과 과제로 부여되는 글쓰기를 통해 해당 주제에 대해 사고하고 통합하는 능력을 개발한다. 교수법은 교수자에 따라 상이하지만 학생들의 적극적인 의견 개진과 의견 수렴 및 토론을 고무한다. 학생들은 고전이 주는 교훈을 앎으로써 변화가 빠르고 큰 현대사회에서 필요한 지혜를 얻고 가치관을 정립하여 중심을 지키며 살 수 있을 것으로 기대된다.

3) 필수교양: 단일과목-다분반 교과목 운영

인문, 사회과학, 자연과학 영역의 기초에 해당하는 일부 과목은 수요에 따라

단일과목-다분반 형태로 운영되며, 학부대학 강의전임교수의 표준화된 커리큘럼으로 내실 있는 기초교육을 시행하고 있다. 영역별 교과운영 방식은 다음과 같다.

① 인간과 역사: 서양사와 심리학을 중심으로

학부대학은 역사와 심리학에 대한 학생들의 수요를 충족하기 위해 강의전담교수를 채용하였고, 필수교양의 '인간과 역사' 영역에 여러 교과목을 개설 및 운영해왔다. 학부대학 전임교수들이 운영하고 있는 교과목은 '서양문화의 유산', '전쟁과 역사', '이데올로기와 역사의 대화', '유럽도시문화공간으로 읽는 역사', '성과 성차의 심리', '이상행동의 심리', '스트레스의 과학과 적응의 삶', '인간의 감정, 감정의 인간' 등 주제와 깊이 측면에서 매우 다양하다.

전임교수들은 수업의 내용을 개발하고 일정한 수준 이상으로 수업의 질을 유지하기 위해 노력하고 있다. 이 수업은 100명 이상의 대규모로 개설되고 수요에 따라 분반이 추가된다. 담당교수들은 다양한 학습법을 통해 학생들의 학업 성취도를 높이기 위한 방안을 모색하고 있고, 학부대학에서는 초대강사 및 과목별 운영비 지원의 형태로 개설된 과목이 성공적으로 운영될 수 있도록 지원하고 있다. 일부 교수는 본교에서 우수 강의 확산과 강의 효율성 증대를 목적으로 시작한 MOOC Massive Open Online Course, 동영상 강의제도에 적극 동조하여 2015학년도부터 동영상으로 제공되는 플립러닝flipped learning을 시작하였다. 방학 중에 수업 일부에 해당하는 동영상을 촬영하고 이를 수업에 적극적으로 이용하고 있다 (예, 학생들은 수업 전에 이 동영상을 시청하고 와서 토론에 참여해야 함). 이 경험으로 학내 교원들에게 플립러닝의 노하우를 제공할 수도 있게 되었다.

② 논리와 수리: 공학수학, 미분적분학을 중심으로

학부대학은 초기부터 수학전공 강의전담교수를 임용하였고, 현재 5명의 전임교수가 '공학수학 (1)과 (2)', 'Calculus', '핵심수학', '미분적분학 입문', '미분적분학과 벡터해석' 등의 교과목을 담당하고 있다.

수학 교과목과 관련된 큰 문제 중의 하나는 다양한 입학 전형에 따른 학생들의 수학 실력에서의 개인차이다. 공과대학이나 이과대학 혹은 생명시스템대학 및 일부 단과대학에서는 수학 과목 2개 과목을 필수로 지정하고 있는데, 최근 고교에서 선이수한 과목에 차이가 있고 또 해외에서 상이한 수학 커리큘럼 하에 학습한 학생 수의 증가로 인해 필수과목 이수에 어려움을 보이는 학생들이 증가하고 있다. 학부대학에서는 2007년부터 다양한 방법으로 수학 과목에 대한 수준별 교육을 실시해왔는데, 학생들의 수학 수준의 변화를 반영할 수 있는 수준별 교육에 대한 변화가 필요하게 되었다. 예를 들어, 2015년 2학기에는 외국인 학생들의 수준을 고려한 기초반 성격의 교과목을 개설하여 한시적으로 운영하기도 하였다. 학부대학은 수학 능력의 개인차로 인한 수강의 어려움을 해결하기 위한 방법으로 2015년부터 신입생을 대상으로 입학 전 수학 과목에 대해 진단평가를 실시하여 그 결과를 토대로 수준에 맞는 분반을 수강하도록 학사지도를 하고 있다. 진단평가는 영어와 마찬가지로 평가 웹사이트(www.yonseisat.com)를 개발하여 진행하고 있다. 기준점 미만의 점수를 받은 학생들은 '핵심수학'을 수강한 이후에 필수과목인 '공학수학 (1)과 (2)'를 수강하도록 권장하고 있다. '핵심수학'을 수강하는 학생들은 성공적인 수강을 위해 2015년 2학기부터 3:1 비율의 집중적인 튜터링을 받게 되었다([그림 2-1] 참조). 추가적으로 전임교수들은 수준별 교육을 위한 준비에 관여하였는데, 학생들이 수월하게 수강 교과목의 강의 내용을 선행학습하거나 복습할 수 있도록 소주제별로 비교적 짧은 온라인강의 콘텐츠를 제작하여 제공하고 있다.

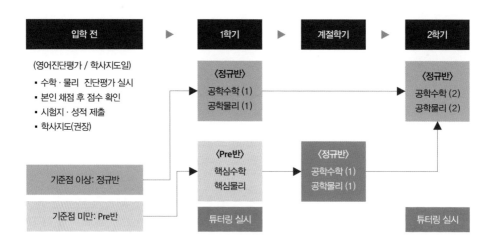

그림 2-1. 수학 및 물리 과목 수준별 교육체계

수학과 교수들과 학부대학 강의전담교수들은 수업 운영과 실무에 관한 조정을 해야 한다. 이를 위하여 학부대학은 다른 영역과 마찬가지로 책임교수를 임명하여 현안들을 해결하고 있다. 학부대학 내에서는 수업 운영을 관리·논의하기 위해 과목 주임교수를 임명하여 많은 회의를 진행하면서 학부대학 전임교수들의 활동을 총괄하고 있다.

수학 과목의 경우 1주 2시간의 실습시간이 포함되므로 조교가 반드시 배정된다. 그러나 1학년 교육이 국제캠퍼스로 이전함에 따라 교과목 담당 전임교수와 조교들의 수급에 어려움을 겪게 되었다. 책임교수와 학부대학 전임교수들은 협의를 통해 분반의 크기를 변화시키거나 학과 전임교수들의 수업 참여를 독려하여 국제캠퍼스 수학 교과목의 거의 전부를 전임교수가 담당하게 하였고, 그 결과 수업의 질이 일정한 수준으로 유지될 수 있게 되었다. 또한 신촌캠퍼스에서 연구와 수업을 하고 있는 조교들의 수급을 해결하기 위해 조교장학금을 합리적으로 배분하도록 노력하였고, 조교들을 위한 사무집기와 기숙사 및 셔틀 서비스 이용을 용이하게 하였다.

강의전담교수들은 수업을 담당할 뿐 아니라 교과목 전체의 운영을 위한 교수회의를 진행하고, 학기 시작 전에 교강사를 대상으로 한 워크숍과 조교들을 위한 사전 오리엔테이션을 진행한다. 전임교수들은 인문사회계 혹은 수학과 관련이 없는 전공의 학생들을 위한 수학 교과목('인문사회수학', '숫자와 생활')을 개설하여 운영하고 있다. 다만, 일부 교과목의 경우 복잡한 사정으로 인해 학생 수가 80명인 상황은 교육의 효과 측면에서 개선이 필요하다.

학부대학과 RC 교육원은 기숙사 환경을 고려하여 2014년부터 국제캠퍼스에서 튜터링을 시행하고 있다. 수학 교과목의 경우 2015년에는 수학과 대학원생들을 요일별로 기숙사 내의 특정 공간에 배치하였는데, 이후 설문결과에 따르면 1학년 학생들의 참여가 높아져 튜터링의 효과가 증가한 것으로 나타났다.

③ 자연과 우주: 일반물리학과 일반화학 중심으로

이 영역에서 학부대학 교수들이 담당하는 교과목은 '공학물리학 및 실험(1)과 (2)', '일반물리학 및 실험(1)과(2)', 'General Physics and Experiments', '공학화학 및 실험(1)과(2)', '일반화학', '일반화학 및 실험(1)과(2)', 'General Chemistry and Experiments', 'Advanced Chemistry and Experiments' 등으로 상당히 많은 학생을 포함하는 여러 분반의 수업들이다.

고등학교 때 물리 교과목을 수강하지 않거나 수능에서 물리를 선택하지 않은 경우에 기초 부족으로 인한 학습능력의 차이로 어려움을 겪는 학생이 매우 많다. 학부대학은 2015년 2학기까지 수업 이외의 일정 시간을 지정하여 문제풀이를 통해 학생들의 미비한 점을 보완하려 노력하였고, 2016년 1학기부터 수학 과목과 마찬가지로 입학 이전에 신입생을 대상으로 웹사이트(www.yonseisat.com)를 통해 진단평가를 실시하여 실력을 평가하고 수준에 따라 핵심물리 또는 일반물리와 공학물리 등의 교과목들을 수강하도록 학사지도를 하고 있다([그림 2-1] 참조). 핵심물리 수강생들에게는 튜터링 기회가 제공되고 있기도 하다.

2013년도부터 1학년 전체를 대상으로 전면적인 RC가 시행됨에 따라 기초과학 교과목 수업을 위해서는 국제캠퍼스에 새롭게 실험실을 준비해야 할 필요가 있었다. 학부대학과 전임교수들은 국제캠퍼스 총괄본부의 협조 아래 2012년부터 실험실의 전반적인 디자인을 구상하고 필요한 실험기자재들을 구입하는 등 노력을 기울였다. 실험실 공간과 기자재 사용에는 많은 단과대학 간 협조를 필요로 하므로 지속적인 의사소통과 의견교환이 필수적이다. 학부대학이 국제캠퍼스로 이전하면서 풀어야 할 또 다른 숙제 중의 하나는 교과목 담당 전임교수의 수급 문제였다. 이 문제를 해결하기 위해 학부대학 학장단은 이과대학 소속 전공교수 중에서 책임교수를 임명함은 물론, 교무처의 도움을 받아 물리학과와 화학과의 협조를 얻을 수 있었다. 현재 물리와 화학 교과목의 대부분은 전임교수들에 의해 수업이 진행되어 전임률이 70% 이상으로 높고, 수업 질 또한 높은 수준으로 유지되고 있다.

학부대학은 또한 의예과와 치의예과 학생들의 기초과학 수업을 위탁받게 됨에 따라 학생들의 수준에 맞는 수업을 개설하기 위해 해당 학과의 교수들과 협의를 거치기도 하였다. 그 결과 일반General 교과목과 심화Advanced 교과목 개설을 결정하고, 각 교과목의 교과 내용은 전임교수들이 결정하였다. 개설된 교과목들의 실험을 위한 실험실과 실험준비실이 마련되었고, 의예과와 치의예과 소속 학생들을 대상으로 지속적으로 실험 수업을 수행하기 위하여 전임조교를 채용하여 실험을 운영하였다. 현재 전임조교는 실험실과 실험준비실 관리, 실험기구와 재료의 구매와 관리, 주제별 실험내용 준비, 실험 수행, 실험보고서 채점 등의 역할을 수행하고 있다. 전임조교는 학부대학 소속이지만 언더우드국제대학의 교과목 실험도 일정 정도 담당하고 있으며, 차후에 실험실 안전 책임자로서의 역할도 수행할 것으로 전망된다. 이렇게 다양하고 중요한 업무를 담당하고 있기 때문에 교육의 질을 유지하기 위해서는 전임조교의 직업적 안정성이 중요하게 판단되고 있다.

물리학과와 화학과의 일부 대학원생의 경우, 전공 실력이 조교로 활동할 수준에 미치지 못해 조교의 질 통제가 우려되고 있다. 학부대학의 전임교수들과 해당 학과는 평가를 통해 조교들을 선발하고, 학기가 끝난 후에는 학기 동안의 활동을 평가하여 다음 학기를 준비하는 등 조교의 질적 저하를 막기 위해 노력하였다. 학기 초에는 조교들을 대상으로 한 교육과 오리엔테이션을 수행하고, 학기 중에도 정기적인 회의를 통해 조교들의 실험 수업에 대한 피드백을 수행하였다. 학부대학의 강의전담교수들은 담당하는 수업의 질을 높게 유지하기 위해 전체 수업 운영을 위한 교강사 워크숍, 새로운 수업기법 개발, 실험 수업의 질 유지 등 다양한 시도를 해오고 있다. 이러한 많은 노력을 기울인 결과, 매해 화학과 물리 교수들이 우수강사상을 수상하고 있다.

학부대학은 전임교수들의 조교교육과 평가를 돕는 한편, 시험 감독을 위해 국제캠퍼스로 가는 조교들에게 교통편을 제공하고 책임교수와 학과의 협조를 얻어 조교장학금을 합리적으로 배분하고 있다.

④ 생명과 환경: 생물학 관련 교과목 운영 중심으로

이 영역에는 개설된 교과목이 다양하지 않아 학부대학은 다양한 교과목의 개설에 노력을 기울여왔다. 현재 학부대학 전임교수들이 담당하는 교과목은 주로 이공계 학생들을 대상으로 하는 '공학생물학 및 실험 (1)과 (2)', '핵심생물학', '생명체의 진화와 다양성', 의예과와 치의예과 학생들을 대상으로 하는 'General Biology and Experiments', 'Advanced Biology and Experiments' 등이다.

물리, 화학과 마찬가지로 생물학 영역도 2013년도부터 1학년을 대상으로 전면적인 RC 시행과 함께 국제캠퍼스에 실험실을 준비하게 되었다. 다른 기초과학 교과목의 전임교수들처럼 2012년부터는 실험실, 실험준비실, 실험기자재들을 준비하는 데에 노력하였다. 국제캠퍼스에서 수업을 맡은 전임교수는 학부대학과 생명시스템학과의 협조로 수업 진행이 원활하였고, 전임률은 80% 이상으로 유지하게 되었다. 전임교수들이 담당한 수업들이 학생들의 높은 평가를 받는 것으로 보아 높은 수준의 수업의 질이 유지되는 것으로 판단되고 있다.

학부대학은 또한 의예과와 치의예과의 교과과정에서 많은 학생이 수강하게 될 생물학 교육 수행을 위탁받아 이 교과과정을 전담할 전임교원을 임용하였으며, 해당 학과 교수들의 제안을 포함하여 일반General 교과목과 심화Advanced 교과목을 개설하고 각 교과목의 교과 내용을 결정하였다. 이 교과목들과 언더우드국제대학의 생물 관련 교과목들의 실험을 위한 실험실 운영과 실험 수업을 수행하기 위해 전임조교를 채용하여 현재까지 운영하고 있다.

학부대학은 필수교양의 '생명과 환경' 영역에 속하는 교과목의 수가 적기도 하지만 생물학을 전공으로 하지 않는 학생들을 대상으로 한 교과목의 필요에 의해 새로운 교과목 개발을 주도하였다. 예를 들어, 인문사회계 또는 전체 학생을 대상으로 하는 '생명과학의 세계', '생명과학과 삶', 'Great Books and Debate-생명과 인간', '진화와 인문학' 등이 개설되었다.

실험 수업의 수준과 내용을 일정하게 유지하기 위해 학부대학은 학기 초에는 조교들을 대상으로 한 교육과 오리엔테이션을 수행하고, 학기 중에도 정기적인 회의를 통해 조교들의 실험 수업에 대한 피드백을 수행하고 있다. 조교들은 2명이 하나의 분반을 담당하는 방식으로 실험 수업을 진행하며 중간시험을 전후로 바뀐다. 인문사회계 학생들을 대상으로 개설된 교과목들은 실험 대신 연습시간을 갖고 있다. 이 시간에 조교는 수업 내용을 이해하는 데에 필수적인 개념을 설명하거나 퀴즈풀이, 학생들의 발표 관리 등의 업무를 수행하고 있다. 학부대학은 국제캠퍼스에서 시험 감독을 하는 조교들에게 교통편을 제공하고 있고, 물리나 화학과 마찬가지로 책임교수와 학과의 협조를 얻어 조교장학금을 합리적으로 배분하고 있다. 시스템생물학과와 협조하여 여러 생물 교과목 수업을 원활하게 운영하고 있기도 하다. 강의전담교수는 학기 초에 전체 수업 운영을 위한 교강사 워크숍과 조교들의 오리엔테이션 등을 수행하며, 조교 운영과 평가에 관련된 업무를 주로 맡고 있다.

종합적으로 2015년 1학기 현재 개설된 필수교양 영역의 교과목 현황은 다음의 [표 2-5]에 나타나 있다.

표 2-5. 필수교양 영역 교과목의 과목(분반) 수 현황

영역	2015-1					
	국제		신촌		소계	
	과목 수	분반 수	과목 수	분반 수	과목 수	분반 수
문학과 예술	5	8	10	11	11	19
인간과 역사	5	8	15	17	17	25
언어와 표현	16	34	31	53	32	87
가치와 윤리	5	5	7	9	11	14
국가와 사회공동체	2	2	10	11	9	13
지역사회와 세계	5	14	10	13	13	27
논리와 수리	11	38	9	20	17	58
자연과 우주	8	62	10	13	14	75
생명과 환경	10	21	11	11	16	32
합계	67	192	113	158	141	350

4) 선택교양

선택교양 영역은 2010년 교양교육 개편이 있기 전부터 있었던 영역으로 학생들은 자유롭게 과목을 선택할 수 있다. 선택교양은 역사 · 철학 영역, 과학 · 기술 영역, 사회 · 윤리 영역, 인문 · 예술 영역, 세계문화 · 언어 영역, 생활 · 건강 영역의 6개 영역으로 구성된다. 학생들에게 의무적으로 이수가 부과되는 영역은 아니며 1학년 세미나, 봉사 교과목 등 특별한 목적을 가진 교과목들(주로 1학점)과 체육 교과목들(1학점)도 포함된다. 2010년 필수교양 개편에 따라 이영역은 일몰제를 적용하여 과목의 개폐를 유연하게 관리하고 있다.

표 2-6. 2015년도 선택교양 교과목 현황

(단위: 명)

영역	국제		신촌		소계	
	분반 수	정원	분반 수	정원	분반 수	정원
신입생 세미나(Freshman Seminar)	14	161	5	66	19	227
역사 · 철학	5	250	19	1,250	24	1,500
과학 · 기술	-	-	15	950	15	950
사회 · 윤리	2	100	40	1,570	42	1,670
인문 · 예술	6	240	28	2,085	34	2,325
세계문화 · 언어	6	370	40	1,970	46	2,340
생활 · 건강	2	250	93	3,076	95	3,326
합계	35	1,371	240	10,967	275	12,338

학부대학은 학생들의 독서능력을 증진시키기 위한 시도로 '명저 읽기'와 '독서와 토론' 교과목을 운영하고 있다. 다양한 영역의 콘텐츠를 제공하고 질 높은 수업을 유지하기 위해 해당 교과목들의 운영담당자를 정하였다. 해당 교수가 주도하여 매 학기 수업의 분야들을 지정함은 물론 내용과 질, 교강사에 대한 평가 그리고 사전준비를 위한 회의를 진행하고 있다.

4. 제3의 창학과 연세대학교 기초교양교육의 변화

국제캠퍼스에서의 기초교양교육과정은 1학년 교육을 중심

으로 전체 학생의 기초교양교육을 담당하는 학부대학이 이전하면서 일정 정도의 변화와 함께 질적 및 양적 성장을 이루게 되었다.

1) 원 캠퍼스(One-Campus) 개념에 근거한 국제캠퍼스 교육의 정립

국제캠퍼스에서 1학년 모두를 대상으로 RC 교육이 진행되면서 연세대학교의 교육에 대한 재정비가 필요하게 되었다. 연세대학교 1학년 학생들은 거의 모두 국제캠퍼스에서 학업을 수행하고 역시 대부분의 학생은 2학년부터 신촌캠퍼스에서 공부를 이어가게 된다. 그러나 국제캠퍼스는 일종의 분교가 아니라 신촌캠퍼스와 지리적으로만 분리된 하나의 캠퍼스로 간주된다. 이러한 점들을 감안하여 두 캠퍼스에서의 교육의 목표와 특징이 다르게 정의되었다. 국제캠퍼스가 주로 1학년을 대상으로 기초교양교육을 중심으로 한다면, 신촌캠퍼스의 경우 2학년 이후의 학생들이 전공 중심의 교육을 받게 된다. 국제캠퍼스에서 학생들은 학습과 생활의 통합을 수행하고, 전인교육과 전일교육을 받을 수 있으며, 학습과 문화공동체가 활성화되는 기회를 가지게 된다. 또한 학부대학이 주도하는 교육 속에서 학생들은 밀착형 학생지도를 받고, 학습을 위한 각종 지원시스템을 경험할 수 있다. 신촌캠퍼스에서는 이와 다르게 전문성 교육이 강화되고, 융복합 또는 산학협력교육의 기회가 많이 제공되며, 학생들은 다양한 전공제도를 접할 수 있다. 많은 대학원이 있기 때문에 학부생에게 연구 기회 또한 많이 제공될 수 있다.

위와 같은 원 캠퍼스 개념의 교육이 갖는 유리한 점은 다음과 같다. 우선, 1학년 교육과 2학년 이후 교육의 연계성을 유지할 수 있으며, 학교의 교육철학과 정책에 따른 장기적 전망 속에서 학생들에게 필요한 교육이 제시될 수 있다. 신촌캠퍼스에 축적된 엄청난 양의 연구와 교육 역량을 국제캠퍼스에 제공할 수도 있다. 즉, 원 캠퍼스 개념은 교원과 학생들이 신촌의 자원을 국제캠퍼스에 활용할 수 있는 개념적 토대가 될 수 있다.

한편, 원 캠퍼스 개념은 연세대학교가 국제캠퍼스 운영에 필요한 비용을 줄일 수 있어야 한다. 만약 국제캠퍼스의 운영을 독자적으로 수행한다면 새로운 하나의 대학을 운영하는 것과 마찬가지로 여러 면에서 예산이 매우 많이 소모될 것이다. 예를 들어, 행정조직을 국제캠퍼스에서 따로 마련하는 것보다 신촌캠퍼스에 있는 기존의 조직을 활용할 수 있다. 또한 국제캠퍼스의 독자적인 행정체계는 신촌 본부와 함께 업무가 추진되기보다는 어긋나는 결과를 낳을 수 있어 원 캠퍼스 운영으로 양 캠퍼스의 일관성이 손상될 우려를 줄일 수 있다. 따라서 원 캠퍼스 개념에 따른 교육의 운영은 현실적이므로 지속성을 유지하는 데에 도움이 될 것이다.

2) 기초교과 학습지원 강화

① 영어원어민 레지덴셜 펠로우(English Residential Fellow) 프로그램

국제캠퍼스에서는 앞서 기술한 공통기초 교과목 수업이 일상적으로 진행됨은 물론 각 교과목의 학습을 지원하는 다양한 수단을 만들어 운영하고 있다. 2013년 이전, 즉 본격적으로 1학년 학생 전체를 대상으로 RC가 시작되기 전에는 국제캠퍼스의 RC는 몇 개 학과에 속한 소수 학생을 위한 프리미엄 교육을 지향하였는데 그 일환으로 영어몰입 교육을 시도하였다. RC 환경을 십분 활용하여 영어원어민 레지덴셜 펠로우$_{ERF}$들은 학생들과 기숙사에 함께 거주하며 저녁시간에 영어로 토론과 활동을 하는 한편, 학생들의 영어 듣기 및 말하기 실력을 향상시킬 수 있는 'RC English Reading & Discussion' 교과목을 수업하였다. 전체 학생을 대상으로 RC가 실시된 2013년 2학기부터는 ERF를 RC 교육원장의 통제하에 두고 ERF의 활동이 RC 교육 조직 속에서 보다 체계적으로 이루어지는 방안을 모색하였다. 그 결과 ERF가 수행하는 프로그램을 통해 학생들이 일상 속에서 영어를 배울 수 있는 기회를 제공하는 방식으로 변화되었다. 현재 4명의 ERF가 [표 2-7]과 같은 프로그램을 운영하고 있고, 매 학기 ERF 프로그램의 효과성에 대한 심사와 피드백을 받아 프로그램을 개선하고 있다.

표 2-7. 2016년 1학기 ERF 프로그램

교수명	프로그램명
Prof. Roy Burlew	You tube English, Uncle Roy Time, Uncle Roy Open House S(월, 화, 수, 목 저녁)
Prof. Brooks English Gregory	Speaking "Terrible" English Night(STEN), Women's Sports(WS)(수, 목 저녁)
Prof. Brian Rasmussen	World Media(Music, TV, Movies, Video, Ads), Cheap Easts, Weekend(화목 저녁, 수 오후, 주말)
Prof. Kealey Michael	Coding & Conversation Class(화 저녁)

② 튜터링(Tutoring): RC 환경을 이용한 개인별 학습지원

RC 교육의 장점은 수업이 진행되는 시간이나 그 전후에도 학생들이 공부할 여건을 갖춘 장소에 둘러싸여 있다는 것이다. RC를 수행하는 모든 대학은 이러한 이점을 잘 활용하고 있는데 그 대표적인 것으로 튜터링을 꼽을 수 있다. 튜터링은 학생들의 수준에 따라 수행될 수 있기 때문에 학습을 개인별로 효과적으로 지원할 수 있는 체계이다.

학부대학이 RC 교육을 전담하기 시작한 이후 학부대학은 국제캠퍼스에 필요한 맞춤형 튜터링 모델을 찾아 정착시키는 작업을 진행해왔다. 우선 글쓰기, 대학영어, 수학 등 영역별로 이미 진행되고 있었던 튜터링을 지속할 수 있도록 공간을 제공하고, 야간에 튜터들이 활동할 수 있도록 행정적인 지원을 투입하였다. 또한 다양한 전형을 통해 입학한 학생들과 외국인 학생들에게서 보이는 수학과 물리 등 일부 교과목에서의 학력 편차를 고려하여 더 체계적인 대책을 세우고 추가적인 제도를 만들기 위해 노력하였다.

학부대학은 2015년에 교학부학장을 총괄책임자로 정하고 교과목에 따라 각각 다양하게 수행되었던 튜터링을 종합하여 체계를 세우는 시도를 하였다. 글쓰기와 대학영어는 기존의 체계를 그대로 유지하였으나, 핵심반이 생긴 수학과 물리는 튜터를 선발하여 3명 이상의 학생당 1명의 튜터를 배치하였다. 또한 외국인 학생들의 공부를 돕기 위해 HE1 교과목을 활용하는 피어 튜터링Peer Tutoring을 재정비하였다. 이러한 일련의 노력으로 학부대학은 튜터링을 체계적으로 운영할 수 있게 되었다.

표 2-8. 튜터링의 변화와 과목별 체계

과목	2013	2014	2015	2016
글쓰기	튜터 글쓰기 행정실	튜터: 주 2일 야간(19~24시)	튜터: 주 2일 야간(19~21시) 글쓰기 교실	튜터: 주 2일 야간(19~21시) 글쓰기 교실
대학영어	튜터 CETS 사무실	튜터: 주 5일(주, 야간 8시간)	튜터 월~목 10:30~18:00 (송도 3회, 신촌 1회)	튜터 월~목 10:30~18:00 (송도 3회, 신촌 1회)
수학	조교	조교: 주 3~4일(19~21시)	수업조교(주 3회, 2시간) 집중조교(기초수학반) 피어 & 하스 튜터링 외국인(HE1)	수업조교(주 2회, 2시간) 집중조교(기초수학반) 하우스 튜터링 외국인(HE1)
물리	교수	조교: 주 3~4일(19~21시)	수업조교(주 3회, 2시간) 하우스 튜터링 외국인 (HE1)	수업조교(주 2회, 2시간) 집중조교(기초물리반) 하우스 튜터링 외국인(HE1)
통계			피어 & 하스 튜터링	하우스 튜터링 외국인(HE1)

3) 필수교양 영역의 발전

① 명예특임교수 명강의 시리즈 신설

학부대학이 교양교육의 발전을 위하여 노력해왔음에도 불구하고 다양한 교양교과목이 부족하고 일정 기간 이상으로 지속가능한 교양 교과목의 개설과 운영이 아쉬웠다. 융복합 교과목 역시 부족한 상황이었다. 따라서 학부대학은, 특히 지적 흡수력이 강한 1학년을 대상으로 영향력 있는 교과목이 필요할 것이라 판단하였다. 이와 함께, 언제나 그렇듯이 이러한 과제는 예산 절약의 가능성을 염두에 두지 않을 수 없다.

이 과제를 해결하기 위한 방법으로 학부대학은 연구와 교육에 큰 성과를 이룩한 정년퇴임 교수를 활용하고자 하였다. 정년퇴임 교수 중 조건을 만족한 분들을 명예특임교수로 위촉하여 이들의 연구와 교육의 경륜이 수업 내용에 자연스럽게 반영될 수 있는 명강의를 개발하였다. 학생들은 해당 교과목을 수강함으로써 학문에 대한 애정을 키워갈 수 있음은 물론 비교적 수월하게 학문에 대한 영감을 얻을 수 있을 것으로 예상된다. 학부대학은 연세대학교의 교원으로서 학자들이 평생 이루어낸 학문적 성과를 매우 의미 있게 활용하는 시도를 하는 것이다.

이러한 시도는 몇 가지 장점이 있다. 첫째, 학생들의 교과목 선택의 폭을 넓혀주고 교과목의 깊이를 더할 수 있다. 둘째, 명예특임교수들은 연구에 대한 압력 없이 강의에 몰두할 수 있고 학생들의 융복합적 사고를 배양하기 위한 교과목 개설이 용이할 수 있다. 셋째, 명예특임교수들은 현직 교수에 비해 비용 면에서 효율적이다. 한편, 이러한 시도는 교원의 수와 예산이 부족한 지방의 작은 규모 대학에서 교양교육을 효과적으로 수행하기 위한 방법으로 권장할 만한 것으로 보인다.

학부대학은 1학년 학생들을 대상으로 흥미를 유발하고 가능하면 감동을 줄 수 있는 교과목을 개설하도록 명예특임교수들에게 요청하였다. 또한 학생들이 융복합적인 사고를 가지는 데에 도움을 줄 수 있도록 이공계 교수들에게는 인문사회계 학생들이, 인문사회계 교수들에게는 이공계 학생들이 쉽게 이해할 수 있는 내용의 교과목 개설을 요청하였다. 2015년 현재 개설된 교과목은 [표

2-9]와 같다. 학부대학은 이 교과목들의 효과적인 운영을 위해 수강자들의 피드백을 받아 앞으로의 운영 방향에 도움을 얻고자 노력하고 있다.

표 2-9. 명예특임교수 개설 교과목

영역	교과목명
인간과 역사	인간행동과 마음의 과학적 이해
가치와 윤리	성격과 적응의 심리학
논리와 수리	에코 액션
자연과 우주	역사 속의 색채 세상을 바꾼 신물질 수소 에너지사회의 이해 환경과 에너지패러다임의 전환
생명과 환경	일상생활의 과학기술

② 컴퓨팅적 사고(Computational Thinking) 교과목 개설

마이크로소프트 연구소의 지넷 윙Jeannette Wing을 비롯한 많은 학자의 예상대로 현재까지 누구나 사용해온 기본적 기능인 읽기, 쓰기, 산술능력처럼 21세기에는 '컴퓨팅적 사고'가 누구나 사용하게 되는 기본적 능력이 될 가능성이 매우 높다. 연세대학교는 미래의 인재들이 접하게 될 환경에서 꼭 필요한 소양을 교육하기 위해 '컴퓨팅적 사고Computational Thinking, CT' 영역의 교과목을 개발하기로 결정하였다. 학생들이 이 교과목을 수강한다면 5C 소양 중 창조력, 융복합능력, 소통능력 등을 배양할 수 있을 것으로 기대된다.

교과목 개발에 학부대학의 전임교수가 주도적으로 참여하였고, 마침 마이크로소프트사社의 지원도 받게 되었다. 국제캠퍼스의 교육-연구 연계 인프라를 이용하여 2015년 3월부터 교과목을 개발하기 시작하였고, 그 첫 번째 결과로 HE2 1학점 교과목이 2015년 2학기에 이공계를 제외한 학생들을 대상으로 개설되었다. 이 교과목의 수업 내용은 [그림 2-2]와 같다. 9명의 수강생이 이 교

과목을 수강하였는데 학부대학은 이 학생들로부터 얻을 피드백과 교수의 평가가 2015년 2학기에 개설된 수업의 평가와 함께 앞으로 CT 교과목들의 개설과 운영에 도움을 줄 것으로 판단하고 있다. 이를 토대로 주로 1학년 학생들을 대상으로 3학점 교과목인 'CT 입문'을 개설하여 수업을 운영할 예정이다.

그림 2-2. 2015년 2학기 컴퓨팅적 사고 교과과정

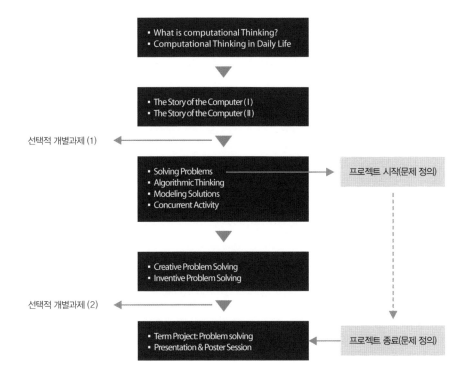

IT Chosun 2015−04−23

연세대학교-MS, '컴퓨팅적 사고(CT)' 교육 국내 첫 도입 추진

컴퓨팅 솔루션을 통해 현실 문제를 해결하기 위한 창의성과 사고력을 기르는 '컴퓨팅적 사고(CT, Computational Thinking)' 교육 교과과정을 대학에 도입하고자 하는 시도가 국내에서도 본격 추진된다.

마이크로소프트연구소(이하 MS연구소)는 23일 연세대학교와 CT 기반 창의 교육과정을 개발, 미래사회 핵심 인재 육성에 나선다고 밝혔다.

컴퓨팅적 사고란 지넷 윙(Jeannette M. Wing) MS연구소 부사장이 연구개발한 방법론으로 컴퓨터과학의 이론, 기술, 도구를 활용해 현실의 복잡한 문제를 해결하는 사고방식을 의미한다.

기존의 컴퓨터공학 및 코딩 교육과는 달리 컴퓨팅적 사고는 컴퓨팅 원리를 활용해 문제를 분석하고, 요소 간 관계를 재정립해 문제를 재구성함으로써 문제를 해결하기 위한 알고리즘을 만드는 특별한 시각을 제공한다는 점에서 구분된다.

MS연구소에 따르면 이미 영국과 미국 등에서는 CT 교육을 정규 교과과정으로 채택하는 등 새로운 교육 트렌드로 자리잡고 있다. 카네기멜론대학은 MS와 함께 CT센터를 설립, 학생들에게 프로그래밍 구조화, 데이터 조직화 등으로 구성된 강의를 제공하고 있고, 하버드대학도 CT에 기반한 문제해결 과정을 가르치고 있다.

최근 국내에서도 정부 주도로 CT 교육과정 개편을 진행하고 있으나, 실제 대학교에서 교과목으로 채택돼 전체 학생을 대상으로 커리큘럼을 개발하고, 실습을 포함한 수업을 시작하는 사례는 연세대학교가 처음이다.

연세대학교는 MS연구소와의 협력으로 학생들에게 컴퓨팅적 사고를 기를 수 있는 CT 교육과정을 개발 중이며, 오는 7월까지 개발을 완료한다는 계획이다. 이를 위해 MS연구소는 ▲강의자료 개발을 위한 각종 리소스 제공 ▲교육에 활용할 수 있는 프로그래밍 툴 등 각종 도구 지원 ▲세계적인 CT 권위자들과의 학술교류 ▲심화과정 개발 협력 등과 관련해 연세대학교와 협력을 진행해 오고 있다.

이미란 MS연구소 학술연계 및 지원 담당 상무는 "최근 융합형 인재 육성을 위해 컴퓨팅적 사고력을 기르기 위한 교육과정이 주목받고 있다"며 "CT 교육과 활용에 대한 연구를 통해 그 결과물을 교육과정에 적용, CT 교육을 체계적으로 실시할 수 있도록 최대한 지원하겠다"고 밝혔다.

한편, 개발된 CT 과목은 올해 2학기부터 연세대학교 송도 국제캠퍼스에서 우선 신입생을 대상으로 실시될 예정이다. 이 과목에서 학생들은 소규모 그룹을 만들어 스스로 주변의 문제를 찾아 알고리즘화하고, 이를 해결하는 과정을 거친다. 여기에는 MS연구소에서 개발한 비주얼 프로그래밍 툴 '코두(Kodu)'를 활용한 실습과정도 포함돼 있다.

나아가 연세대학교는 CT 과목을 오는 2016년부터 전체 신입생을 대상으로 확대한다는 계획이다. 특히 이공계 신입생은 CT 과목을 전공기초 필수 교과목으로, 인문사회계열 학생들은 필수 교양 교과목으로 지정해 모든 학생들이 수강하도록 할 예정이다.

정갑영 연세대학교 총장은 "학생들의 창의적 사고능력 및 문제 해결 능력을 배양하는데 CT 교육이 큰 도움이 될 것으로 생각하며, 특히 송도 국제캠퍼스에 마련된 연세대의 우수한 교육·연구 연계 인프라를 강점으로 활용하겠다"며 "앞으로도 미래 디지털 사회를 이끌어나갈 수 있는 창의적 인재 양성을 위해 MS와 긴밀하게 협업해 나갈 것"이라고 말했다.

정갑영 연세대학교 총장

노동균 기자 yesno@chosunbiz.com

5. 교양교육체제 운영 시 고려사항 및 문제해결

국제캠퍼스에서의 기초교양교육과정의 성공적인 운영을 위해서는 다양한 측면에서 해결해야 할 이슈가 많다. 사회와 학생들의 변화로 인해 지속적인 문제해결이 필요하겠으나, 다음은 지난 몇 년간 경험하고 해결한 문제들이다.

① 전임교수 주도의 교양과목 운영

기초교양교육의 중요성이 부각됨에 따라 교내의 우수한 역량을 가진 교원들이 질적으로 우수한 강의를 개발하고 제공하는 일이 중요한 이슈로 대두되었다. 그러나 각 학과의 전공교원들은 기초교양 과목보다는 연구와 전공교육에 보다 관심이 높고 활동이 더 활발하다는 현실을 직시할 수밖에 없다. 또한 연세대학교와 같이 많은 교양 강의가 1학년이 거주하는 송도캠퍼스에서 진행되는 경우, 전공교수들의 적극적인 참여는 기대하기 어렵다. 이 문제를 해결하기 위해 행정적으로는 신촌-송도 간 셔틀버스 제공과 대규모 강의나 새로운 수업에 대해 추가적인 조교를 지원하는 방식을 택하였고, 개별적으로는 대형 강의에 추가적인 강의료 인센티브를 제공하는 방법을 적용하였다. 앞에 언급하였던 융복합 과목 "위대한 유산"과 같은 다학제 팀티칭의 경우, 여러 명의 전임교수가 한 과목을 공동운영하는 형식의 지원을 하고 있는데, 현재 그 수는 매우 제한적이다. 현시대에 맞고 학생들의 변화하는 요구를 충족시키기 위해서는 보다 장기적인 차원의 교과목 개발이 선행되어야 할 것으로 판단된다. 교과목 개발을 개별 교수자에 일임하기보다는 기초교양교육센터 등 교양교육을 담당하는 전문 부서에서 필요한 과목에 대한 수요 조사와 1차적인 개발을 마친 후, 이를 구체화하고 강의 개설이 가능한 전임교수를 섭외하는 것도 한 방편이 될 수 있을 것이다.

② 전임조교제도의 활성화

　현재 교양과목의 조교가 각 과에서 지원되고 있는데, 특히 수학, 물리, 화학, 생물 등 기초과목의 경우 실험을 담당할 조교 수급의 문제가 아주 심각하다. 특히 신촌-송도 간의 거리 차이로 이전에 비해 조교활동에 많은 시간이 소요됨에 따라 연구활동에 지장이 생기게 되었다. 더군다나 학생 수를 고려할 때, 필요한 조교의 수는 많은데 조교활동에 요구되는 수학 능력을 가진 대학원생 수의 감소로 조교들의 활동의 질에 대한 염려가 증가하고 있다. 이에 대한 해결방책으로 전임조교제도를 생각해 볼 수 있다. 전임조교는 조교활동의 질을 보장할 수 있을 뿐 아니라 적은 수의 사람들이 소통할 수 있게 해주므로 의사소통의 결여와 부정확성에서 오는 혼란을 방지할 수 있다. 전임조교제도를 활성화하기 위해서는 두 가지 문제가 해결되어야 한다. 첫째, 단기 고용의 문제이다. 조교는 계약직으로 구분되며 최대 2년까지가 가능한데, 이런 단기 고용과 재고용 불가에서 오는 한계로 인해 우수한 지원자의 지원이 제한되고 이들의 지속적인 근무 또한 불가능하다. 행정적으로 새로운 직군으로의 분류가 필요하다. 둘째, 각 학과로부터의 협조이다. 조교활동에 대한 비용 지급은 장학금의 형태로 나가고 있는데, 이 장학금은 특별한 연구과제나 사업을 하고 있지 않은 학과에서 대학원생을 지원할 수 있는 가장 큰 재정적 리소스이다. 전임조교제가 적용되면 각 학과에서는 대학원생에게 조교장학금을 지불할 수 없게 되므로 학과는 기본적으로 전임조교제도에 반대하는 경우가 많다. 따라서 행정 차원에서 대학원생들에게 지속적으로 장학금을 지불하면서 전임조교를 고용할 수 있는 리소스를 확보하는 것이 가장 중요해 보인다.

③ 교양 교과목에 대한 질 통제

현재 교양교육시스템 내에서 전임교수에 의해 교과목 개설이 결정되면, 강의 인원수가 모자라거나 교수자의 요청이 아닌 이상 폐강되는 경우는 거의 없다. 전임이 아닌 외부 강사자의 경우엔 과목평가에서 낮은 평가가 나오게 되면, 후속 학기의 강의를 요청하지 않을 수 있다. 그러나 전임의 경우, 교과목에 대한 평가가 좋지 않아도 통제할 수 있는 방법은 매우 제한적이다. 더구나 행정적으로 재수강 등의 문제로 폐강은 선호되지 않는다. 우수 과목이라면 지속적이라는 측면에서 긍정적이지만 그렇지 않다면 이는 학교에는 부담으로, 학생들에게는 필요한 교과목을 제공받지 못한다는 교육권과도 연결된다. 이러한 문제점에 근거하여 학교에서는 강의 질을 통제하기 위해 규정에 "일몰제"라는 조항을 만들고, 이를 전임교수에게 공식화하여 폐강 가능성과 그 과정을 투명하게 하였다. 매 학기 필수교양 개설 신청 기간에 개설기준과 함께 일몰기준과 절차를 포함한 내용을 배포하고 있는데, 개설과 폐강에 대한 절차를 분명히 함으로써 추후 문제의 소지를 줄여준다는 점에서 매우 효과적이다. 이 제도의 시행이 바로 전에 시작되어 그 효과를 판단하기는 이르지만 기준이 마련되어 교과목의 질 통제가 용이해진 것은 분명하다. 다음 [표 2-10]은 평가기준이고, [표 2-11]은 일몰제 심사절차이다.

표 2-10. 필수 교양과목 일몰제 평가기준

항목	심사기준	예외 조항
강의평가 점수	2개 학기 이상 강의평가 점수가 해당 과목이 속한 영역의 하위 10%에 해당되는 경우	기존 계열기초 과목군
강의계획서	총 3개 학기 이상 강의계획서를 등재하지 않은 경우	기존 계열기초 과목군
담당교수의 중도 교체 여부	담당교수가 승인 없이 교체된 경우	

표 2-11. 필수 교양과목 일몰제 심사절차

구분	내용	후속 조치
통보	심사 결과 일몰제 대상 과목으로 분류되는 경우 통보한다.	• 담당교수와 개설 학과에 통보하고 조건부로 한 학기 동안 개설한다. • 정량평가지표가 향상되지 않을 경우 과목을 폐지할 수 있음을 통보한다.
폐지	통보 조치를 받은 과목을 한 학기 후 재심사하여 정량평가기준을 통과하지 못하고 예외 조항에도 해당되지 않을 경우 폐지 조치한다.	

④ 기초교양교육 담당기구의 설치

학부대학에서 강의전담교수들의 주된 업무는 강의와 이에 관련된 연구이다. 일부는 각 전공학과목에 대한 교과목을 개발하고 운영에 대한 새로운 시도를 하지만, 아직까지는 교양과목을 큰 틀에서 조직하고 계획하는 일을 체계적으로 운영하지는 않고 있다. 제4차 산업혁명의 시대로 불리는 현시기에 사회의 요구는 급변하고 있고, 학생들의 필요 역시 시시각각으로 변화하고 있다. 대학에서 교양교육이 이런한 변화를 반영하기 위해선 좀 더 조직적인 차원에서 교양교육의 미래를 설계하고, 이를 구체화하는 교과목을 개발 및 운영하는 것이 필요하다. 교양교육센터의 필요성에 대한 요구는 오래전부터 있어왔으나 실제 센터의 운영은 아직 시작되지 않았다. 지난 몇 년간 소모임의 형식으로 교양교육을 체계적으로 보려는 시도가 있었고, 국내외 논문이나 교육철학을 공부하고 적임자를 초청하여 강의를 듣는 형태로 그 움직임이 진행되어 왔다. 현재 학부대학 전임교수가 주도하여 기초교양교육을 계획하고, 평가하고, 추후 방향을 결정짓는 역할을 하는 기구 설립이 추진되고 있다. 이 기구는 교양 전반을 다루기 위해 학부대학 전임뿐 아니라 기초과목에 해당하는 전공교수와 각 단과대학을 대표하는 인원으로 구성되어야 하며, 기초교양의 방향을 결정지을 수 있도록 해외 및 국내의 관련 자료를 수집하고 우수사례를 벤치마킹할 수 있도록 연구 조사를 할 수 있어야 한다. 또한 진행되고 있는 프로그램들을 객관적으로 평가하고 그 결과를 추후 결정에 반영할 수 있도록 평가연구팀을 포함해야 한다. 실제 일부 해외 대학에서는 기관 연구 및 기획부서Institutional Research and Planning라는 기구를 만들어 체계적이면서도 객관적으로 교양교육의 효과를 평가하는 평가 체제를 확립해 놓고 있다. 이 평가결과는 일부 논문의 형태로 발표되기도 한다. 평가의 범위는 대학 수학 시기에 국한하지 않고 졸업 후의 삶을 포함할 수 있도록 하여 대학교육의 장기적 효과에 대한 정보를 수집할 수 있어야 할 것이다.

중앙일보 2015-09-23

연세대학교, 교양학부 중심 대학에서 '생각하는 법'부터 교육

연세대학교 언더우드국제대학(Underwood International College, 이하 UIC)은 시대적 화두인 융복합 교육을 그 핵심에 두고 설립된 한국형 '교양학부 중심 대학(Liberal Arts College)'이다. 교양학부 중심 대학은 영미권 대학에서는 오랜 전통을 가지고 있다. UIC는 교양학부 중심 대학의 교육철학을 토대로 인문·사회·자연과학 등 여러 학문을 넘나드는 융복합 커리큘럼을 통해 시대가 요구하는 교육에 발맞추고 있다. 2012년 신설된 테크노아트학부, 2014년 신설된 융합사회과학부·융합과학공학부는 UIC만의 융복합 교육을 잘 구현하고 있다.

UIC에 입학한 신입생은 교양학부 중심 대학교육의 핵심인 UIC 공통교양과정(Common Curriculum)을 통해 다양한 학문 분야를 섭렵하고 학습의 기초를 다지게 된다. 먼저 '생각하는 방법'의 바탕을 쌓은 후, UIC 학생은 언더우드계열·융합인문사회계열·융합과학공학계열 내의 5개 학부, 16개의 전공 중 하나를 선택해 심화된 학습을 이어간다.

언더우드계열은 인문사회·자연과학·공학 등을 아우르는 5개 전공으로 이뤄져 있다. 비교문학과문화 전공은 학문 간 경계를 넘어 동양과 서양, 고전과 현대, 문학과 철학, 순수와 응용 등 인접 학문 상호 간의 연계와 통섭을 통해 새로운 학문적 패러다임을 찾는 데 융합적 특성이 있다. 경제학은 현대 경제 이슈에 대한 분석 능력을 터득해 경제시스템의 패턴을 밝히고 시사점을 도출할 수 있는 능력을 배양한다.

국제학은 국제관계론·경제·국제법 등을 아우르는 학습을 통해 세계의 다양한 이슈와 문제에 종합적 관점을 갖추도록 한다. 정치외교학 전공은 국내외 정치사상·이론·국제관계·외교정책 등의 분야를 폭넓게 아울러 정치시스템을 이해하고 분석하는 능력을 배양함으로써 공공 영역에서 리더를 육성하는 데 초점을 맞춘다.

생명과학공학 전공은 기초 및 응용학문을 통해 21세기 국내외 생명의학공학 분야의 연구 및 산업을 창의적이며 선도적으로 주도할 리더를 양성한다.

UIC의 대표적 융복합 커리큘럼인 융합인문사회계열은 아시아학부(Asian Studies Division), 테크노아트학부(Techno-Art Division), 융합사회과학부(Integrated Social Science Division, ISSD)로 이뤄져 있다. 융합인문사회계열 학생은 지역학, 예술, 경영, 사회과학, 인문학을 아우르는 융복합적 시너지를 경험할 수 있다.

융합과학공학계열은 기존의 전통적인 순수과학과 공학 학부에서 경험하기 쉽지 않은 융복합 교육에 관심이 있는 학생을 위한 곳이다. 나노과학공학·에너지환경융합·바이오융합의 3개 전공을 통해 전문성을 기르는 동시에 과학과 기술이 우리 사회·정치·경제에 미치는 영향에 대해서도 깊이 이해할 수 있다.

2

언더우드국제대학(UIC)의 교양교육[12)

1. 언더우드국제대학의 설립 배경

리버럴 아츠 칼리지Liberal Arts College의 이미지를 잠시 같이 연상해보자. "교수와 학생이 아담한 교실 혹은 실험실에서 책이나 실험 또는 과제에 같이 집중하고 있다. 교수가 학생에게 정보를 전달하는 것이 아니라 함께 문제해결을 위해 몰두하고 있다." 일반적인 강의 중심의 대형 대학 교육과정에서는 보기 힘든 장면이다. MOOC의 확산과 보편화를 바라보는 우리 시대에는

---

12) 본 장은 『대학교육의 혁신』(21세기북스, 2016) 3부의 내용을 바탕으로 주제에 맞추어 인용 및 재구성하였다.

이 같은 1:1 교육이 미래 대한민국 인재 양성에 필수적인 모습이다.

매년 몇천 명의 학생이 입학하는 한국 종합대학의 현실, 게다가 갈수록 재정적 제약을 더 받고 있는 사립대학교에서 미래가 요구하는 이런 맞춤 소수 정예 수업이 어떻게 가능할까? 언더우드국제대학Underwood International College, UIC은 이런 문제의식을 갖고 연세대학교에서 출범시킨 미래 도전적인 학부교육 중심의 단과대학이다. 연세대학교 학부대학이 전체 학생의 교양교육을 담당하고, RC 교육이 1학년생의 인성교육을 책임진다면, UIC는 일부 학생에게 특수한 국제 리버럴 아츠Liberal Arts 교육과정을 통해 교양 및 전공교육을 제공하여 인문적 소양을 갖춘 국제적 융합 인재 양성을 목표로 한다. 연세대학교의 국제경쟁력을 학교 차원에서, 그리고 학생 차원에서 보장시켜주는 장이 바로 UIC이다. UIC는 전체 교과과정을 영어로 운영하고, 교수진도 외국인으로 구성되어 있는 아시아 최고의 리버럴 아츠 교육을 실천하고 있다.

UIC의 설립 취지는 비교적 매우 간단하였다. 조기유학을 많이 가는 대한민국 학생을 보며 연세대학교는 많은 고민을 하였다. 유학의 교육적인 효과를 국내 대학에서 이루어낼 수 있을까? 대한민국의 인재들이 세계 무대 어디에서도 자랑스럽게 내세울 수 있는 실력을 갖출 수 있도록 우리 대학에서 교육을 제공할 수 있을까? 결국, 많은 토론과 협의 끝에 연세대학교의 오랜 전통을 기반으로 단순히 국내 최고가 아니라, 아시아 및 세계의 일류 대학과 경쟁할 수 있는 '우리의 가슴을 뛰게 하는' 대학을 만들어보기로 하였다. 그 결과 교육현장에서의 다양한 이슈에 대한 해결책으로 UIC가 등장하였다. 대학 학령인구 감소에 따른 특성화 교육 및 개인별 교육을 UIC라는 단과대학에서 시범적으로 실천하였고, 1학년 교양과목부터 외국인 교수와 학생들이 마주 보며 철학, 문학, 논리, 고전을 토론하는 세미나 형태의 수업을 실시하였다. 또한 UIC는 외국인 학생에게 매력적인 대학으로 다가가고자 대한민국을 유학 가는 나라가 아니라 유학 오는 나라로 만들겠다는 목표를 가졌다. 한국에서 공부하고 싶어 하는 지구촌 학생들을 위해 미국이나 영국과 같은 전통적인 유학 국가 대학 이상의 가치와 장점을 보여주어 외국인 학생이 편하게 다닐 수 있는 대학을 만들었다. 연세대학교가 아시아 교육의 허브가 되는 데에 UIC가 앞장서고 있는 것이다.

큰 꿈을 갖고 출범한 UIC의 초기 설립 과정은 그야말로 야심 가득한 멋진 행보였다. 기존의 틀에서 벗어나, 백지를 앞에 두고 "세계 최고의 대학을 만든다면 어떻게 생겼을까?" 하는 구상과 계획을 수없이 반복하여 그림을 그려왔다. 2004년에 연세대학교 이사회의 인가를 받고, 학내외 다양한 전문가가 모여서 1년 넘게 브레인스토밍과 연구를 거친 결과로 빚어진 것이 UIC의 정체성, 교육목표 그리고 교과과정 구조이다.

UIC 교육의 미션을 "creative and critical thinking, democratic citizenship, and global leadership"으로 설정하고, 여기에 걸맞은 기초교양교육이 강한 리버럴 아츠Liberal Arts 교육을 중심으로 공통과정 Common Curriculum 을 구상하였다. 교양과정뿐만 아니라 전공도 함께 운영하는 UIC에서는 초기 5개의 전공을 핵심적인 분야로 두고 연세대학교 모든 단과대학에서 참여할 수 있도록 공개 모집을 하였으며, 2004년부터 2006년까지 교과과정 개발, 교수 채용, 외국인 학생 유치를 진행하였다. UIC는 역사가 깊은 연세대학교의 새내기 대학으로서 사명감을 갖고 헌신적으로 비전을 쫓아갔으며, 영어로 운영되는 한국 대학이라기보다는 한국 종합대학 내에 위치한 글로벌 대학이라 간주하고 접근하였다. 초기 슬로건은 "Join tomorrow's leaders at the hub of East Asia", 2012년부터는 "The liberal arts for international minds"로 소개하고 있다.

UIC는 2012년에서 2016년 사이에 초기 설립 취지를 이끌어가며 큰 발전과 도약을 이루었다. UIC 내 전공이 5개에서 16개로 확대되었고, 학생 정원이 2011년 689명에서 2015년 총 1,694명으로 245% 성장하였다. 2015년 현재 총

57개 국가에서 온 440여 명의 외국인 학생이 재학 중이다. 교수도 두 배 이상 채용하여 새롭게 한 단계 더 성장한 국제대학으로 확대 개편되었다. 규모 면에서는 연세대학교의 큰 단과대학 중 하나로 손꼽을 수 있는 정도로 성장하였고, 내용 면에서도 국내에서는 비교 대상이 없는 최고의 국제대학으로서 입지를 다시 확인하였으며, 아시아, 미주 그리고 유럽에서 세계적인 대학 및 연구소들과 파트너십을 구축하였다. 신설된 전공은 최근 화두가 되는 융복합 교육을 학부 차원에서 실시하면서 미래가 요구하는 인재상 및 융합사고력을 키우는 전공들을 포함한 학부 및 계열을 설립하였다. 2006년에 첫 학생을 받아서 시작한 5개의 초기 전공은 언더우드학부가 되고, 2012년에는 아시아학부 및 테크노아트학부를 추가하였다. 2014년에는 융합사회과학부와 융합과학공학부가 설립되어 융합 및 과학기술에도 많은 투자를 하고 있다. 캠퍼스도 신촌뿐 아니라 송도 국제캠퍼스로 확장하면서 크게 발전하여 송도에 단독 건물을 확보하였다. 새로운 개념의 기술, 예술 그리고 창업의 장이 되는 디자인 팩토리 코리아Design Factory Korea, DFK는 핀란드 알토대학교Aalto University와 합작하여 2015년에 UIC에 설립되었다. 국제협력 또한 다양한 방법으로 확장하여 교류협정이나 교환학생 기회가 대폭 늘어났다. 그중 대표적인 3-캠퍼스 프로그램3-Campus Program이 확장되어 미국 프린스턴대학교Princeton University와 코넬대학교Cornell University에서 UIC로 학생을 보내 공부를 하고 학점을 받을 수 있도록 하고 있다. 신한은행의 후원으로 이루어지는 신한석학교수 초빙 프로그램은 2012년에 추가 기금 후원을 통하여 다시 활성화되었으며, 제16대 주한 미국 대사를 지낸 제임스 레이니James T. Laney를 기념하여 확보된 기금을 토대로 제임스 레이니 석좌교수제도도 신설하였다. UIC의 대표적인 학생 국제기업 탐방 프로그램인 글로벌 커리어 투어Global Career Tour의 취지를 확장해 해외 단기 연수와 연구를 지원하는 글로벌 연구장학금Global Research Scholarship을 새로 시작하고, 예술문화의 활성화를 위해 Artist-in-Residence 프로그램을 설립해 국내외에서 활발하게 활동 중인 유명 예술가를 초빙하고 있기도 하다. 게다가 UIC 내에 융복합 연구력 강화를 위한 베리타스 연구소Veritas Research Centre가 신설되고, 한국 대학 중에서는 최초로 외국인 학생 유치에 큰 도움이 되는 미국 공통지원서Common Application 대학신청시스템에 가입되어 있다.

UIC의 설립 과정과 발자취를 조금 더 자세히 들여다보자.

2. 세계적 글로벌 명문 대학으로의 도약

2005년 아시아 최초의 4년제 리버럴 아츠 칼리지Liberal Arts College라는 누구도 시도하지 않은 도전으로 그 여정을 시작한 UIC는 글로벌 시대의 변화를 선도하고 세계적 대학으로 도약하기 위한 연세 '제3 창학' 비전을 실현하기 위해 도전과 경주를 지속해왔다. UIC는 연세대학교가 아시아의 세계 대학Asia's World University으로 도약하기 위한 학부교육의 중추적 기관으로서, 새로운 패러다임을 제시하고 글로벌 명문 교육을 확립하기 위한 핵심 역할을 담당하고 있다. 무엇보다도 2012년부터 4년은 UIC가 역동적인 변화와 도전을 시도하며 커리큘럼, 학생 및 교원 규모, 프로그램 등에서 괄목할 만한 성장을 이루어낸 의미 있는 시기였다. UIC에 몸담았던 학생들이 국내외 우수 기업 및 기관에 활발히 진출하여 UIC 동문의 역사를 써나가고 있으며, 2012년 설립된 융합학부가 첫 졸업생을 배출하면서 새로운 출발을 하는 등 UIC가 대학으로서 가시적인 성과를 거두는 시간이었다.

UIC는 영미권 대학에서 오랜 전통을 가지고 있는 리버럴 아츠 교육을 근간으로 학부가 출범된 이래 선진형 프리미엄 교육을 제공해왔다. 전 과정을 영어로 진행하는 토론 중심의 소수 정예 교육과정에서 학생들은 지식이나 콘텐츠contents보다는 도구tools 중심의 교육을 받으며 빠르게 변화하는 세계에 적응할 수 있는 능력을 기르고 있다. 학생들은 UIC만의 차별화된 공통과정Common Curriculum과 인문학부터 이공계를 아우르는 기초학문 중심의 전공들을 통해 다양한 현대학문의 복잡한 지형을 넘나들며 '생각하는 방법'을 터득하고 있다. 창의적이고 비판적인 사고력과 글로벌 리더십을 갖춘 민주시민 사회의 역량 있는 구성원이 되어 시대가 필요로 하는 인재로 성장하고 있는 것이다.

3. 다가올 미래를 준비하며: 융복합 교육의 허브

1) 도전과 성장의 여정: 지평을 넓히다

'글로벌 명문 교육의 확립'이라는 비전을 달성하기 위해 UIC가 내디뎌 온 진취적 도전과 그 과정에서 일궈낸 놀라운 성장은 다양한 지표로 뒷받침된다. UIC는 연세대학교의 선진형 프리미엄 교육을 실현하기 위한 발판으로서 문을 연 송도 국제캠퍼스에 치의예과 및 자유전공과 함께 2011년 가장 먼저 합류한 단과대학이다. 즉, UIC는 연세대학교 글로벌 교육의 선두주자로서 경제특구와 교육 국제화 특구로 지정된 아시아의 허브인 인천의 지정학적 이점을 극대화할 수 있는 송도 국제캠퍼스에 자리를 잡게 된다. 연세대학교가 시도하는 새로운 교육 패러다임인 융복합 커리큘럼이 국제캠퍼스의 UIC 안에 기틀을 마련하게 된 것이다. 다양한 융복합 전공 신설에 따른 교육과정의 확대는 UIC가 향후 양적·질적 성장의 발판을 마련하였다는 의미를 갖는다.

2012년 신설된 아시아학부는 한·중·일, 즉 동아시아 삼국의 관계를 국가가 아닌 지역적 차원에서 이해하는 거시적 안목을 갖추도록 설계되었다. 정보 · 인터랙션디자인, 창의기술경영, 문화디자인경영 3개의 전공을 포함하는 테크노아트학부Techno-Art Division, TAD는 디자인, 문화, IT, 경영의 다양한 분야를 넘나드는 융합 교육을 통해 급변하는 정보사회를 이해하고 문제해결능력을 배양할 인재를 양성하기 위해 설립되었다. 2014년 신설된 융합사회과학부Inegrated Social Science Division, ISSD는 사회정의리더십, 계량위험관리, 과학기술정책, 지속개발협력의 4개 전공으로 구성되었다. 학생들이 인문학과 사회과학을 바탕으로 다학제적 접근법을 연습할 수 있도록 설계된 것이다. 같은 해에 바이오융합, 에너지환경융합, 나노과학공학 전공이 포함된 융합과학공학부Integrated Science and Engineering Division, ISED도 출범하였다. 이는 기존의 전통적인 순수과학과 공학학부에서 경험하기 어려운 학제 간 연구를 가능하게 하는 교육과정이다.

이와 같은 교육과정의 확대는 UIC의 근간을 이루는 리버럴 아츠 교육을 바탕으로 사회와 문화의 변화에 발맞춰 보다 미래 지향적이고 취업에 효과적인 교육을 제공하려는 연세대학교의 새로운 시도이다. 학문 간 존재하는 장벽과 틀을 초월해 학생들에게 '융복합적' 사고력과 관점을 함양하도록 하여 급변하는 환경에서 필요한 다양한 역량을 길러주기 위함이다. 이를 위해 학내 다양한 단과대가 전공 공모에 참여하였다.

표 2-12. 언더우드국제대학 계열, 학부, 전공

계열	학부	전공	설립연도
언더우드계열	언더우드학부	비교문학과문화, 경제학, 국제학, 정치외교학, 생명과학공학	2006년
융합인문사회계열	아시아학부	아시아학	2012년
	테크노아트학부	정보 · 인터랙션디자인, 창의기술경영, 문화디자인경영	
	융합사회과학부	사회정의리더십, 계량위험관리, 과학기술정책, 지속개발협력	2014년
융합과학공학계열	융합과학공학부	바이오융합, 에너지환경융합, 나노과학공학	

UIC는 정원 내 학생([표 2-13] 참조)과 외국인 학생을 포함한 정원 외 학생(해마다 수가 유동적으로 변함)으로 구성된다. UIC는 정원 내외와 정원 외 학생을 포함하여 2006년 5개 전공 총 94명의 학생으로 출발해, 2015년 현재 16개 전공 총 1,698명의 학생으로 규모의 신장을 이루었다. 특히 새로운 교육과정이 출범하기 전인 2011년 689명과 비교해 2015년 전체 학생 규모는 245% 성장하였다.

표 2-13. 언더우드국제대학 학생 정원(2006~2015)

(단위: 명)

학부계열		2006	2007	2008	2009	2010	2011	2012	2013	2014	2015
언더우드학부		58	85	95	95	95	120	107	107	120	145
HASS	아시아학							45	45		
	테크노아트학부							70	70		
	융합인문사회계열									153	168
융합과학공학계열										40	70
합계		58	85	95	95	95	120	222	222	313	383

※ 2014년부터 아시아학부와 테크노아트학부가 융합인문사회계열에 포함됨.

같은 기간 외국인 학생 수 역시 165명에서 257명으로 155% 증가하였다. 외국인 학생과 같이 정원 외로 선발되는, 해외에서 12년 교육과정을 마친 입학생 수 역시 증가하였다. UIC는 해당 학생들의 학사 일정을 고려해 9월 입학이 가능하도록 학제를 운영하고 있다.

2010년부터 배출된 전체 졸업생 590명 중 494명에 달하는 73%가 2012년부터 4년 동안 졸업장을 받았다. UIC라는 배움의 터에서 씨앗을 심고 싹을 틔운 학생들이 사회 곳곳에 진출해 그야말로 UIC의 학업이 열매로 맺어지는 시간이었다고 할 수 있다.

UIC의 교육과정을 특별하게 만드는 또 하나의 핵심은 바로 우수한 교원이다. 2006년 총 5명의 교원으로 시작한 UIC는 2015년 총 41명으로 증원되어 세계적 수준의 교육과정을 학생들에게 제공하고 있다. 특히 2012년부터 4년 동안은 UIC가 우수 교원을 확보한 중요한 시기였다. 먼저 2012년부터 우수 외국인 교원 확보를 위해 상시 채용이 가능한 교원 정원을 배정받았는데, 2016년 기준 총 47명의 교원을 UIC 소속으로 채용할 수 있도록 정원을 확보하였고, 2013년부터 24명의 교수가 새롭게 UIC에 몸담게 되었다. 또한 기존에는 공통과정Common Curriculum 교원만 채용해왔으나, 국제캠퍼스에 신설된 교육과정의 교원 수요에 대응하기 위해 2013년부터 2015년까지 총 9명의 UIC 전공교원을 확보, 추후 지속적으로 증원할 예정이다.

표 2-14. UIC 공통과정 교원 채용 및 배정 교원 수(2013~2016)

(단위: 명)

채용 단위	채용				채용 합계	배정	잔여
	2013	2014	2015	2016			
공통과정 (Common Curriculum)	4	4	4	-	12	20	8
	1	3	6	2	12	27	15
합계	5	7	10	2	24	47	23

UIC의 전공 운영방침은 세계의 유수한 리버럴 아츠 칼리지에서와 같이 학생의 자율 선택권을 최대한으로 존중한다. 학생이 UIC에 입학하는 시기에는 세부 전공을 결정하지 않고, 2학기를 마친 뒤 자신이 소속된 학부 내에서 자유롭게 전공을 선택할 수 있다. 학생이 원하는 경우에는 다른 전공으로 변경할 수도 있다(1회 이내). UIC 내 다른 학부 과정으로 옮기고자 하는 경우에는 연세대학교 규정에 따라 새로운 학부 및 전공에서 심사를 거친 후 변경이 가능하다. 이중전공과 부전공도 학생들의 다양한 경험과 지식으로 창의성을 확장할 수 있

기에 적극적으로 권장하고 있다. 이중전공 또한 동일 학부 이내 전공은 신청만 하면 자동으로 배정되고, 학부 외 이중전공(UIC 이내 또는 UIC 밖)을 원하면 소정의 심사를 거친 후에 가능하다.

2) 해외 석학들을 강의실에서 만나다

UIC는 해외 석학 초빙 프로그램을 통해 세계적으로 우수한 학문적 업적을 이룬 학자를 초빙해 학생들에게 지적 자극과 도전의 경험을 제공하고 있다. 2004년부터 신한은행으로부터 매년 3억 원을 지원받아 신한석학프로그램 운영을 시작, 쿠르트 뷔트리히Kurt Wüthrich 노벨화학상 수상자, 도널드 존스턴Donald Johnston OECD 전 사무총장, 데이비드 브래디David Brady 스탠퍼드대학교Stanford University 경영대학원 교수, 나오키 사카이Naoki Sakai 코넬대학교 일본문학·일본사 교수, 고이치 이와부치Koichi Iwabuchi 와세다대학교Waseda University 국제교양학부 교수 등 총 5명의 석학을 초빙한 이래 지속적으로 프로그램을 확대해왔다. 또한 2012년부터 2016년까지 5년 동안 매년 2억 원을 지원받아 신한기금프로그램을 운영하고 있으며 이창래 프린스턴대학교 문예창작과 교수, 롤런드 그린Roland Greene 스탠퍼드대학교 영문과 교수, 마르틴 에반 제이Martin Evan Jay 버클리대학교 역사학 교수 등을 통해 세계의 석학을 UIC 강의실에서 만날 수 있게 하고 있다. 특히, 노벨문학상 후보로 거론되고 있는 이창래 교수는 2008년 초빙된 이후 2013년부터 3년 연속 UIC에 초빙되어 활발한 학문적 교류를 하고 있으며, 최근『On Such a Full Sea 만조의 바다 위에서』라는 작품에서는 연세대학교 소속을 명시하는 등 돈독한 관계를 유지하고 있다.

UIC는 또한 주한 미 대사를 역임하고 한미 우호 증진에 큰 공헌을 한 제임스 레이니 대사의 공적을 기리고 국제외교 분야의 연구 활성화를 위해 2013년부터 레이니 기금을 확보, 전문 외교관, 공공 분야 전문가 등을 초빙해 강의와 연구를 지원하고 있다. 2014년부터 이태식 전 주미 대사를, 2016년부터는 최영진 전 주미 대사를 초빙해 학생들이 국제관계 분야의 해박한 지식과 탁월한 식견을 배우고 본받도록 하고 있으며, 향후에는 대학 내 교수들과의 다양한 세미나 및 포럼을 통해 우수한 강의 자원을 공유할 예정이다.

3) 체계적이고 전문화된 UIC 학생지도시스템

UIC는 설립 초기부터 학생들이 지적 성장을 이루고 성숙한 시민의식을 함양한 지성인이 될 수 있도록 학생지도에 노력을 기울여왔다. 설립부터 UIC 소속 외국인 교원들은 학생들에게 체계적이고 전문적인 학사지도와 도움을 제공해왔는데, 교원이 한 명의 학생에게 투입하는 학사지도 시간이 길고 또 학생의 출신에 따른 맞춤형 지도를 제공하는 것으로 잘 알려져 있었다. 그러한 학생지도 노력의 일환으로 UIC는 학부대학에서 운영해온 전문 학사지도교수시스템을 2012년부터 도입해 학생들이 발달 과정에 따라 시의적절한 지도와 도움을 받을 수 있도록 하고 있다. UIC의 학사지도교수시스템만의 차별점은 신입생 차원의 학사지도를 제공하는 학부대학과는 달리, 학생들이 입학부터 졸업에 이르기까지 담당 학사지도교수로부터 지속적이고 체계적인 지도를 받을 수 있다는 점이다. 즉, UIC 학생들은 대학 입학과 함께 성장과정, 진로계획, 개인의 특성 등을 가장 잘 이해하는 전문가로부터 대학생활을 마칠 때까지 최적화된 학사지도를 받으며 중요한 시기의 삶을 잘 설계할 수 있다.

4) 해외 우수 인재를 대한민국에서 양성하다

UIC는 해외 우수 인재를 국내에서 양성함으로써 한국에 우호적인 글로벌 인력을 양성해왔다. UIC에서 학업을 마친 외국인 학생들은 한국의 유수 기업뿐 아니라 세계 곳곳의 글로벌 기업과 기관에서 활약하고 있다. 과거 국제 원조 수

여국이던 대한민국이 공여국이 된 것처럼, UIC는 설립 당시 대한민국의 우수 인력이 해외로 유학을 가는 것이 아니라 세계의 우수 인재가 대한민국에서 선진형 프리미엄 교육의 기회를 제공받을 수 있도록 비전을 품고 시작하였다. 이에 따라 외국인 학생 맞춤 입시시스템을 구축하고, 학사 및 교육 프로그램을 개발하는 것은 물론 효과적인 학사지도를 제공하고 다양한 교과 외 활동을 운영해왔다. 그 결과 한국으로의 유학을 꿈꿨으나 언어 장벽으로 시도하지 못하였던 많은 외국인 학생이 UIC에서 세계 어디와 비교해도 손색없는 교육을 받으며 곳곳에서 꿈을 펼치고 있다.

UIC는 설립부터 해외의 우수한 인재들이 학비에 대한 걱정 없이 마음껏 공부할 수 있도록 국내 유수 기업 및 기관의 지원을 통한 IJSP International Junior Scholar Program를 운영해왔다. 2006년부터 지금까지 삼성전자, LG전자, 금호아시아나, 신한은행, 효성, 리앤원재단 등의 후원을 통해 고등교육의 기회조차 갖지 못한 개발도상국 학생들은 UIC에서 최고의 교육 기회를 얻고, 미래에 대한 비전을 실현하며, 국내외 기업에 취업하거나 해외 우수 대학원에 진학하고 있다. 우수 해외 인재들이 IJSP를 통해 입학부터 졸업까지 꾸준한 지원을 받으며 UIC를 발판으로 글로벌 리더로의 도약을 꿈꾸고 있는 것이다.

5) 큰 꿈을 향한 작은 시작

UIC는 다양한 모금활동을 펼치며 발전기금을 마련해왔다. 간헐적으로 교원 및 동문을 대상으로 기금을 모금해왔는데 지난 2015년 10월, 10주년 행사를 맞이하여 "Big dreams start from small beginnings"라는 슬로건을 내걸고 공식적인 발전기금 모금 행사를 진행하였다. 10주년 기금 모금행사를 통해 교원, 직원, 외부 참여자, 학부모, 동문은 지난 10년 동안 누적 모금된 UIC 발전기금의 40%에 달하는 금액을 기부하였다. 10년 차가 된 UIC가 성숙한 만큼, 기부문화도 성숙해왔음을 보여주는 행사였다. 10주년 기금 모금을 계기로 향후 점차 늘어날 UIC 동문을 대상으로 정기적인 기부 행사를 진행할 초석을 마련한 셈이다.

6) 국제협력의 일선에 서다

UIC는 설립 전부터 글로벌 리더를 양성하는 학부 중심 교육기관으로 설계되었다. 이에 따라 학생들에게 다양한 문화와 사상을 경험하고 이해할 수 있는 기회를 제공하기 위해 해외 유수 대학들과의 교류 프로그램을 개발해왔다. 2008년 3-캠퍼스 프로그램을 도입하여 게이오대학교Keio University, 홍콩대학교University of Hong Kong와 함께 동아시아를 대표하는 대학에서 돌아가면 1년 동안 수학하는 새로운 형태의 교환 프로그램을 시작하였다. 현재 3-캠퍼스 프로그램은 프린스턴대학교, 코넬대학교, 킹스 칼리지 런던King's College London 등 세계적인 대학교들이 파트너로 참여하는 등 그 규모가 확대되었다. UIC는 세계 여러 대학의 학문적 네트워크가 된 해당 프로그램의 초석을 마련하였고, 프로그램이 시작된 이래 지금까지 해외 우수 인재들에게 연세대학교를 대표하여 최고의 커리큘럼을 제공하고 있다.

또한 UIC는 연세대학교 차원에서 교환협정을 맺은 전 세계 700여 개 대학뿐 아니라 독자적인 협력체계를 구축하며 글로벌 네트워크와 파트너를 확대해왔다. 2009년에는 다트머스대학교Dartmouth College와 바너드대학교Barnard College와의 학생교환 협정을 통해 학생들에게 미국 전통적인 리버럴 아츠 교육을 경험할 수 있는 기회를 확보하였다. 특히 2013년부터 2015년 사이 다양한 국가의 유수 대학과의 교환협정이 집중적으로 체결되어 기존 체결된 교환 대학의 두 배 이상의 학교와 단독 협정을 체결 및 준비 중이다. 2013년에는 홍콩의 홍콩대학교와 네덜란드의 레이든 칼리지 대학Leiden University College The Hague, 2014년에는 독일의 제이컵스대학교Jacobs University, 2015년에는 미국의 웰즐리 칼리지Wellesley College와

호주의 스윈번 공과대학교Swinburne University of Technology와 교환협정을 체결하였다. 또한 2015년에는 미국의 컬럼비아대학교Columbia University와 공동 하계 프로그램Joint Summer Program을 운영하였다. 현재까지 교류를 맺은 대학 외에 컬럼비아대학교, 예일 NUS 대학Yale-NUS College 등의 유수 대학과도 UIC 단독 교환협정 체결을 준비하고 있다. 이와 같은 독점 교환협정을 통해 UIC 학생들은 연세대학교 내 다른 대학 및 학부생들은 경험할 수 없는 학업 기회를 제공받게 된다. 각각의 학문 분야에 특화된 해외 우수 대학을 선택하여 현지에서 글로벌 감각을 익히고 다양한 체험을 쌓는 기회를 갖고 있는 것이다.

표 2-15. 언더우드국제대학의 단독 교환 및 방문 협정

순번	협정 교류 기관	국가	체결 연도	형태
1	University of Geneva	스위스	2007	교환
2	3-Campus Program: Keio University, The University of Hong Kong	일본, 홍콩	2008	교환
3	Dartmouth College	미국	2008	교환
4	Barnard College	미국	2009	방문
5	University of Berkeley, Economics Department	미국	2009	방문
6	Waseda University, School of International Liberal Studies	일본	2010	교환
7	University College Utrecht	네덜란드	2011	교환
8	The University of Hong Kong, Faculty of Arts	홍콩	2013	교환
9	Leiden University College The Hague	네덜란드	2014	교환
10	Jacobs University Bremen	독일	2014	교환
11	Wellesley College	미국	2015	교환
12	Lingnan University	홍콩	2015	교환
13	Swinburne University of Technology, School of Design	호주	2015	교환

7) 디자인 팩토리(Design Factory)를 품다

2014년 UIC는 세계에서 여섯 번째로 디자인 팩토리 글로벌 네트워크Design

Factory Global Network의 회원교가 되었다. 디자인 팩토리의 모태인 핀란드 알토대학교와 2년의 협의 및 준비 끝에 UIC는 2015년 4월 국제캠퍼스에 디자인 팩토리 코리아Design Factory Korea, DFK를 설립하였다. 이는 학생들에게 창의적인 교육 플랫폼을 활용하여 산학연계를 통한 실무 중심의 교육을 제공할 수 있는 발판을 마련하였다는 의의를 지닌다. DFK는 혁신적인 제품과 서비스 개발을 위해 디자인 분야의 중요성이 커지고 있는 신융합산업 패러다임을 반영해 만들어졌다. 학생들은 DFK에서 학습과 현장이 연계될 수 있는 다양한 관점을 훈련하고, 상이한 학문적 배경을 가진 학생들과 협업하며, 다양한 산학연계 프로젝트에 참여함으로써 창조적 상상물을 현실화하는 경험을 획득하고 있다. DFK는 100평이 넘는 창의 공간인 아이디어 랩Idea Lab, 그 아이디어를 실현해 실질적인 결과물을 만들어낼 수 있는 각종 인프라가 구비된 80여 평의 프로토 랩Proto Lab으로 구성되어 있다. UIC 테크노아트학부가 핵심이 되어 DFK 교육과정을 운영하고 있지만, UIC 공통과정Common Curriculum에도 DFK를 활용한 과정이 개설될 예정이다. DFK는 단순한 공간 이상의 개념으로서 국제화와 산업협력의 장 그리고 혁신과 기업가 정신의 인큐베이터 역할을 하는 곳이다. 실제로 '2015 인천국제디자인페어', '헤럴드디자인테크 2015' 등에서 DFK의 인프라를 활용하여 작업한 UIC 학생들의 작품이 출품되어 상을 받기도 하였다.

　DFK에서는 설립 이후 스타트업 위크엔드Startup Weekend(Allianz), 제품 개발 프로젝트Product Development Project(핀란드 알토대학교), DFK 스터디 투어DFK Study Tour(호주 스윈번대학교), LG-DFK 산학연계 프로젝트, 특강, 워크숍 등의 다양한 프로그램을 지속적으로 운영해왔다. 이를 통해 학생들은 전 세계 다양한 전문가와 협업하고 의미 있는 영향을 주고받으며 살아있는 경험을 쌓고 있다.

8) 융복합 연구소를 설립하다

UIC는 2015년 5월 국제캠퍼스에 베리타스 연구소를 설립하였다. 철학에서부터 경제학, 바이오융합 전공에 이르기까지 다양한 학문 분야에 걸친 전공이 소속되어 있는 UIC는 학문적 우수성을 확보하고, 다양한 학문의 융복합적 연구 교류를 통해 수준 높은 교육과정 제공의 기반이 될 수 있는 연구소를 필요로 하고 있었다. 무엇보다도 외국인 교원이 다수인 UIC의 특성을 고려하였을 때, 해외 유수 기관들과의 연구 협력이 가능한 인프라를 갖추는 것은 세계적 글로벌 명문 대학의 비전을 위해 필수적이었다. 연구 및 학술활동뿐 아니라 교육 훈련과 다양한 국제협력을 도모하고 있는 베리타스 연구소는 현재 국제캠퍼스 최초이자 유일한 연구소로서 국제화·융복합 정신의 실천을 위한 학문의 터로 자리매김하고 있고, 다양한 국제 콘퍼런스를 운영하고 있다.

9) 연세대학교와 UIC를 세계에 알리다

UIC는 우수 외국인 학생 유치를 통한 인바운드Inbound 국제화를 위해 설립 전부터 미국의 주요 거점 도시인 LA, 뉴욕, 시카고 등을 순회하며 입학설명회를 진행하였다. 2006년부터는 중국, 베트남 등 주요 거점 국가의 고등학교를 방문, 입학설명회에 참여해 연세대학교와 UIC를 세계에 알렸다. 현재는 미국, 홍콩, 중국, 대만, 싱가포르, 인도네시아, 베트남, 몽골 등을 정기적으로 방문하여 UIC를 홍보하고 해당 국가의 우수 고등학교와 지속적인 협력 관계를 유지하고 있다. 특히 2014년부터는 카운슬러 워크숍Counselor workshop을 운영하면서 한국에 관심이 많은 우수 학생 유치를 위해 브라질, 남아프리카공화국, 몽골, 카자흐스탄, 중국 등의 고교 진학 담당 교사들을 한국에 초청해 UIC를 소개하고, 교육 비전을 공유하여 학생들의 연세대학교 선택을 지도하도록 돕고 있다.

또한 UIC는 2015년 국내 대학으로는 최초로 공통지원서Common Application에 가입해

외국인 학생들이 보다 쉽게 대학에 지원할 수 있도록 플랫폼을 마련하였다. 공통지원서는 비영리 기관으로 북미, 특히 미국 대학 진학을 위해 학생들이 필수적으로 이용하게 되는 입학 서비스를 제공하고 있다. 전 세계 17개국, 600개 이상의 대학이 가입된 공통지원서를 통해 연간 85만 명의 지원자가 350만 개의 지원서를 제출하고 있다. 2016년 UIC 입학을 위해 지원한 외국인 지원자 중 25%가 공통지원서를 통해 지원하였다. UIC의 공통지원서 가입은 연세대학교를 홍보하고, 전 세계의 진학 상담 교사와 우수 학생들의 접근을 수월하게 한 발판을 확보하였다는 점에서 큰 의미를 갖는다.

2012년부터 4년간은 다양한 매체를 활용해 UIC를 알리기 위한 노력에 적극적인 시간이기도 하였다. 2012년 『뉴스위크Newsweek』, 2013년부터 현재까지 『고등교육 신문The Chronicle of Higher Education』에 지속적으로 홍보함으로써 글로벌 매체에 연세대학교와 UIC를 노출해왔다. 특히 2015년부터는 『이코노미스트The Economist』, '미국대학입학사정관협의회The National Association for College Admission Counseling, NACAC' 등의 기관을 포함, 홍보 매체를 다변화하고 있다. 이와 같은 학교 차원의 홍보 외에 학생 차원의 홍보도 이루어지고 있다. UIC는 학생 홍보대사Student Ambassadors, SAM를 통해 다양한 국가의 학생 홍보대사를 선발해 온라인과 오프라인에서 UIC를 활발히 알리고 있다. SAM은 다양한 언어로 SNS, 블로그, 위키피디아 페이지 등을 운영하고, 해외 고등학교 및 박람회 등을 방문할 때 또는 해외 기관에서 UIC를 방문할 시 해당 국가의 홍보대사가 참여해 UIC를 직접 알리는 활동을 하고 있다.

UIC는 이와 같은 다각적인 노력을 통해 연세대학교를 세계에 알리고, 글로벌 네트워크를 쌓으며 활발히 인지도를 쌓아왔다. 실제로 UIC 홍보를 위해 방문하였던 해외 고등학교 또는 카운슬러 워크숍에 참여하였던 진학 담당 교사의 지도를 통해 UIC에 입학하는 외국인 학생이 많아지고 있다.

10) 현장 중심의 생생한 글로벌 교육을 제공하다

UIC는 여러 아이비리그 대학의 교과과정과 다양한 비교과과정을 검토하여 학생들에게 선진형 프리미엄 교육 경험을 제공하기 위해 노력해왔다. 특히 2012년부터 4년 동안 학생들에게 경험 중심의 실무 교육, 생생한 글로벌 교육을 제공하기 위해 다양한 프로그램을 새롭게 운영하였다. UIC는 2013년부터 Global Research Competition 프로그램을 통해 학부생이 자기 주도적 연구 기회를 갖고, 학술적 경험을 쌓을 수 있도록 연구비를 지원하고 있다. 학생들은 학점 인정을 받는 과정을 통해 세계 여러 국가에 직접 방문해 현장 조사를 하고, 관계자를 인터뷰하며, 연구보고서를 쓰는 등 수업에서 배운 다양한 연구 기법을 적용해 안목을 확장하고, 문제해결능력을 개발할 기회를 쌓고 있다. 2015년 현재 3년 차가 된 Global Research Competition 프로그램에 참여한 UIC 학생들은 미국, 일본, 쿠바, 핀란드, 영국, 독일, 남아프리카공화국, 인도 등을 직접 방문해 문화적 정체성, 기업가 정신, 공정 무역, 공유 경제 등의 주제로 연구를 진행한 바 있다. 지금은 매 학기 16개 정도의 팀이 지원, 4:1의 경쟁률을 보이는 프로그램이 되었다. 2016년부터는 한국 내에서 연구를 진행하는 UIC 연구 프로젝트UIC Research Project도 운영하고 있다.

11) 전문 컨설턴트와 함께 더 나은 사회를 고민하다

UIC는 2014년부터 UIC Community Consultant CompetitionUC3을 통해 학생들이 지역사회에 긍정적인 변화를 도모함과 동시에 프로젝트 수행능력을 기를 수 있도록 하고 있다. 그 과정에서 학생들은 리더십, 커뮤니케이션 스킬, 팀워크 등을 개발하게 된다. 무엇보다 다른 사람에게 도움이 되는 방안을 찾는 과정을 통해 자연스럽게 공동체 문화를 습득하고 섬김의 리더십을 함양할 수 있다. 학생들은 각자의 프로젝트에 대해 맥킨지McKinsey의 임원들로부터 직접 2개월에 걸쳐 전문적이고도 실질적인 자문과 심사를 받음으로써 커리어 경험을 쌓는 기회를 가진다.

12) 고급 영어 글쓰기 과정으로 대학생활을 준비하다

UIC는 2014년부터 글쓰기 클리닉Writing Intensive Clinic, WIC을 통해 입학 전 신입생들에게 전 과정이 영어로 진행되는 수준 높은 UIC 커리큘럼에 대비할 수 있도록 지원하고 있다. 연세대학교의 외국인 교원들로 구성된 교수진이 고급 학술적 글쓰기Academic Writing Skills뿐 아니라 UIC의 공통과정 수업과 학사지도를 함께 제공함으로써 입학 전부터 대학생활에 필요한 학문적 능력을 기를 수 있도록 한다. 학생들은 WIC를 통해 아이비리그에 준하는 UIC의 리버럴 아츠 교육에 보다 빠르고 효과적으로 적응할 수 있는 기반을 닦으며 구체적으로 대학생활을 준비할 수 있게 된다.

13) 캠퍼스에서 예술적 영감을 얻다

UIC는 2014년 2학기 Artist-in-Residence 프로그램을 도입하여 국내외 유명 작가들이 한 학기 동안 특강 및 워크숍을 통해 학생들과 예술적 교류를 하고 영감을 줄 수 있게 하고 있다. 2014년 배일린 작가, 2015년 덴마크 영상작가 제인 진 카이젠Jane Jin Kaisen, 황은정 작가의 작품들을 국제캠퍼스에 상주 전시하기도 하였다. 이 프로그램을 통해 학생들은 캠퍼스에서 자연스럽게 예술에 노출되고, 다양한 배움의 자극을 쌓을 수 있는 기회를 제공받고 있다. 뿐만 아니라 세계적 예술 축제인 영국 에든버러 인터내셔널 페스티벌Edinburgh International Festival에 초대되어 한국 예술을 세계에 알린 바 있는 연세대학교 커뮤니케이션대학원 원장 김형수 교수도 대한민국의 독도와 카타르의 도하Doha를 주제로 한 작품들을 UIC에 기증해 상주 전시함으로써 국제캠퍼스에 예술적 영감을 불어넣고 있다. 특히 진리관B 1층 로비 벽면을 덮은 대규모 비디오아트Video Art 작품은 캠퍼스를 오가는 많은 사람의 눈을 사로잡고 있다.

14) 글로벌 현장을 직접 보고 경험하다

글로벌 커리어 투어Global Career Tour는 학생들이 해외의 다양한 기업과 기관을 직접 방문하여 전문가 집단과의 만남을 통해 실질적인 진로 탐색의 기회를 가지는 프로그램으로 2008년부터 운영되어 왔다. 선발된 소수 정예의 학생은 매년 뉴욕, 샌프란시스코, 런던, 홍콩, 싱가포르 등의 주요 거점 도시에서 JP 모건 JP Morgan, 스탠다드차타드Standard Chartered, 킹스칼리지King's College, 맥킨지McKinsey, 구글 Google, UN 등을 방문해 다양한 기업환경, 업무문화를 습득하고 글로벌 안목을 길러왔다. 2015년 여름에는 미국 실리콘밸리를 방문해 주요 IT 기업들을 둘러보았다. 경험보다 중요한 배움은 없듯이 인사 담당자, 실무자를 직접 만나 이야기를 나누고 현장을 둘러보는 시간을 통해 학생들은 빠르게 변화하는 글로벌 채용환경을 이해하고, 구체적인 진로를 설계하는 데 큰 도움을 받는다. 프로그램의 일부를 소개하면 다음[표 2-16]과 같다.

표 2-16. 언더우드국제대학 글로벌 커리어 투어(Global Career Tour)

순번	지역	기업 및 기관	연도
1	도쿄, 홍콩	유니클로, 도이치은행, 월스트리트저널, JP Morgan, CNN	2008
2	뉴욕	UN, Columbia Univ., UNDP, Morgan Stanley, 월스트리트저널, 맥킨지, 구겐하임 미술관, 골드만삭스	2008
3	런던	푸르덴셜 생명, Standard Chartered Bank, 맥킨지, UK Government Department	2009
4	홍콩	CNN, 노무라 증권, Clifford Chase, Ardon Capital	2010
5	뉴욕	ABC, UN, JP Morgan	2010
6	싱가포르	UBS, 맥킨지, MTV, NUS Business School, P&G	2011
7	홍콩	도이치은행, Bloomberg, Citi Group, 삼성생명, 미래에셋	2012
8	런던	JP Morgan, Standard Chartered, King's College, BBC, Financial Times	2013
9	싱가포르	Lee Kwan Yew School, NUS Law School, UBS, Facebook	2014
10	뉴욕	골드만삭스, 400 Capital, Sotheby's, Google, UN	2015
11	샌프란시스코	Apple, Google, Facebook, Intuit, IEDO	2015

15) 학생 맞춤형 진로 개발 서비스

UIC는 자체적인 맞춤형 경력개발센터Career Development Center, CDC를 신촌과 국제 캠퍼스에서 각각 운영하고 있어, 한국 학생뿐 아니라 외국인 재학생들에게도 맞춤형 진로 개발 서비스를 제공하고 있다. 학생들은 CDC 전담 UIC 외국인 교원들로부터 실질적이고 직접적인 상담과 도움을 받아 구체적인 미래 계획과 전문가로서의 꿈을 설계하고 있다. 또한 UIC CDC는 다방면에 진출한 UIC 선 배들을 초청하는 동문과의 대화Alumni Talk와 국내외 사회의 다방면에서 강사를 초 빙하는 채용설명회 그리고 이력서 작성, 인터뷰 요령, 컴퓨터 스킬 등의 주제로 구성된 커리어 강좌 시리즈Career Lecture Series 등을 통해 한국뿐 아니라 해외에서 취 업 또는 진학하려는 재학생들에게 맞춤형 진로 개발 서비스를 제공하고 있다. 특히 2012년부터 시작해 매년 시행 중인 UIC 동문 커리어 페어UIC Alumni Career Fair 는 세계 곳곳에서 다양한 분야에 진출해 활약 중인 UIC 동문을 한 자리에 초청 해 후배들에게 분야별로 실질적이고 유용한 진로 정보를 제공하는 장으로 자 리매김하였다. 재학생들은 이러한 기회를 통해 삼성전자, 네이버, 대우건설, 김 앤장, SBS, 다음카카오 등 국내 우수 기업뿐 아니라 해외 대학 및 전문대학원, 국제기구 등에 진출한 선배들로부터 분야별 맞춤형 조언을 듣는 동시에, 선후 배 네트워크를 쌓을 수 있는 기회를 얻고 있다.

16) 선진형 프리미엄 교육을 선도해 온 UIC

아시아 최초의 리버럴 아츠 칼리지로 당찬 여정을 시작한 UIC는 어느덧 2015년에 설립 10주년을 맞이하였다. 글로벌 시대의 변화를 선도하고 세계적 대학으로 도약하기 위해 UIC가 걸어온 길은 매 순간이 도전과 개척, 진리와 자 유 그리고 개방과 융합의 여정이었다. 특히 2012년부터 UIC가 내디딘 한 걸 음 한 걸음은 아시아 최고의 세계 대학으로 웅비하기 위한 "YONSEI, where we make history!"라는 슬로건 아래 연세대학교 '제3 창학'을 교육현장의 맨 앞에서 직접 실천하는 역사였다. 교내에서 가장 어리고 작은 단과대학이었던 UIC는 이 제는 교내에서 두 번째로 큰 규모로 성장하였다. 단순한 규모의 성장뿐 아니라 대한민국에서 진정한 글로벌 교육을 선도하며 해외 어디에서든 활약할 수 있는 우수 인재가 꿈을 키워나가는 진정한 배움의 장으로서의 질적 성장도 이루어냈다.

UIC 같은 독특한 대학을 운영하는 것은 생각보다 쉽지 않다. UIC가 한국 종합대학교 내에 위치한 해외 대학이라는 점을 감안하면, 이러한 특성을 가지는 문화의 수립 및 유지는 다른 무엇보다 제일 어려운 과제 중의 하나이다. 외국인 학생에게 한국으로 공부하러 온 해외 유학의 효과를 주면서, 동시에 행정 및 생활 환경적 측면에서 자국의 대학에서 다니는 것 같은 편리한 생활 및 지원환경을 조성해 줄 필요가 있다. 외국인 교수가 그저 단기간 강의를 하는 강사나 외국어로 강의를 전담하는 사람이 아니라, 학술적으로 함께 성장하고 교내외에서 학술 및 사회 활동을 하며 장기적으로 대한민국 사회에 정착할 수 있도록 지원할 필요가 있다. 이러한 지원 속에 외국인 교원도 한국인 교원들과 마찬가지로 하나의 연세 교원 가족으로 반갑게 참여시키는 조직문화를 만들어야 한다. 대한민국 대학의 학사 및 행정 규정과 문화를 따르면서 이러한 해외 대학의 문화 유지란 결코 쉽지 않다. 예를 들어, 외국인 교원의 평가 및 승진 구조가 해외 대학의 정년보장제도Tenure System와 유사하면서도 연세대학교 내 다른 단과대학 및 학과의 교수와의 형평성을 유지해야 한다.

UIC의 독특한 문화 유지 및 발전을 위하여 다양한 자질을 갖춘 우수한 학생의 선발도 중요하다. UIC는 입학 과정에서도 UIC 교육에 걸맞은 인재상 및 자질(예를 들자면, 호기심, 자기 표현력, 리더십 등)을 보고 포괄적인 잠재력을 평가하여 선발하고자 한다. 하지만 입학처가 관리하는 국내 입시 과정에서는 국내 학생 입시제도와 시장을 고려할 수밖에 없고, 경우에 따라 UIC가 선발하기를 원하는 학생과 입학처가 원하는 학생이 다를 수가 있다. 학사 운영에 있어서도 UIC의 전공 운영 모델(즉, 기존의 학과와 협력하여 전공과목 개설)에서 전공별 차이점이 생길 수 있고, UIC는 학부교육 중심이라 바로 석박사 과정으로 연결되는 대학원 과정이 없는 경우가 있어 이 또한 어려움으로 다가올 수 있다. 특히 2014년에 확대한 과학, 공학 학부에서는 학부, 대학원 연계가 중요한 이공계열 교수 및 학생들이 UIC 자체 내에 대학원이 없어 기존 학과의 협력에 의존한다. 게다가 2014년에 설립한 전공들은 학부 차원에서 "융복합" 교육 및 사고력을 길러내는 목표를 가지고 있으며, 이러한 형태의 교육은 항상 어떻게 이루어져야 효과적으로 목표를 달성할 수 있는지는 지속적으로 해결해야 할 과제이다.

UIC는 다양한 어려움과 특이한 환경에도 불구하고 어느덧 크게 성장하여 대한민국은 물론 세계 교육 시장에서 한몫을 하는 대학으로 자리매김하였다. 지난 2006년에 입학한 학생은 졸업 후 사회생활을 열심히 하는 과정이고, 2012년에 새롭게 설립된 전공들도 첫 졸업생을 배출하였다. 2014년에 설립된 전공들도 곧 첫 졸업생을 세상에 내보낸다. UIC가 "liberal arts for the international minds"를 세계적인 수준으로 정착시켜 나간다면, UIC 졸업생은 다른 동료들과 달리 국제적으로 도전적인 마인드, 세계 시민으로서 책임감 그리고 무엇이든 해낼 수 있는 학문적인 소양을 갖추게 될 것이다. 이상적인 아이디어로 시작한 UIC, 이제는 UIC 동문들이 세계 무대에서 화려하게 그 활동을 보여줄 시점이 왔다. 요즘 대기업이나 해외 아이비리그 대학원을 방문하면 활기차게 활동 중인 UIC 졸업생을 여기저기에서 반갑게 만나게 된다. 몇 달 전 하버드대학교Harvard University를 방문하였을 때, 한 교수는 UIC 졸업생이 미국 어느 대학 졸업생보다 우수하다고 말하기도 하였다. "매우 적극적이고, 학문적으로 탁월하며, 한국에서 교육받은 다른 학생들과 많이 달라요." UIC 교육의 성공은 한 학생,

한 졸업생의 노력과 성과가 모여서 차근차근 쌓여가는 것으로 평가할 수 있다. UIC가 세계적인 리버럴 아츠 교육의 새로운 모델을 보여주고 있는 것이다.

3부

연세대학교
레지덴셜 칼리지(RC)[1]

1) 이하 본 장의 일부 내용은 장수철, 김은정, 최강식, 「연구중심대학의 교양교육 모형 연구: 레지덴셜 칼리지와 학사지도시스템의 융합」(연세대학교 정책연구, 2016) Ⅱ장에서 발췌하였다.

Residential College

1

연세대학교 RC 교육의 도입

1. 세계적인 명문 사립대학교의 RC 교육 도입 배경

전 세계적으로 가장 오래된 RC 교육시스템을 유지하고 있는 대학은 영국의 옥스퍼드대학교University of Oxford와 케임브리지대학교University of Cambridge이며, 아이비리그 대학으로 세계적인 명성을 가진 하버드대학교Harvard University와 예일대학교Yale University는 미국의 대학 중에서 최초로 1920년대에 종합대학교University 환경 안에 RC 교육 시스템을 도입하였다.

1865년부터 1909년까지 40여 년간 하버드대학교의 총장이었던 찰스 엘리엇Charles Eliot은 제2차 산업혁명 시기에 대학이 과학을 기반으로 신지식을 창출하기 위해서는 교수 전문화가 필수적인 요소임을 인식하고, 교수의 전문화를 위해 대학의 역량을 집약함으로써 성공적으로 종합대학교 체계를 확립하였다.[2] 그러나 대학의 역량을 학부생 대신 대학원생과 교수에, 가르침보다는 연구에 집중한 결과, 대학의 전문성은 강화되었으나 학부교육은 체계화되지 않은 학부 커리큘럼과 학생들의 도덕 및 성격에 대한 자유방임주의로 이어지면서 많은 부작용이 생겨났다.

프린스턴대학교의 총장인 우드로 윌슨Woodrow Wilson은 대학의 역할로 지적이고 정신적인 삶의 결합과 전인적 인간Whole Man을 일깨워야 할 필요성을 강조하며, "프린스턴은 젊은이들이 지식을 추구하는 곳이 아니라 그 자신을 찾는 곳", "이상적인 칼리지College는 공동체여야 하며, 이는 젊은 학생들과 나이든 선생님 및 그 제자들이 교실 안과 밖에서 함께 친밀하고 자연스러운 교류를 하는 공간이어야 한다"라고 하였다. 예일대학교의 1887년 입학생이었던 에드워드 하크니스Edward S. Harkness는 이러한 이상을 실천하기 위해 1920년대에 하버드대학교와 예일대학교에 거액을 기부하여 현대적인 종합대학교에 칼리지 단위Collegiate Unit를 만들고, 이 단위를 기반으로 긴밀하게 맺어진 공동체를 만들어 대학이 '문화적·정신적 가치들Cultural and Spiritual Values'을 지향하는 교육을 시행할 수 있는 토대를 마련하였다. 하버드대학교와 예일대학교는 칼리지와 종합대학교의 이념을 통합하기 위해 영국식 칼리지와 미국식 기숙사Dormitory를 합친, 중앙 집중형 종합대학교를 만들고자 하였으며, 통합 과정에서 집단units의 최적 크기 및 배치, 집단의 인사 및 직원들의 역할, 교수들의 참여 형태, 칼리지 단위의 사회적·교육적 기능, 기존에 있던 다른 기관들과의 관계(특히 학과 부서와의 관계), 과외활동Extracurriculum과의 관계, 학생들의 통솔 형태, 이름이나 문양 같은 상징적인

---

2) Bok. D(2006), *"Our Underachieving Colleges: A Candid Look at How Much Students Learn and Why They Should Be Learning More"*, Princeton University Press.

것들을 정의하고 이를 구성원들에게 이해시키며 실행해나갔다.[3]

이후 많은 미국의 대학은 기숙환경을 고등교육을 수행하는 중요한 도구로서 활용해왔다. 특히 종합대학의 대형화된 환경에서 학생에게 참여활동이 용이한 공동체를 제공할 수 있는, 고등교육의 저변을 넓히기에 유용한 도구로 인식하였고,[4] 클러스터 대학Cluster College[5]과 실험 대학Experimental College[6] 등이 레지덴셜 칼리지Residential College와 같이 학생들에게 생활과 학습을 통합한 환경을 제공하는 시도들을 하였으며, 이 중에서 RC는 커리큘럼과 지적인 삶을 통합한 환경을 제공하여 학생으로 하여금 지적 목표를 성취하며, 대학이라는 공동체의 일원으로서 소속감을 만들어주고, 학생의 성장 발달을 돕는 형태로 발전하였다.[7]

전통적인 의미의 RC 교육을 발전시켜온 예일대학교의 레지덴셜 칼리지 중의 하나인 조너선 에드워드 칼리지Jonathan Edwards College에서 20년간 학감Dean 역할을 한 마크 라이언Mark Ryan은 대학이 RC 교육을 통해서 어떻게 학생들에게 윤리의식과 시민의식, 공동체 의식을 키워줄 수 있으며, 어떻게 RC 내에서 정규교육과 비정규교육 프로그램을 운영하고, 학생 간 상호학습이 활발하게 일어나는 효과를 얻을 수 있는지에 대해 다음과 같이 설명하였다. "RC 환경에서 학생들이 조화롭게 생활하려면 대학은 학생들이 서로 존중하고 하나의 공동체로서

---

3) Ryan, M.(2001), "*A Collegiate Way of Living: Residential Colleges and A Yale Education*", New Haven, CT: John Edwards College. Yale University.

4) Brothers. J, Hatch. S.(1971), "*Residence and Student Life: A Sociological Inquiry into Residence in Higher Education*", Tavistock.

5) 종합대학교 내의 소규모 레지덴셜 칼리지로 독립적인 성격이 강하고 특정 학문을 집중적으로 교육한다.

6) 일반적으로 칼리지나 종합대학교에 기반을 둔 학교 내의 학교이다. 교수 이외에 학생 혹은 지역사회 구성원들이 강사 역할을 하며, 학점을 부여하지 않고, 강사는 무료로 강의하거나 강사료 대신 다른 강좌를 수강하기도 한다.

7) S. Stewart Gordon(1974), "*Living and Learning in College*", The Journal of General Education, Vol. 25, No. 4(January 1974), pp.235~245.

지닐 수 있도록 상호 존중, 인내심, 공손함, 동정심, 책임감, 정의로움과 공공선과 같은 덕목들을 장려해야 한다. RC에서는 공동체의 크기가 작아 이러한 덕목을 지키는 것과 어기는 것이 두드러지게 나타나므로, 학생에게 공감이나 토론의 기회를 주고 가치, 목적의식, 삶의 의미 등을 배울 수 있는 기회를 줌으로써 윤리의식이 자라나게 할 수 있다. 또한 '부모의 관리 감독'이 아닌 학생 스스로가 자기 자신을 감독하는 과정을 통해 공동활동 참여와 리더십과 같은 '시민의식'을 익힐 수 있다. RC 공동체는 학생들의 경험에 매우 중요한 사회적 네트워크를 제공하는데, 이 네트워크를 통해 대학생활에 쉽게 적응하고 친구들과의 관계를 통해 학교를 새로운 집으로 여길 수 있다. 또한 다양한 소규모 RC 단위인 세미나 수업, 강연, 외부 전문가 혹은 학생들의 문화예술 공연, 혹은 문학잡지를 발간하거나 예술발표회를 주관하고 외국어 언어교환 프로그램을 후원하는 교육 프로그램을 통해서도 지식을 공유할 수 있다. 1950년대 초 하버드대학교는 시니어 튜터Senior Tutor라는 직책을 마스터Master 교수 아래에 만들었고, 10년 후에는 예일대학교에서도 학감이라는 유사한 직책을 만들었다. 보통 젊은 교수가 맡았는데 이들은 중앙 집중화되어 있던 상담 기능이 보다 친숙한 환경에서 이루어질 수 있도록 하였다. 시니어 튜터와 학감은 학생들의 학문적 성취도를 모니터하고 규칙을 집행하며 학생들이 학교 서비스를 이용할 수 있도록 도와주는 역할을 하였다. 이 직책이 기숙사에 도입된 이후 RC 시스템에서의 학문적인 지원은 대학의 연구원들, 작문 및 과학 분야의 교내 튜터링, 컴퓨터 시설과 같은 학업 지원 프로그램들을 포함하는 방향으로 확장되었다. 다양한 배경을 지닌 학생들이 모이는 현대의 대학에서는 각자의 문화적·사회적 배경을 서로에게 알려주는 과정에서 상호학습이 일어난다. 기숙사에서 학생들이 함께 생활하다 보면 상호 문화 차이로 인해 필연적으로 갈등이 발생할 수 있다. 그러나 그와 비슷한 정도로 그러한 갈등을 봉합해줄 수 있는 우정이 쌓이고, 각 문화에 대한 이해가 깊어지면서 서로에 대해 더욱 깊이 알 수 있게 된다. 개인적인 측면에서 행복이나 슬픔에 대해서도 공감할 수 있게 된다. 이러한 과정을 통해 학생들은 보다 행복한 삶을 이루려는 보편적인 인류의 가치를 달성하기 위한 각 문화의 방식을 이해할 수 있게 되며, 각 사회가 당면한 문제에 대한 개인적인 어려움도 이해하게 된다."[8]

1980~1990년대에 미국의 많은 대학은 기숙 교육 프로그램Residence Education Program, 거주 학습 센터Living-Learning Center, 테마 하우스Theme House, 거주 학습 공동체Living Learning Community 등의 교육 개념을 전형적인 기숙사Dormitory 내에 도입하기 시작하였다. 전형적인 기숙사는 학생에게 저렴하고 안전하며 편리한 숙소를 강의동 가까운 위치에서 제공하기 위해 만들어졌기에, 기숙사생은 중앙에 위치한 식당에서 식사를 하고 학생처 산하 혹은 관련 기관의 직원이나 대학원생들이 주로 감독 관리하는 형태로 운영되었다. 그러나 현대의 기숙 교육 프로그램은 전형적인 기숙사를 이용하여 강의실에서의 학습을 강의실 밖의 경험과 통합하려는 시도에서 출발하였다. 외국어, 전문대학원 준비, 과학과 같은 특정 학습 주제와 직접적인 관련이 있는 거주 학습 센터를 운영하는 경우도 있다. 특히 스탠퍼드대학교는 특별한 영역에 관심이 있는 학생들이 함께 거주하는 테마 하우스를 운영하며, 기숙사 내 교육프로그램Academic Residential Programs을 통해 학생들에게 학사지도, 진로지도, 튜터링, 학습법과 같은 학습지원을 제공하고, 같은 기숙사에 거주하는 학생들에게 같은 분반의 수업을 수강할 수 있도록 거주 학습 공동체를 운영한다. 전통적인 레지덴셜 칼리지Classic Residential College와 현대적인 기숙 교육 프로그램의 공통점은 강의실에서의 학습을 강의실 밖의 경험과 통합하려는 시도에서 찾아볼 수 있으나 그 차이는 교수 참여의 수준과 질적인 측면에서 나타난다.[9]

---

8) Ryan, M.(2001), "*A Collegiate Way of Living: Residential Colleges and A Yale Education*", New Haven, CT: John Edwards College. Yale University.

9) O'hara R. J.(2006), "*The future of higher education may lie in the English-speaking world's oldest model of*

2. 연세대학교 RC 교육의 시작과 발전 과정

연세대학교의 130여 년의 역사 중 대학College의 의미는 한 가지 계통의 학문 영역Discipline으로 구성된 단과대학單科大學을 일컬었으며, 그 명칭만으로도 무엇을 연구하고 배우는 곳인지 쉽게 알 수 있었다. 즉, 이과대학은 수학, 물리학, 화학 등의 자연과학과 관련된 학문을 연구하고 배우며, 문과대학은 문학과 역사, 철학 등의 인문학을 연구하고 배우는 곳임을 알 수 있었다. 1999년 9월 학부대학이 설립되기 이전까지 연세대학교 학생들은 입학 시기부터 이러한 단과대학에 소속되어 단과대학 내의 전공 교육과정을 이수하면서 주로 학과 학생들과 교류하고 활동을 해왔다. 연세대학교 신촌캠퍼스의 기숙사도 캠퍼스 내에 위치하여 주변보다 저렴한 가격으로 학생들에게 편리하고 안전한 거주시설을 제공해왔다. '생활관'이라 불리는 기숙사는 행정직원인 생활관장, 부관장, 일반행정직원, 시설관리직원, 사감단으로 구성된 행정조직과 학생으로 구성된 사생자치회가 운영하며, 생활관 관리와 생활관 내의 안전과 질서를 유지하는 기능을 가진다. 교육적 기능이나 기숙사에 거주하는 학생들의 학습공동체 활동은 거의 없었고, 거주하는 학생들도 그러한 기능을 기대하지 않았다.

그러나 2000년부터 연세대학교는 모든 학생을 단과대학에 소속시켜 교육하던 기존의 교육 방식에서 벗어나 대학 1학년 시기에는 학부대학의 전문화된 밀착형 학사지도제도를 기반으로 공통의 교육과정과 희망 학문의 기초 교육과정을 이수하며, 2학년부터는 단과대학으로 소속을 변경하여 전공교수의 지도하에 전공학문 중심의 교육과정을 이수할 수 있는 체계로 변환하였다. 이러한 체

university organization", https://www.insidehighered.com/views/2006/11/28/ohara

계는 입학 모집단위가 광역학부제에서 소학부제, 학과제 단위로 변경되는 과정에서도 지속되어 학부대학은 기초교양교육 전담기구로서의 역할뿐만 아니라, 다양한 배경과 적성을 가진 신입생들에게 대학의 교육목표와 철학, 정신을 이해시키고, 대학의 자원을 활용하여 자신의 역량을 키우고, 학업계획을 수립할 수 있는 장으로 자리매김하였다. 기존 단과대학의 개념이 아닌 1학년 학생들이 소속된 학부대학 체계는 송도에 국제캠퍼스를 설립하면서 세계적인 명문 사립대학이 유지해온 전통적인 RC 교육 개념을 도입할 수 있는 토대가 되었고, 1학년을 이해하고 교육과정을 혁신하면서 축적하였던 많은 노하우와 학생들과 밀접하게 소통해왔던 구조는 연세의 RC 교육이 단기간에 정착하게 된 근간이 되었다.

연세대학교의 RC 교육은 세계적인 명문 사립대학이 추구하는 전통적인 레지덴셜 칼리지를 지향하며, 연세대학교의 역사와 자원, 국제캠퍼스가 위치한 환경 등을 고려하여 연세 고유의 RC 모델로 발전해왔다. 2011년 RC 교육의 부분 도입을 시작으로 2013년 한 학기 시행, 2014년 전면 시행, 2015년 정착되기까지 RC 교육에 대한 인식의 변화와 연세대학교 RC 교육목표 실현 방법에 따라 학부대학과의 관계, 조직, 프로그램들이 변화하였다.

2011년 RC 교육이 처음 도입되어 부분적으로 시행되었던 2012년까지의 RC 부분 도입 시기에는 특정전공(자유전공, UIC, 의치예, 글로벌융합공학부) 학생 500여 명만이 국제캠퍼스에서 교육을 받았으며, RC 교육원은 학부대학과 분리되어 RM Residential Master, 마스터 교수, RH Residential Head, 지도교수, RA Residential Assistant, 조교, RCAA Residential College Administrative Assistant, 행정조교에 의해서 자체적으로 운영되었다. 이 시기에는 RC 교육원의 지원시스템이 부족하여 하우스 행정업무를 RA들에게 상당히 의존하고 있었던 것이 특징이다. 2013년 1학년 학생 전원이 RC 교육을 한 학기씩 받게 되면서 1학년 교육을 책임지고 있는 학부대학이 송도캠퍼스로 내려와 RC 교육에 관여하게 되었다. 1학기에는 기존의 RC 교육원과 학부대학이 긴밀하게 협조하는 관계를 유지하였고, 2학기부터는 RC 교육원이 학부대학 산하로 편입되면서 비로소 기초교양교육과 RC 교육이 같은 교육철학과 운영체계 안에서 서로 긴밀하게 협의하는 체계를 갖추게 되었다. 1학년 학생 전원(음대, 체대 제외)이 1년간 RC 교육을 받기 시작한 2014년에는 4,000여 명의 1학년 학생을 위해서 송도 2학사가 완공되고 하우스가 12개로 늘어났으며, RC 교육원 전체 프로그램과 하우스 프로그램은 RC 교육목표인 5C(소통능력, 창의력, 융복합능력, 문화적 다양성, 크리스천 리더십) 역량을 함양할 수 있는 RC 비교과 프로그램으로 체계를 갖추기 시작하였다. RC 교육원은 RA 교육과 RM 워크숍을 통해서 전체적인 RC 교육의 방향과 틀을 제시하였고, 각 하우스는 동일한 RC 교육목표 아래 RM 교수와 RA 그리고 RC 학생들이 다양한 프로그램을 개발하고 운영해나갔다. 2015년에는 2014년 RC 교육의 전면 시행 시 부족하였던 부분을 개선함으로써 RC 교육이 정착하는 시기가 되었다. 비교과 RC 프로그램 참여를 'RC 자기주도활동(1), (2)'라는 이름으로 0.5학점씩 학점을 부여하여 학생 스스로 적극적이고 주도적으로 RC 교육에 참여하도록 하였다. 또한 RA 리더십 교육과정을 신설하여 재학생에게 심화된 RC 교육 기회를 제공하고, RA가 RC 교육의 조교와 1학년에게 모범적인 선배 멘토 역할을 수행할 수 있는 지식과 역량을 갖출 수 있게 되었다.

[표 3-1]은 RC 교육을 부분 도입하였던 2011년부터 2015년 RC 교육의 정착 시기까지의 연세 RC 교육의 발전 과정을 시기별로 요약 정리한 것이다. 이후 각 장에서는 RC 교육 운영체계, RC 비교과 교육 프로그램, 그리고 추진 과정 중 어려웠던 점과 극복한 과정을 설명하고자 한다.

표 3-1. 연세대학교 RC 교육의 발전 과정

시기	부분 도입 2011~2012	한 학기 시행 2013	전면 시행 2014	정착 2015
학사 단위	자유전공, UIC, 의·치의예, 글로벌융합공학부, 약학	자유전공, UIC, 의·치의예, 글로벌융합공학부, 약학 / 상경, 경영, 이과, 생명시스템, 신과, 사회과학, 생활과학, 외국인 글로벌학부	신입생 전체(음악대학, 체육계열 학생 제외)	
교육 인원(명)	397 429 538 545	2,107 2,231	3,788 3,688	3,741 3,857
이수학점	5학점* (졸업필수-HE1, 2, 3, 4, English R&D)	3학점 (졸업필수-RC101 & HE1, 2, 3 중 택 2)		3학점 (졸업필수-RC101 & HE1, 2, 3 중 택 2)+1학점(RC 이수-RC 자기주도활동 (1), (2))
이수학기	2	1	2	2
RC 하우스수/ 생활관	3개 (알렌, 에비슨, 언더우드) / 송도 1학사	8개 (알렌, 에비슨, 언더우드, 백양, 무악, 윤동주, 용재, 아리스토틀) / 송도 1학사	12개 (한결, 이원철, 언더우드, 윤동주, 무악, 치원, 백양, 청송, 용재, 에비슨, 알렌, 아리스토틀) / 송도 1, 2학사	
RC 교육원	국제캠퍼스 산하기관, RC 교육과 생활관 업무 담당	학부대학 산하기관으로 조직 개편, 생활관 업무는 총괄본부로 이관될 수 있는 체계 마련	RC 운영위원회 신설, RC 교육과 생활관 업무 분리(생활관은 총괄본부에서 담당, 2학기에 생활관 내 사감제도 도입)	
RC 구성원	RM(RC 총괄), RH(하우스 총괄), RA, RCAA	RC 교육원장(RC 총괄), RM(하우스 총괄), RA, RHC(2학기부터 생활관 소속)	RC 교육원장, RM, RA	RC 교육원장, RM, RA
학생지도	삼중학생지도시스템 도입(학사지도교수, 전공교수, RC 교수)	삼중학생지도시스템 도입(학사지도교수, 전공교수, RC 교수)	삼중학생지도시스템 체계화	
전체 RC 프로그램	생활 / 교육 / 활동 공통 프로그램	Living / Education / Community 공통 프로그램 체계화	학술 / 문화예술 / 체육 학사지도교수가 공통 프로그램 운영에 참여 (2014년 2학기 이후)	
하우스 RC 프로그램	학생 자율	하우스별 테마 특화 프로그램	하우스 테마는 있으나 다양한 프로그램 개설	학점 부여, 질과 양의 표준화, 하우스 튜터링 도입
하우스 배정방식	임의 배정	학생 희망을 고려한 배정-사전 1, 2, 3지망 신청	임의 배정-다양성 확대, 생활양식 고려	
RA 교육	방학 중 1박 2일 워크숍	방학 중 2박 3일 워크숍	RA 리더십 교육과정 [RA 리더십 개발론(2학점)+RA 리더십 개발 실습(1학점), II(1학점)]	

* 2011년은 5학점 필수, 2012년에는 HE1, 2, 3, 4, English R&D 중 자유/의/치/테(5), 언더우드/아(2), 글융/약학(3) 선택

RC 교육 운영체계

1. 운영체계의 발전

국제캠퍼스에서 RC 교육의 운영을 담당하는 조직체계가 자리잡기까지 여러 차례 변화를 겪었다. RC 교육대상 학생 수의 급격한 증가는 RC 교육환경의 변화를 가져왔고, RC의 체계적인 운영을 위해서 조직의 정비는 지속적으로 이어졌다.

1) 2011~2012년: RC 교육 부분 도입

2011~2012년 일부 학사 단위가 RC 교육을 받던 시기에는 국제캠퍼스 소속 RC 교육원에서 RC 교육 업무와 생활관 업무를 함께 담당하였다. 총괄본부 소

속의 RC 마스터 교수Residential Master는 RC의 총괄책임자로서 그 자리에는 정년트 랙의 전임교수가 보직 임명되었다. 당시 RC 교육을 담당하는 인적 구성은 Residential MasterRM, Residential HeadRH, English Residential FellowERF, Residential AssistantRA, Residential College Administrative AssistantRCAA 등으로 이루어졌으 며, 그 역할과 담당 업무는 아래와 같다.

표 3-2. RC 교육담당 인적 구성과 역할

인적 구성	역할
RC 마스터 교수 (Residential Master, RM)	• 레지덴셜 칼리지 총괄책임자로 정년트랙의 전임교수 중 보직으로 임명
RC 지도교수 (Residential Head, RH)	• 하우스 총괄책임자로 교육전문 연구원이 담당 • 레지덴셜 칼리지 프로그램 기획 · 운영 책임자 • RA 교육 및 관리
RC 외국인 교수 (English Residential Fellow, ERF)	• 학부대학 소속의 영어 전임교수 중에 임명하며 RC 영어 생활환경 조성 및 영어 학습지도 담당, RC 교과목인 RC English Reading & Discussion 강의
레지덴셜 홀 코디네이터 (Residential Hall Coordinator, RHC)	• 레지덴셜 홀 사감으로 학부 고학년 학생이나 대학원생 중 선발 • 레지덴셜 홀 생활지도 총괄
RC 조교 (Residential Assistant, RA)	• 학부 고학년 학생 중 선발하며 담당 학생들의 멘토 역할을 담당 • 공동체 생활지원 및 학습지원, RC 프로그램 지원
RC 행정조교 (Residential College Administrative Assistant, RCAA)	• 레지덴셜 칼리지 행정 및 홍보 담당

외국 대학 RC의 경우 식당 및 여러 가지 시설이 구비된 단독 건물을 하나의 RC로 구성하는 경우가 많지만, 국제캠퍼스의 여건은 별도의 건물이 아니라 3 개의 동이 연결된 하나의 건물에 3개의 하우스를 구성하였다. 당시는 모든 하 우스가 영어몰입환경으로서 국제학사의 면모를 갖추었으며 학생들은 알렌하 우스Allen House, 에비슨하우스Avison House, 언더우드하우스Underwood House 3개의 하우스 에 2인 1실로 임의 배정되었다. 영어몰입환경 속에서 다양한 RC 교육 프로그

램과 YIC 대학영어 튜터링 서비스College English Tutoring Service, CETS와 같은 학습지원서
비스가 제공되었다.

RC 교육 부분 도입기는 대체적으로 성공적인 RC 교육 운영이라 평가되었으
며, 이를 바탕으로 2012년 8월, 2013년 신입생에게 RC 교육 확대를 결정하고
국제캠퍼스 직제 개편을 시행하였다. 국제캠퍼스 직제 개편의 주요 목적은 국
제캠퍼스에 혼재된 학사 및 일반행정 업무체계의 정비, 학부대학 중심의 학사
행정과 국제캠퍼스 총괄본부 중심의 일반행정으로의 업무체계 개편, 국제캠퍼
스 총괄본부 및 RC 교육원의 위상 정립이었다. 국제캠퍼스 총괄본부는 사업추
진단(캠퍼스 조성 등 기존 업무), 종합행정센터(캠퍼스 관리, 지역 협력 및 일
반행정 업무), RD&E 센터, GLC(기존 국제캠퍼스 GLC 업무)를 담당하고, 학
부대학은 학부대학 내 교무 · 학사 · 학생지원 업무, 프리미엄 교육과정 운영,
외국인 글로벌학부 운영, RC 프로그램 개발 및 운영을 담당하게 되었다. RC 교
육원은 학부대학 산하조직으로 구분되고, RC 관련 업무는 학부대학 행정팀에
서 병행하기로 하였다.

2) 2013년: RC 교육 한 학기 시행

2012년 연세대학교 제17대 총장으로 취임한 정갑영 총장은 국제캠퍼스의 교
육 인프라를 적극적으로 활용하면서 한국 대학의 선도적 교육모델을 제시하고자
2013년에 아이비리그형 RC 교육모델을 전면 도입하기에 이른다. 학원형 교육에
서 전인 · 전일 교육체제로 전환하여 21세기형 글로벌 인재 양성을 목표로 신입
생 전체를 대상으로 RC 교육을 실시하기로 결정하였다. 우선 2013년에 전체 신
입생을 1, 2학기에 나누어 한 학기씩 RC 교육을 실시하였다. 조직 개편 또한 계
속 진행되어 2013년 2학기부터는 총괄본부 행정팀과의 업무영역 재조정을 거쳐
생활관 업무는 총괄본부(현 종합행정센터) 행정팀에서 담당하게 되었다. 방학 중

기숙사 수익성 제고를 통한 RC 교육 재원 추가 마련과 기숙사 관리운영의 효율화 등을 목적으로 기숙사 관련 업무 일체(회계 대관 등 운영업무, 시설관리 등 관리업무, 입·퇴사 및 지원에 관한 사생 관리 등 업무)가 학부대학의 RC 교육원에서 종합행정센터(행정팀)로 이관되었다. 그에 따라 학부대학 정규직(팀원) 및 계약직 각 1명도 종합행정센터(행정팀)로 인력 조정이 되었다.

이 시기에는 학기별로 약 2,000명의 학생이 RC 교육을 이수하였고, 이를 위해 기존 3개에서 8개로 하우스를 확충하여 운영하였다. 보다 체계적인 RC 운영을 위하여 전체 RC를 총괄하는 보직으로 RC 교육원장Dean of Residential College을 임명하여(2012년 9월) RC 교육을 담당하는 RC 교육원과 생활관 업무를 총체적으로 관리 감독하게 하였다.

표 3-3. RC 교육원장과 RM 마스터 교수의 역할

RC 교육원장(Dean of Residential College)	RC 마스터 교수(Residential Master, RM)
▪ RC 교장으로서 국제캠퍼스 생활관 관장 겸직 ▪ RC 운영총괄 및 RC 프로그램 등 교내 행사 참여에 동기 부여 ▪ RC 프로그램 및 예산(안) 등에 대한 검토 및 최종결정 ▪ RC 상벌위원회 위원장으로서 본 위원회를 소집 및 주재하며 규정을 위반한 학생에 대한 퇴사 여부 최종결정 ▪ RC 운영부 정기(임시)회의를 소집 및 주재하고 회의 안건에 대해 최종결정 ▪ RA 선발 및 퇴사 여부를 최종결정 ▪ YIC 학생운영위원회 및 RA 자치회에서 요청한 안건 검토 및 최종결정 ▪ RC 관계자 인사권 행사	▪ 하우스 최종책임자로서 하우스 예산 및 프로그램 총괄 ▪ 하우스 프로그램 심사 및 승인 ▪ RC 학생들에 대한 생활지도 및 상담 ▪ 하우스 최종책임자로서 하우스 예산 및 프로그램 총괄 ▪ 하우스 프로그램 심사 및 승인 ▪ RC 학생들에 대한 생활지도 및 상담

각 하우스의 총괄 업무는 8명의 RM을 임명하여 운영하였는데 그 구성은 전임교수, 학사지도교수, 교육전문연구원으로 다양하게 이루어졌다. 초기 하우스

담당교수 역할이었던 RH를 없애고, 각 하우스의 총괄책임자로서 RM 교수체계를 수립하게 된다.

2013년부터 RC 교육 전체를 총괄하는 RC 교육원장과 하우스 책임자로서 RM 교수체제가 수립되기 시작하였으며, 그 외 RC 조직구성원의 역할과 담당업무도 이전에 비해 좀 더 체계화되었다. 그리고 교육대상과 하우스 수의 확대로 인하여 늘어난 RC 교육 및 생활관 행정지원 업무 때문에 RC 행정팀이 보강되었다.

1학년 학생 전체가 RC 교육의 대상이 되면서 1학년 지도교수 역할을 담당하는 학생전임교수와 학사지도교수들은 담당 학생들이 RC 교육대상이던 해당학기에 국제캠퍼스에서 전적으로 학생들을 지도하게 되었고, 이로써 RC 교육환경에서의 삼중학생지도시스템 체계가 마련되었다.

 그림 3-1. RC 교육원 조직도(2013)

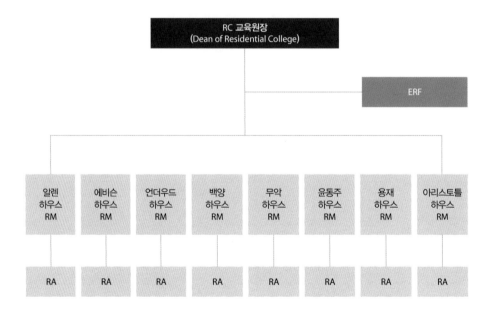

2013년은 RC 교육이 1학년 전체에 확산되어 시행된 첫해로 RC 교육 운영 체계에서 중요한 변화가 진행되었던 시기이다. 그러나 조직체계의 확대에 따른 구조적 문제와 학생지도시스템의 체계화에 대한 보완 필요성이 제기되었다. 먼저 지배구조의 문제로는 RC 교육원의 독립성 강조로 학부대학과의 유기적 업무 협조가 미약하였던 점, RC 교육에서 학부대학의 역할과 RM의 역할에 대한 이해가 서로 달라 학부대학과 RC 교육원 간의 불필요한 오해와 갈등이 유발된 점 등이 지적되었다. 학기 초에 RC 운영시스템이 정비되지 않아 RM이 생활관 업무까지 관여하게 됨으로써 업무 부담의 과중도 지적된 바 있다. 추가적인 문제로는 1학년 학생지도를 위해 전공교수, RM, 학부대학 지도교수로 구성되는 삼중학생지도체계가 마련되었으나 연계가 취약하고, 특히 RC 교육환경에서 RM과 학사지도교수의 유기적 협조가 미약한 점도 향후 개선이 필요한 사안으로 언급되었다.

이러한 RC 교육 조직체계의 문제점들을 보완하기 위해 2013년 2학기 RC 교육원의 기능과 역할을 재규정하고 조직구조의 개편을 실행하게 되었다. 우선 학부대학이 RC 교육의 전반적 운영을 실제적으로 총괄하고, RC 교육원장을 학부대학 부학장급으로 임명하였다. 또한 RC 교육원에서 생활관 업무를 분리하여 해당 업무 담당조직을 총괄본부 산하에 두고 기숙사 시설관리, 행정업무, 입사와 퇴사 및 사감을 통한 점호관리, 상벌관리 등의 업무를 수행하도록 체계가 마련되었다.

2013년의 하우스 RC 교육은 하우스 주제별로 특화하여 학생에게 하우스를 선택할 수 있도록 하였다. 그러나 전공학문 이외의 영역에서 공통 관심사를 가진 학생들이 함께 RC 교육을 받는 본래 취지와 달리, 오리엔테이션 기간 중 학과 단위로 하우스를 선택함으로써 하우스의 커뮤니티룸은 학과 모임 위주의 활동이 주로 이루어지거나 1지망 이외의 하우스에 배정받은 학생들의 저조한 참여가 문제시되어 하우스 RC 교육 개선의 필요성이 대두되는 등 개선의 목소리가 있기도 하였다. 하지만 전반적으로 성공적인 평가를 받았다.

다음은 2013년 8월에『주간조선』에서 다룬 대학의 기숙사 교육에 대한 특집 기사이다. 국내 여러 대학이 기숙사를 인성교육의 장으로 변모시키기 위해 여러 가지 변화를 시도한다는 내용을 다루었는데, 연세대학교는 이후에도 지속적으로 RC 교육을 확대, 발전시켜 RC 교육을 확산시키는 선도적인 역할을 하고 있다.

주간조선 2013-08-27

대학들이 신입생 전원
기숙사에 몰아넣는 이유는…

한국의 대학들이 전인교육에 팔을 걷어 붙였다. 전교생이 1학기 이상 의무적으로 기숙사에서 생활하는 RC(Residential College, 기숙형 대학)가 하나둘 늘어나는 추세는 이런 일환이다. RC를 가장 먼저 도입한 건 연세대학교다. 연세대학교는 2013년 신입생부터 RC를 도입, 신입

생을 절반으로 나눠 한 학기 동안 의무적으로 송도국제캠퍼스에 신축한 기숙사 '송도학사'에서 지내도록 하고 있다. 연세대 측은 "신축 중인 제2 송도학사가 완공되면 거주 기간을 늘려 2014년부터는 신입생 전원이 1년간 송도학사에서 지내도록 할 예정"이라고 밝혔다.

이화여자대학교도 RC 도입을 추진 중이다. 올 2학기부터 시범운영에 들어가 2015년부터는 신입생 전원이 한 학기씩 기숙사 생활을 하게 된다. 이화여대 측은 "이를 위해 캠퍼스 내에 있는 기존 기숙사 부근에 1,800여 명 수용 규모의 기숙사를 신축할 계획"이라며 "서울 지역 대학 캠퍼스에서 운영하는 RC로는 국내 대학 최초"라고 의의를 밝혔다. 서울대 역시 시흥캠퍼스에 RC를 신축하는 안을 검토 중인 것으로 알려졌다. 서울대 관계자는 "아직 명확하게 결정된 단계는 아니지만 서울대 시흥캠퍼스에 RC를 도입하자는 안(案)이 나왔고 진지하게 검토 중이다"라고 설명했다.

RC는 하버드, 예일, 프린스턴, 옥스퍼드 등 전 세계 명문 대학의 공통점이다. 하버드대생은 4년, 예일대와 프린스턴대는 전교생이 2년씩 의무적으로 기숙사에서 지낸다. RC는 일반 기숙사와 다르다. 기숙사가 단순한 거주의 공간이라면 RC는 거주와 배움을 결합한 공간이다. 입학생 전원이 일정 기간 동안 한 공간에서 생활하면서 공동체 생활에서 지켜야 할 규율과 에티켓을 배우고 인성과 리더십까지 익힌다. 말하자면 생활 속 전인교육의 장(場)인 셈이다. 이를 위해 RC를 표방한 수업을 개설하고 RA(레지덴셜 어시스턴트)와 RM(레지덴셜 매니저)과 밀착해서 멘토링 교육을 받도록 한다.

올해부터 신입생 전원을 대상으로 RC를 도입한 연세대학교. 송도학사 RC 1기생을 떠나보내고 2기생을 받을 준비가 한창인 시기다. 중간평가는 어떨까. 주간조선은 지난 8월 21일 인천 송도에 있는 연세대 레지덴셜 칼리지 '송도학사'를 찾았다. 신촌캠퍼스에서 탄 셔틀버스는 딱 1시간 만에 송도국제캠퍼스에 도착했다. 회색과 푸른빛 일색인 고층빌딩과 고층 아파트들 사이로 빨간색 벽돌 건물이 유난히 튀었다. 연세대 송도학사였다. 회백색 차가운 건물들 사이에 있는 붉은 벽돌의 기숙사가 인상적이었다. 학교 깊숙한 곳이 아니라 입구에 바로 있는 점도 특이했다.

송도학사는 2학기 신입생을 맞을 준비로 분주했다. 1학기에는 문과대학·공과대학·교육학과·간호학과 신입생들이 거주했고, 2학기에는 상경대학·경영대학·이과대학·글로벌학부 등의 신입생이 입주할 예정이다. 다음 주에 2학기 입주생들이 대거 짐을 싸서 들어오고 이번 주에는 학생들을 지도하는 RA들을 대상으로 워크숍이 한창이었다. RA는 레지덴셜 어시스턴트의 줄임말로 기숙사 조교다. RA 한 명당 21~22명의 멘토 역할을 하는데 기숙사 시설 고장 등 기본적인 문제해결에서부터 연애 상담, 학습법 지도, 프로그램 주도 등 다양한 일을 담당한다. 리더십을 함양할 수 있는 큰 기회이면서 장학금도 받을 수 있기 때문에 경쟁률이 높다. 올 2학기 RA 경쟁률은 4:1 정도였다고 한다.

◇ "리빙(living)과 러닝(learning)이 결합된 인성 교육의 마당

송도학사에서 만난 RA 김정현 양(국제학부 2년)은 2학기째 RA를 맡게 됐다. 그는 "오기 전에는 송도를 유배지라고 불렀는데 와 보니 좋은 점이 더 많다. 다 같이 한 공간에서 생활하다 보니 대학생활이라기보다 한 가족 같다. 단순히 강의실 수업을 넘어 방과 후까지 연장되는 RC의 자체 프로그램을 통해 유익한 시간을 보내고 있다"며 만족감을 드러냈다.

송도학사는 지상 10층, 지하 1층 규모로 2,700여 명을 수용할 수 있는 규모다. 이날 연세대 국제캠퍼스 한편에서는 제2 송도학사 신축이 한창이었다. 10층짜리 골조가 완성된 단계였다. 한화건설이 공사 중인 이 건물은 올 연말에 완공 예정이다. 완공되면 송도학사에서만 총 4,000여 명을 수용할 수 있는 규모를 갖추게 된다.

송도국제캠퍼스 자유관에서 만난 장수철 RC교육원장(학부대학 부교수)은 한 학기 동안 시행된 송도학사 RC에 대해 자부심을 드러냈다. 장 원장은 "대학은 핵심역량을 가진 인재를 길러내는 교육공간이 되어야 하고, 이를 위해서는 인성 교육이 핵심이다. 리빙(living)과 러닝(learning)이 결합된 RC는 이를 실현할 수 있는 훌륭한 장"이라고 설명했다. 김은정 학부대학 교수는 "연세대의 RC는 하루아침에 이루어진 것이 아니다. 기숙사만 지어놓는다고 해서 RC가 되는 것은 아니다. 중요한 것은 내실 있는 프로그램이다"라며 "연세대학교는 오래전부터 인성교육에 대한 고민이 깊었다. 1999년 9월 학부대학을 설립하면서 관련 교육을 차근차근 강화하고 보완해왔다"고 설명했다.

두 교수는 RC에서 생활한 학생들의 차이점도 발견한다. 김은정 교수는 "불과 한 학기 동안의 생활이었지만 학생들의 발전을 봤다"고 했다. 가장 큰 변화는 인사성이다. 신촌 캠퍼스에서는 인사하는 학생들이 많지 않았지만 송도에서는 마주치기만 하면 누구에게나 인사를 한다고 했다. 기자 역시 여러 학생들로부터 인사를 받았다. '우리 학교에 찾아온 손님'이라는 주인의식이 느껴졌다.

호그와트. 연세대 1기 송도학사 학생들이 송도학사를 비유한 말이다. 호그와트는 조앤 롤링의 소설 '해리포터'에 등장하는 마법학교다. '호그와트'에서는 학과 공부 이외의 시간에 더 많은 기적을 이루어낸다. 관심 분야가 비슷한 학생들끼리 팀을 이루어 다니면서 일상에서 열린 토론을 하고 탐색을 한다. 이날 만나 박예지 양(테크노학과 2년)은 "함께 기숙사에서 생활하다 보니 팀 프로젝트를 심도 있게 할 수 있어서 좋다. 몇 날 며칠 함께 밤을 새우기도 한다"고 말했다. 김은정 교수는 "송도학사에서는 팀 단위 수업 역량이 탁월하다. 공과대 학생들은 조별 활동, 문과 토론 학습에서 깊이가 다르다"라고 말했다.

개성과 색깔이 분명한 8개의 하우스도 호그와트 분위기를 만든다. 하우스는 기숙사 거주 단위로, 각각 분명한 색깔을 지닌다. 에이비슨, 알렌, 언더우드하우스 등 기존의 3개의 하우스에다 올해 아리스토텔레스, 백양, 윤동주, 무악, 용재 등 다섯 개의 하우스가 추가됐다. 입주 학생은 자신의 취향과 성격에 맞는 하우스를 선택해서 하우스 단위로 생활하게 된다.

각 하우스에는 다양한 학과 학생이 섞여 있다. 하우스의 프로그램과 규율은 하향식이 아니라 학생 스스로 정하고 책임지는 상향식이다. 때문에 하우스별 규율과 프로그램이 제각각이다. 학생들이 스스로 만든 프로그램이라 재미있는 이름도 많다.

◇ 인터넷 시대 과학기술의 발달과 연관 있어

연세대 초대 총장인 백낙준 박사의 호 '용재'를 따서 만든 '용재하우스'는 주 1회 함께 운동을 하는 '위대한 몸매', '윤동주하우스'에서는 주중에 영화를 보고 주말에 기숙사에 남는 사람들끼리 친목을 다지는 '주중에 영화 주말에 마실' 등의 프로그램을 만들었다. 1학기 백양하우스 입소생들은 단편영화 네 개를 만들어 부산영화제에 출품하기도 했다.

송도학사 RC에는 인성교육을 위한 본격 프로그램이 있다. RC101이 대표적. 한 학점짜리 수업으로 RC에서 생활하는 데 필요한 학습윤리와 생활윤리를 배운다. 학습윤리에서는 리포트 표절 방지 교육을 체계적으로 받고 조별 활동 시 지켜야 할 에티켓을 배운다. 생활윤리에서는 수면패턴도 다르고 성장환경도 다른 룸메이트 사이에서 발생하는 갈등 조절, 공공 물건의 사용 매너 등 당연하지만 아무도 구체적으로 가르쳐주지 않은 사항에 대해 함께 문제를 제기하고 함께 해결해 나간다.

사회기여, 문화예술, 체육 역시 송도학사 RC의 전인교육을 위한 프로그램이다. RC 거주생은 누구나 이 세 과목 중 두 과목을 골라서 이수해야 한다. 사회기여는 '연인(延仁) 프로젝트'로 운영된다. 연인 프로젝트는 송도국제캠퍼스 학생들이 인천 지역 초·중·고생에게 방과 후 학생지도를 하는 프로그램이다. 김은정 교수는 "학생들은 이 프로그램을 통해 또 다른 세상을 만난다. 연세대 학생 대부분은 사랑을 듬뿍 받고 공부가 중요한 집안에서 자란 아이들이다. 저소득층 가정을 방문해 현실의 다양한 면면을 직접 보고 뼈저리게 깨닫는다"고 말했다.

(이하 생략)

3) 2014년 이후: RC 교육 전면 도입 이후

2014년 국제캠퍼스 제2 기숙사의 완공으로 약 3,700명의 신입생이 1년간 RC 교육을 받을 수 있는 인프라가 구축되었다. 기존 8개이던 하우스는 12개로 확충되어 제1 기숙사에 6개 하우스, 제2 기숙사에 6개 하우스가 배치되었다.

RC 교육원을 학부대학의 산하기관으로 배치하여 교양교육을 전담하는 학부대학이 RC 교육을 전담함으로써 생활과 학습의 통합이라는 큰 틀이 갖추어졌다. 동시에 RC 교육원의 주된 업무 중 하나였던 생활관 업무가 국제캠퍼스 총괄본부로 이전되면서 RC 교육원은 교육이라는 본연의 임무에 전념하게 되었다. 2014년 3월부터 학부대학 행정팀을 1팀과 2팀으로 나누어 2팀이 RC 교육을 전담하고, RC 교육원 소속의 교육전문연구원을 두어 RC 교육원장의 주요 업무를 보조하며 RC 관련 각종 교육활동을 수행하면서 행정지원과 전체 프로그램 운영지원을 담당하였다. 이와 같은 진화의 과정을 거치며 RC 운영조직은 재정비가 진행되고 교육은 안정화되었고, 나아가 보다 지속적이고 안정적인 RC 교육의 운영을 위해 가장 바람직한 조직체계에 관한 논의가 지속되었다.

RC 교육원장이 학부대학 부학장으로서 RC 교육 총괄의 역할을 수행하고, RM직을 학부대학 소속으로 개편하여 RC 교육과 학생지도에 관심과 열의가 있는 이들을 초빙하여 임명하는 절차를 갖추는 것은 물론, 교육의 목표에 따라 각 하우스의 교육을 책임지고 운영하는 역할을 확실히 함으로써 RC 교육은 안정적인 체계를 갖추게 되었다. 12개 하우스 RM 교수는 전공 소속의 전임교원, 학부대학 소속의 전임교원 및 학사지도교수로 다양하게 구성하였다. 국제캠퍼스에서 1학년 학생들의 교육과 학생지도를 책임지고 있는 학부대학 소속의 교수들이 RM으로서 RC 교육에 적극적으로 참여하는 것은 자연스러운 일이다. 그러나 2학년부터 본격적인 전공교육을 담당하게 되는 신촌캠퍼스의 전공에서도 1학년 학생들에 대한 이해와 관심을 1학년 시기부터 지속적으로 갖는 것이 바람직하다는 관점에서 앞으로 보다 많은 전공의 교수들이 참여할 수 있는 제도적 지원이 숙제로 남아있다. RM의 업무는 그동안 교육과 연구가 주를 이루었던 교수들에게는 생소한 업무영역이다. 물론 그동안에도 주간에 면담시간을 개방해 두고 학생지도를 담당해오긴 하였다. 하지만 RC 교육환경하에서 하우스에서의 교육을 책임진다는 것, 즉 하우스 단위의 RC 교육을 총괄하고 인성교육, 하우스 프로그램 운영, RA 선발 및 교육을 담당하며 RM 간담회 참여 등 행정 관련 업무를 감당하는 것은 비록 교육, 연구 등의 일부분을 감면받고 기숙사숙소와 소정의 활동비를 지급받는다 하더라도 상당한 어려움을 예상할 수 있다. 더욱이 매년 3~4명의 RM 교수가 변경되는 상황에서 1년마다 새로운 RM을 초빙하는 것은 중요한 과제였다. 다른 보직의 임기 시작 시기와는 다르게 매년 1월 1일 자로 임기가 시작되며, 겨울방학 중에 신입생 맞이 준비가 강도 높게 이루어진다. 임기는 1월부터 시작이지만 통상적으로 업무는 12월 중순부터 시작되고, RA 선발 면접심사에 직접 참여하여 하우스를 함께 운영할 RA를 선발한다. RC 교육과 하우스 운영에 대한 이해를 바탕으로 RA 선발이 이루어지는 것이 바람직하므로 RA 면접심사 일정 이전에 워크숍을 진행한다. RM 워크숍은 대략 3차에 걸쳐 이루어지는데 통상적으로 1, 2차 워크숍은 12월 중에, 3차 워크숍은 2월 말에 진행한다. 1차 워크숍은 주로 RC 교육의 내용과 방향에 대한 전반적 소개, RM 교수의 업무와 역할, 하우스 운영 사례, 하드 케이스 사례, RC 자기주도활동 교과목, RC 교육원 조직, RA 선발과 교육 등에 대한 소개로 프로그램이 구성되고, 2차 워크숍은 오전에는 RA 선발 원칙과 절차에 대한 논의를, 오후에는 실제 RA 면접을 실시한다. 3차 워크숍은 정신건강 특강, 성평등 교육, 안전교육(화재 대피, 구급 · 질병 대책 등)에 대한 안내와 송도 1, 2 학사와 각종 시설 견학으로 마무리된다.

RA의 역할도 점차 안정적으로 자리매김하게 되었다. RA는 연세대학교 2학년 이상의 학생들로 구성되는데 하우스별로 10~12명을 선발한다. 학습지원 및 튜터링 수행 등 RC 교육의 취지와 목적에 부합하는 면학 분위기 조성을 위해 힘쓰며, 하우스 오리엔테이션 기획·운영 및 하우스 프로그램 기획·운영을 담당한다. 또한 분반 운영관리, 학생 멘토링, 생활의 솔선수범 등 학생 생활지원을 담당하고, RM 교수의 지도에 따라 하우스에 필요한 기타 사항을 수행하게 된다. RA는 매주 일요일에서 목요일까지 주 5일간 저녁 8시에서 12시까지 근무하는 것을 원칙으로 하며, 이 기간 동안은 국제캠퍼스에 상주해야 한다. 그 외 RM 교수 주관의 정례회의 참석(주 1회), 선임 RA 주관의 일일 모임 참석, 주말 행사 시 참여 등이 요구된다. RA 선발은 매 학기 이루어지며, 홈페이지를 통해 선발공고를 내고 1차 서류심사를 거쳐 면접심사를 실시한다. 대략 매 학기 70~80명의 RA가 신규로 선발되고 기존 RA를 포함하여 전체적으로는 150명 내외의 RA들이 한 학기 RC 교육에 참여한다. RA는 12개 하우스 소속 RA와 RC 교육원 소속의 특임 RA로 구성되어진다. RA에게는 기숙사와 소정의 장학금이 지급되고 있으며, 최근에는 RA로서의 경험이 학생 자신의 리더십 함양 등 개인적인 성장에도 좋은 기회라는 생각이 퍼져 재학생들에게 인기 있는 일종의 인턴십 경험으로 인식되고 있는 듯하다.

RA 역할은 RM 교수를 도와 하우스 운영을 담당하고, 무엇보다 하우스 소속 학생과 직접적인 접촉을 하며 하우스 생활을 지도하는 것이다. RA는 RC 교육의 취지와 목적에 부합하는 하우스 내 면학 분위기 조성과 학생의 생활지원을 담당하고 하우스 프로그램을 기획·운영한다는 점에서 RC 교육에 있어 매우 중요한 역할을 담당하고 있다. RA들은 신입생들이 RC 생활을 시작하면서 제일 먼저 만나게 되는 선배임과 동시에 하우스 생활 속에서 많은 영향력을 미칠 수 있는 위치에 있다. 따라서 RA 선발은 매우 까다로운 절차를 거쳐 진행하고 있으며 선발 후에는 철저한 교육을 통해 RA 업무의 시작을 준비하게 된다.

2011년부터 하우스 내 영어생활환경 조성을 담당하였던 ERF English Residential Fellow는 대학영어와 RC English Reading & Discussion 교과수업을 운영하면서, 동시에 비교과 프로그램으로 저녁 6시 이후에 소규모 인원으로 스포츠, 영화, 시, 여행 등 다양하고 특색 있는 주제로 영어 프로그램을 운영하고 있다.

RC 교육원 행정실은 교육대상 학생 수의 증가에 따른 업무량의 증가로 인하여 행정직원이 확충되면서 별도의 행정팀으로 운영되었다. 팀장, 과장, 주임 각 1명과 직원 2명으로 구성된 행정팀은 RC 교육의 예산 관련 업무를 포함한 행정업무 수행, RC 전체 프로그램 운영지원, 하우스 업무지원, RC 관련 각종 회의 참석 등의 업무를 담당하고 있다. 또한 교육전문연구원을 두어 RC 교육원장의 주요 업무를 보조하고 RC 관련 각종 교육활동을 수행·연구하는 역할을 담당하게 하고 있으며, 특임 RA를 두어 각종 프로그램 운영지원 및 행정업무 지원을 하도록 하고 있다.

RC 학생들의 생활지도를 담당하는 RHC Residence Hall Coordinator는 생활관 업무가 총괄본부로 이관됨에 따라 그들에 대한 총괄적인 교육과 지도도 총괄본부에서 담당하게 되었다. 기숙사 내 무질서 행위에 관해 벌점을 부여하고 안전사고를 처리하는 RHC는 연세대학교 대학원, 학부 2~4학년 재학 또는 휴학생 중에 선발되는데 RHC의 활동 과정에서 권위적인 태도, 사생활 침해, 과도한 규제 등이 학생들 사이에서 지적되기도 하였다.

RC 교육을 효과적이고 효율적으로 운영하기 위해 여러 위원회와 회의시스템을 갖추어 활용하고 있기도 하다. 2014년에 RC 교육 운영위원회를 새로 만들어 RC 교육과 하우스 운영과 관련된 업무의 기획 및 입안·운영 평가, RC 교육 예산(안) 편성 및 심의 등 주요 업무를 담당하게 하였다.

RM 간담회는 RC 교육원의 업무 보고와 RM 교수들이 하우스 운영 경험을 공유하는 장으로서, 학부대학장, RC 교육원장, 12명의 RM 교수, 학사지도 주임교수, RC 교육원 행정팀장, 교육전문연구원 등이 참석한다. 여기에서 나온 민원 또는 필요한 행정 조치는 총괄본부와 RC 교육원이 함께하는 확대 실무회의 또는 RC 교육원 실무회의를 통해 해결한다.

2014년 모든 신입생을 대상으로 RC 교육이 실시되면서 학부대학의 모든 학사지도교수는 국제캠퍼스로 옮겨 1학년 학생들의 학사지도에 전념하게 되었다. 학사지도교수-RM 교수-전공교수의 유기적 삼중학생지도시스템이 정착되어가는 단계에 들어섰다. 이미 오래전부터 RC 교육을 실시하고 있는 외국 대학들의 경우 RM 교수가 RC 교육을 총괄하며 지적인 분위기를 형성하여 학생들의 학교생활을 풍요롭게 하고 교육적 경험을 확장시킬 수 있는 다양한 활동을 조직하는 역할을 하는데, 이는 연세대학교의 상황과 크게 다르지는 않다. 그러나 외국 대학에서는 하우스에서 RC 학생들의 학업과 생활지도에 대한 전반적인 책임을 담당하는 RC 학감RC Dean의 역할을 별도로 두어 하우스 내에서의 학생지도를 담당하곤 하는데, 연세대학교의 경우는 학사지도교수가 하우스에 소속된 것이 아니라 전공 단위로 학생을 지도한다는 점에서 차이가 있다.

그림 3-2. RC 교육원 조직도(2014)

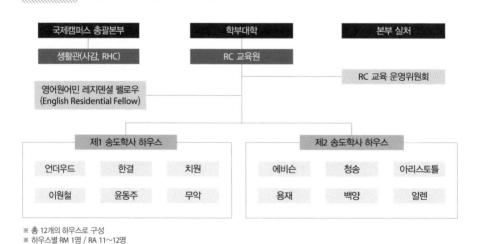

※ 총 12개의 하우스로 구성
※ 하우스별 RM 1명 / RA 11~12명

2011년 당시 학생들은 송도 1학사의 3개 하우스에 2인 1실로 임의 배정되었다. 그러나 학생 수가 증가하여 8개 하우스로 확충된 2013년에는 기존 2인실이었던 방들은 대부분 3인실로 구조 변경하고 학생들의 희망을 고려하여 하우스를 배정하였다. 이후 학생들의 하우스 선택은 낮은 RC 교육 참여의 원인으로 지적되었고 2014년 12개 하우스 배정 시에는 다양한 전공의 학생, 다양한 국적의 학생이 함께 거주할 수 있도록 학교에서 ① 흡연, 비흡연 ② 아침형, 저녁형을 고려하고 ③ 전공은 서로 다른 학생들로 배정하는 것을 원칙으로 룸메이트를 배정하였다. RC 교육을 통하여 대학 입학 전 주로 독방에서 생활하였던 학생들이 전공도 생활 배경도 다른 사람과 룸메이트로 생활하는 과정에서 다양성과 타인에 대한 이해를 높이고 서로 다름 속에서 배움이 일어나기를 바라는 교육적 의도가 있었다. 넓지 않은 공간에서 3명의 학생이 함께 생활한다는 것 자체가 그동안 혼자만의 방에서 생활해온 요즘 세대에게는 어려운 일일 것이라는 우려에도 불구하고 학생들은 잘 적응하였다. 1년 동안 RC 교육을 받은 학생 중 평균 85% 정도의 학생이 룸메이트와 원만한 관계를 유지하였다고 답한 점은 개인적이며 이기적이라고 평가되는 현세대의 특징을 고려할 때 매우 고무적이라고 할 수 있다.[10]

표 3-4. '룸메이트와 원만한 관계를 유지하였냐'는 질문에 대한 응답

필수교양 영역		전혀 아니다	아니다	보통 이다	그렇다	매우 그렇다	합계	평균	표준 편차
2014-1	빈도	12	36	240	894	1157	2339	4.35	.765
	비율(%)	.5	1.5	10.3	38.2	49.5	100.0		
2014-2	빈도	20	28	159	491	547	1245	4.22	.869
	비율(%)	1.6	2.2	12.8	39.4	43.9	100.0		

---

10) 'RC 교육 실태조사', 2014, 학부대학.

이 설문결과를 볼 때 학생들은 1년 내내 함께 생활하는 룸메이트들에 대한 만족도가 매우 높은 것으로 이해할 수 있으며, 이 과정에서의 학교생활 및 하우스 생활에 대한 다양한 긍정적인 결과가 기대된다. 다만 룸메이트와 원만한 관계를 유지하지 못하였다고 답한 2~3%의 학생들을 위해서도 교육적 관점에서 대책 마련이 필요한 부분임을 주목해야 할 것이다.

2. 학사지도와 학생지원시스템

1) 전문 학사지도교수제도와 학생지도 전임교원제도 도입

연세대학교는 입학전형제도 개선, 학사 개편, 학부제 실시 등 제도적인 변화 속에서 초기 학부제의 제도적 문제점을 보완하고, 기초교양교육의 체계적인 관리와 운영, 광역 모집단위로 입학한 학생들의 대학생활 적응, 전공 및 진로 탐색을 지도하려는 목적으로 2000년에 학부대학University College을 설립하고, 학사지도전문화제도를 도입하였다. 그러나 역할에 대한 인식이 부족할 뿐만 아니라 교수 고유의 학사지도 역할을 다른 조직에 맡긴다는 불안감, 학부제에 대한 반대 등의 복합적인 이유로 대우교원으로 시작하였던 학사지도교수제도를 2003년에 비전임교원그룹인 교육전문연구원제도로 귀속시켰다. 교원의 다양화에 대한 고등교육법 개정 이후 국제캠퍼스에서 RC 교육의 전면 실시를 준비하며 2013년에는 학생지도 전임교원제도[11]를 신설함으로써 학사 영역에 집중되었던 지도 영역을 포괄적인 학생지도 영역으로 확대하였다.

---

11) 학생지도 전임교원의 역할은 학생지도 총괄 코디네이터, RC 교과목과 교육 프로그램 기획 · 개발 · 개설 · 운영, 학부대학 학사 및 교양 관련 위원회 참여, 학부교육 관련 정책 개발, 프로그램 기획 및 교내 학부교육 사업 등 관련 업무 수행 등이다.

2) 학부대학 학사지도지원체계를 기반으로 한 삼중학생지도체계 구축

연세대학교의 입학 모집단위가 광역학부제에서 소학부제, 학과 단위로 변화하면서 학부대학은 학과와 공동으로 학사지도를 할 수 있는 '학사지도지원체계'를 발전시켜왔다. 학사지도 포털 시스템을 구축하여 교내에 확산시켰고, 신입생 학사지도와 2학기 신입생을 위한 예비대학을 운영하여 신입생이 준비된 대학생활을 시작할 수 있는 기반을 마련하였으며, 신입생 및 재학생 설문조사와 개별 학사지도를 바탕으로 수집한 자료를 각 단과대학, 학과와 공유함으로써 학교 전체가 학생과 학부교육제도의 현황을 이해하고 문제점을 빠르게 개선할 수 있었다. 또한 각 단과대학 혹은 학과의 주요 교육정책을 반영하여 1학년 학사지도를 함으로써 교양교육과 전공교육제도가 긴밀하게 연계된 학사지도가 가능하였고, 1학년 대학생활 매뉴얼을 제작하고 공유함으로써 교내 여러 기관과의 협조체계도 갖출 수 있었다. 이러한 경험과 자료는 RC 교육제도 개발과 정착에 큰 도움이 되었으며, RC 교육의 삼중학생지도체계는 학부대학의 학사지도지원체계를 기반으로 구축할 수 있었다. 삼중학생지도제도는 학생 한 명에 세 명의 교수가 각각의 전문 영역에 대한 교육과 지도를 책임지는 방법으로, 기존의 전공지도교수와 학사지도교수가 협업하여 운영하던 이중학생지도시스템에 RC 하우스를 담당하는 RM 교수를 포함한 것이다. 1학년 학생이 소속되어 있는 학부대학 지도교수가 주된 행정적 책임을 가지고 있으며, 전공의 1학년 책임교수 혹은 학과장과 학생 교육자료에 대해 공유하고 학생지도 방안에 대해 매 학기 논의할 뿐만 아니라, RC 하우스에서 학생들의 생활윤리와 관련된 사항도 RM 교수와 협업하여 지도한다. 다음의 [표 3-5]는 각 교수의 책임 영역을 표시한 것이다.

표 3-5. 삼중학생지도체계

전공지도교수	학부대학 지도교수	RM 교수
• 전공에 대한 소속감, 전공 멘토 연결 • 전공교육 및 전공 관련 진로 지도	• 삼중학생지도시스템 허브 • 학사 단위별 지도 • 1학년 교육 프로그램 • 1학년 세미나(Yonsei RC101, RC102) • 기초교양교육 및 연세대학교 교육자원 지도	• 하우스 RC 교육 총책임 • 인성교육 • 지적 문화공동체 조성 • RA 교육 및 관리

3) 밀착형 학사지도를 통한 초기 RC 교육 안정화

학생지도교수와 학사지도교수는 2012년 겨울부터 2013년 신입생을 맞이할 준비를 비롯하여 교육 여건이 미흡하였던 초창기 국제캠퍼스에서 1학년생을 밀착 지도함으로써 낯선 RC 교육을 이해시키는 데 기여하였으며, 학생들의 불편함이 실시간으로 학부대학 학장단과 행정팀에게 전달되어 빠르게 개선되는 데에 일조하였다. 전공 단위로 학사지도를 실시함으로써 1학년이 전공에 대한 이해를 체계적으로 할 수 있게 되었고 전공교수, 재학생과의 교류도 활발하게 이루어질 수 있었다. 또한 HE1, 2 교과목 개발과 운영에 적극적으로 참여함으로써 RC 교육이 정착하는 데 크게 기여하였다.

4) 시범 하우스 학사지도제도 도입

세계적인 명문 사립대학의 RC 조직에는 RM 교수의 총괄책임하에 학사지도를 전담하는 RC 학감의 직책이 있으며, 이 RC 학감이 전공교수와 협업하여 전공 학사지도가 이루어질 수 있도록 한다. 또한 재학생을 교육시켜 멘토링 역할을 부여하고 대학원생에게도 학사지도 역할의 일부를 허용하고 있다. 연세대학교는 2015년 2학기에 시범적으로 두 개의 하우스에서 하우스 학사지도를 실시하였는데, 벌점을 받은 학생을 지도하거나 룸메이트와의 문제가 있는 경우 전공 단위의 학사지도교수보다는 하우스 학사지도교수가 하우스에서의 학생 사정을 더 잘 이해할 수 있을 뿐만 아니라 하우스의 RM 교수, 담당 RA와의 연락 체계도 갖추고 있어 더욱 밀착된 형태의 학사지도를 할 수 있었다.

5) 피어 멘토링(Peer Mentoring) 제도 도입: RA 리더십 교육

송도에 위치한 지리적 한계와 선배들과의 단절 등을 부분적으로 해결하기 위해서 RC 교육에 RA 제도를 도입하였다. 모범적인 재학생들이 RC 하우스에서 신입생들과 함께 거주하면서 창의적이고 신선하며 1학년생 눈높이에 맞는 하우스 RC 프로그램을 운영함으로써 신입생의 대학생활 적응에 직접적인 도움을 줄 수 있었다. 2014년까지는 별도의 교육 기간 없이 방학 전 2, 3일간의 RA 워크숍을 통해 다음 학기 RC 교육 프로그램을 준비하였으나, 2015년부터 RA를 RC 교육의 대상으로 인식하고, 다음의 [그림 3-3]과 같은 리더십 개발 교육 과정을 신설하였다. 학기 시작 전에 엄격한 심사를 거쳐서 RA를 선발한 후, RA 리더십 이론 교육과 RA 워크숍 등을 통하여 각 하우스의 RC 교육철학에 적합한 RC 프로그램을 개발하였고, 실제 RA 역할을 수행하는 기간을 RM이 지도하는 리더십 실습교육 기간으로 구성하여 이론 2학점과 한 학기 실습 1학점의 교육과정을 운영하였다. 그 결과 준비된 RA로서 훌륭한 신입생의 멘토 역할을 수행하며 창의적인 문화학습생활공동체의 구심점 역할을 하였다.

그림 3-3. RA 리더십 개발 교육과정

RA 리더십 이론 교육	RA 리더십 실습 준비	RA 리더십 실습
〈RA 리더십 개발론〉	RA 워크숍	〈RA 리더십 실습 I〉
• 지식: RA 교육, 대학생 발달, 양성평등 및 성인지, 응급 및 재난 안전대응, 동료 멘토링(peer mentoring) • 가치와 태도: 윤리의식, 공동체 의식 • 역량 개발: 의사소통능력, 크리스천 리더십, 변혁적 리더십, 창의력, 기획 및 실천력	• 기획 및 준비 – 하우스 RC 오리엔테이션 – 하우스 RC 교육 프로그램 – 하우스 운영 및 관리 방안 – 하우스 공간활용 방안 • 평가 – 조별 기획 보고서 – 하우스 팸플릿(하우스 RC 교육 개요 및 일정표) – 필기시험	• 하우스 RC 오리엔테이션 수행 • 담당 학생 멘토링 수행 및 RC 자기주도활동 관리 • 하우스 RC 교육 프로그램 준비 및 운영 • 하우스 업무 수행 • RC 교육 전체 프로그램 지원
※ 1회 필히 이수, 2학점, Letter Grade, 절대평가		※ RA 수행 학기에 필히 이수, 1학점, P/NP

3

RC 교육과정

연세대학교의 RC 교육은 1학년 2개 학기를 기숙사에서 거주하고, RC 교과목 3학점과 RC 교육원과 각 하우스에서 이루어지는 RC 교육 프로그램을 학생 스스로 그 내용을 선택하거나 기획하여 주도적으로 참여하는 'RC 자기주도활동 (1), (2)' 1학점을 이수함으로써 완성된다. RC 교과목은 총 4개의 영역, 즉 HE1(사회기여), HE2(문화예술학술), HE3(체육)와 Yonsei RC101로 구성되어 있으며, 개별 교과목의 이수학점은 1학점이고, RC 자기주도활동 (1), (2)는 각각 0.5학점이며, 성적 평가방식은 Pass/Non Pass이다. HE1(사회기여) 영역은 크리스천 리더십, 공동체 의식과 올바른 시민의식을 함양하도록 개발되었고, HE2(문화예술학술) 영역은 다양한 학술 및 문화예술 활동을 통해 비판적 사고능력, 창의력, 협업능력과 미의식을 개발하고 자신감과 표현력을 향상시키도록 하며, HE3(체육) 영역은 기초체력 육성을 통해 전 생애에 걸친 건강한 삶의 기반을 확립할 수 있도록 개발되었다. Yonsei RC101 교과목은 연세의 비전을 공유하는 연세인으로서 성공적인 대학생활과 미래를 위한 학업계획을 설계하며 세계시민의식을 갖춘 미래 지도자로서의 자질을 함양시키고자 RC 교육환경에 맞추어 개발된 전공 맞춤형 교과목이다. 학생들은 RC 기간 동안 Yonsei RC101과 HE1, 2, 3 영역 중 최소 2개 영역에서 각각 한 과목을 이수해야 한다. RC 자기주도활동 (1), (2)는 학생이 RC 전체 교육 프로그램이나 하우스 RC 교육 프로그램에서 학기별 12시간 이상 이수해야 한다.

1. 전인교육(HE, Holistic Education)

1) HE1

HE1(사회기여) 교과목은 국제캠퍼스가 위치한 인천이라는 지역사회를 거점으로 지역사회가 갖고 있는 사회문제를 예방하고 문제해결에 기여하며, 나아가 발전적인 변화를 가져올 수 있는 일종의 사회 투자Social Investment 프로그램으로 개발되었다. 학습지원형, 사회체험형, 재능기부형, 전공연계형 등 4개의 유형과 연인 멘토링으로 나뉜다. HE1 강의는 강의실에서 이루어지는 사전준비, 중간평가와 점검, 학기 말 등의 수업 10시간과 실천활동 최소 20시간으로 구성되어 있다. 대부분 학부대학 교수들이 분반을 맡아 소개, 수업, 평가하고 필요하면 봉사 대상 단체와 접촉하기도 한다. 2015학년도에 약 2,200여 명의 학생이 HE1 교과목을 이수하였다.

표 3-6. HE1 교과목의 유형과 교과목명

구분	사회기여 영역 교과목
일반	▪ 학습지원형: 피어 튜터링, 진로 탐색 멘토링, 과학캠프 봉사 ▪ 사회체험형: 장애인봉사, 사랑의도시락, 나사렛병원자원봉사, 미추홀에스코드, 해비타트 ▪ 재능기부형: 시각장애인봉사, 외국인력지원센터봉사, 아이사랑아우사랑, 아기사랑모자뜨기
연인 멘토링	초중고 학습 멘토링, 진로 탐색 멘토링, 외국어 멘토링

연인 멘토링은 "延仁 프로젝트"의 일환으로 연세대학교와 인천시, 인천교육청이 서로 연계한 초중고생 멘토링 프로그램이다. 이 프로그램은 인천 지역의 소외계층 학생들을 연세대학교 학생들이 지도해주는 것으로 지역사회에 대한 공헌뿐만 아니라 학생들에게는 '섬김의 리더십'을 함양하는 기회가 된다. 이 프로그램은 시작부터 지역사회로부터 매우 높은 호응을 얻었고, 참가 학생들의 사회공헌에 대한 인식을 가장 많이 바꾼 프로그램으로 자리잡았다. 인천시 초중고교, 특수교육기관, 지역아동센터 학생들에게 방과 후 학습지뿐만 아니라 멘토링, 예체능 활동 지도를 하는 연인 프로젝트는 연세대학교 학생이 인천지역 청소년에게 좋은 역할 모델이 되어 궁극적으로는 인천 지역의 인적자본과 사회자본을 증진시키는 데 기여하였다. 2015학년도에 900여 명이 연인 멘토링에 참여하였다.

그림 3-4. 연인 프로젝트 초중고등학교 현황(2013년도 2학기 기준)

- 초등학교 19개소: 414명
- 중학교 7개소: 179명
- 고등학교 10개소: 255명
- 총 36개소: 848명(연수구자원봉사센터 제외)

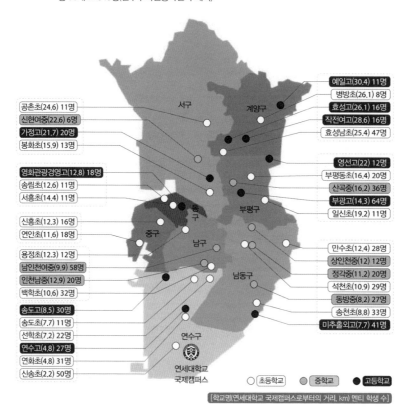

공촌초(24.6) 11명
신현여중(22.6) 6명
가정고(21.7) 20명
봉화초(15.9) 13명

영화관광경영고(12.8) 18명
송림초(12.6) 11명
서흥초(14.4) 11명

신흥초(12.3) 16명
연안초(11.6) 18명

용정초(12.3) 12명
남인천여중(9.9) 58명
인천남중(12.9) 20명
백학초(10.6) 32명

송도고(8.5) 30명
송도초(7.7) 11명
선학초(7.2) 22명
연수고(4.8) 27명
연화초(4.8) 31명
신송초(2.2) 50명

예일고(30.4) 11명
병방초(26.1) 8명
효성고(26.1) 16명
직전여고(28.6) 16명
효성남초(25.4) 47명

영선고(22) 12명
부평동초(16.4) 20명
산곡중(16.2) 36명
부광고(14.3) 64명
일신초(19.2) 11명

만수초(12.4) 28명
상인천중(12) 12명
정각중(11.2) 20명
석천초(10.9) 29명
동방중(8.2) 27명
송천초(8.8) 33명
미추홀외고(7.7) 41명

서구   계양구
동구   부평구
중구
남구   남동구
연수구
연세대학교
국제캠퍼스

○ 초등학교 ◯ 중학교 ● 고등학교

[학교명(연세대학교 국제캠퍼스로부터의 거리, km) 멘티 학생 수]

그림 3-5. 연인 멘토링 프로그램

교과목 학습지도	• 개별 또는 소그룹별 단위 • 국어, 영어, 수학, 기타 교과별 학습지도 활동
초등 돌봄교실	• 초등학교 돌봄교실 지도 및 보조 • 개별 또는 소그룹별 숙제, 부진학습, 놀이 지도
특정(학습) 활동 지원	• 외국어(영어, 중국어 등) 학습 활동 • 주제별(예체능, 과학, 환경, 독서지도, 진로탐색 등) 활동 • 자유학기제 프로그램 활동
특수 멘토링	• 장애인 학생, 다문화 가족 학생, 탈북민 학생 등 • 교육소외 원도심 지역 학생 지원

2015년 1학기에 인천시가 조사한 만족도 결과를 보면, '연인 프로젝트'에 참여한 22개 초중고 학교 교사 73명 중 92%가 만족(매우 만족 51%, 만족함 41%)한다고 응답하였고, 초중고 학생 251명 중 93%가 만족(매우 만족 75%, 만족함 18%)한다고 응답하였다. 2015년부터 이 프로그램은 인천대학교, 경인교육대학교 등 송도 지역의 다른 대학으로 파급되었다. 연인 멘토링의 기대효과는 아래의 [그림 3-6]과 같이 정리할 수 있다.

그림 3-6. 연인 멘토링의 기대효과

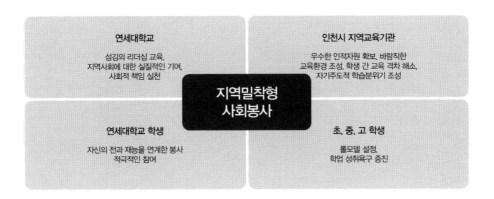

2013년 2학기부터는 학생들이 파견될 기관을 선정하고 관리하며, 교과목 개설을 지원하고 평가가 체계적으로 이루어질 수 있도록 학부대학 산하에 교육전문연구원과 행정직원으로 구성된 사회기여 교과 지원실을 운영해왔다.

2015년 2학기에는 하우스 RC 교육 프로그램과 연계하여 운영하는 분반을 개설하여 같은 하우스에 소속된 조원들이 하우스의 공동공간인 커뮤니티룸에서 늦은 밤까지 함께 기획하고 준비하여 멘토링 캠프를 운영함으로써 한층 심화된 내용의 활동을 준비할 수 있었다. 수강한 학생들은 섬김의 리더십뿐만 아니라 의사소통능력, 창의력, 타 문화에 대한 이해력도 함께 증진되었다고 보고하였다.

2) HE2

국제캠퍼스에서 RC가 시작되면서 본격적으로 HE2 교과목을 운영할 필요가 있었다. 우리나라의 과열된 학업 위주의 입시제도로 인하여 학생들이 초중등학교 시절에 경험해야 할 문화·예술적 감성이 선진국 대학생들에 비하면 턱없이 부족하다. 이러한 상황에서 대학 초년생 시절에라도 학생들이 예술적 감수성과 지적 상상력을 개발하는 것이 필요하다고 판단하고 HE2 영역을 포함하게 되었다. HE2 교과목들은 주로 문화예술학술 영역의 내용을 포함하는데 학부대학은 여기에 속하는 다양한 교과목 개설을 위하여 노력하였다. [표 3-7]에 제시된 것과 같은 교과목들이 그 결과이며, 이 교과목들은 학부대학의 교수들과 외부 전문강사에 의해 개설되었다. 특히 '스무 살 동양고전을 만나다'는 플라톤 아카데미 재단의 지원으로 개발된 과목으로 동양고전 국내 최고 전문가와 함께하는 강연과 독서 프로그램으로 구성되어 대학생으로서 합리적 선택, 윤리적 판단, 창조적 사고력 함양을 기대할 수 있었다.

표 3-7. HE2의 영역별 교과목

구분	문화예술학술 영역 교과목
학술	스무 살 동서양 고전을 만나다, Critical Thinking & Freshman Research, TED 활용하기, Intercultural Communication, Computational Thinking, 한국 문화 느끼고 이해하기
음악	합창, 음악감상, 클래식 기타, 오케스트라, 융합과 음악의 미래, 음악과 인간, CCM 찬양
미술	Creative Art, 온라인 미술관, 그림의 입문, 유화
영상제작	사진과 창의적 사고
공연예술	연극연습, 음악과 춤
RM 콜로키엄 (Colloquium)	에코 공방 자전거, 책 읽는 근육 만들기, 윤동주의 詩를 좋아하세요, 원철공방

학생들은 HE2 교과목을 수강하면서 예술적 감수성을 유지하거나 향상시킬 수 있었다. 각 교과목의 성과를 보면 미술 교과목의 경우, 교내 전시실과 계단 벽에 학생들의 작품을 전시하여 교내외의 많은 사람이 볼 수 있도록 하였다. 음악 교과목의 경우, 합창, 오케스트라, CCM 찬양 등의 교과목들을 수강하는 학생들이 학부모를 대상으로 RC 교육을 홍보하는 학부모의 날페어런츠데이 행사에서 수업을 통해 배운 솜씨를 선보였으며, 하우스 행사와 연계하여 연주회를 수행하였다. HE2 교과목은 한편으로는 문화예술을 활동 내용으로 하는 신촌캠퍼스의 많은 동아리 활동을 한시적이나마 국제캠퍼스에서 대신하는 역할을 하는 것으로도 볼 수 있었다.

그러나 이러한 성과에도 불구하고 RC 교육원의 업무가 정상 궤도에 진입하면서 HE2 영역의 많은 교과목이 RC 교육원이 주도하는 전체 프로그램의 '공연'이나 많은 하우스의 활동과 중복되었다. 앞으로는 이러한 RC 비교과 활동과의 중복에 대한 대책이 마련되어야 할 것으로 보인다.

3) HE3

학생들은 HE3 교과목을 통해 신체활동의 가치를 인식하고 단체활동을 통한 협업정신과 사회성 그리고 도덕성을 함양할 수 있으며, 결국 리더십과 문화적 다양성 등의 5C 소양을 배양할 수 있다. 학부대학은 이 교과과정을 만들고 운영할 전임교수를 임용하여 담당하게 하였다. 2011년부터 노력한 결과 [표 3-8]에서 볼 수 있는 것처럼 다양한 교과목을 개설하였다. 또한 교과목, 피트니스 센터, RC 교육원의 전체 프로그램의 하나인 RC 올림픽 등의 업무를 담당할 교육전문연구원을 채용하여 매우 많고 다양한 관련 업무를 수행하고 있다.

이 교과목들이 개설됨으로 인해 기숙사 생활을 하는 학생들은 자신의 건강을 유지 또는 향상시키는 기회를 얻을 수 있고 이를 바탕으로 더욱 학업에 몰두할 수 있을 것으로 기대된다. 학생들은 다양한 교과목 중 자신이 원하거나 필요한 교과목을 하나 선택하여 신체활동에 잘 활용하고 있기도 하다. 또한 수업에서 배운 실기를 학부모의 날페어런츠데이 행사에서 시연해 보이기도 하였다.

표 3-8. HE3 교과목의 유형별 목록

구분	체육교과목
구기(Ball Sports)	농구, 배구, 풋살, 축구, 야구
라켓 경기(Raquet Sports)	테니스, 스쿼시, 탁구, 배드민턴
댄스 스포츠(Dance Sports)	댄스 스포츠, 포크댄스, 라인댄스, 재즈댄스, 현대무용
피트니스(Fitness)	Body for Life, Body Conditioning(Diet War), Aerobic Training, 필라테스, 요가, 양생체조
투기(Combat Sports)	태권도, 펜싱, 검도
여가활동(Leisure Activity)	오리엔티어링

학생들은 종합관 1층에 있는 최신식, 최고 품질의 운동기구를 갖춘 피트니스 센터를 이용할 수 있는데 많은 학생이 밤 11시까지 운동에 열중하는 진풍경을 자아내기도 한다. 이와 같은 성과에도 불구하고 아직 해결해야 할 문제들은 남아 있다. 우선 체육시설의 확충이다. 비가 오거나 다른 기후 여건이 좋지 않을 경우에도 운동할 수 있는 실내 러닝트랙은 물론 수영장도 아직 건설되지 않았다. 이러한 시설을 포함한 스포츠 콤플렉스가 필요하다. 다음으로 HE2와 마찬가지로 RC 비교과 활동과의 중복 문제에 대한 대책이 마련되어야 할 것으로 판단된다.

그림 3-7. 피트니스 센터에서 운동을 하고 있는 학생들

2. Yonsei RC101

이 과목은 2007년에 각 전공교수와 공동으로 개설한 '게이트 웨이 투 컬리지Gateway to College' 1학년 세미나를 RC 교육환경에 적합한 내용으로 보완한 것으로, 모든 전공 학생에게 공통의 주제와 학사 단위에 따른 맞춤식 운영 방식으로 개발되었다. 1학년 1학기 필수교과목이며, 내용은 ① 대학을 이해하고 연세대학교 구성원으로서의 역할과 책임을 인식하고, ② 성공적인 지도자의 자질과 윤리의식을 함양하며, ③ 성공적인 대학생활을 위한 필수적인 요소와 기술, 학교의 자원을 활용하는 방법을 익히고, ④ 전공 및 진로 탐색을 통한 미래 학업계획 설계로 구성된다. [표 3-9]는 공통주제와 전공탐색 주제 예시이다.

영역	주제	영역	주제
연세 정체성	1. 연세 바로 알기: 연세와 나	전공 및 진로 탐색	1. 전공교수: ▪ 전공 교육목표 및 비전 ▪ 세부 전공 영역 및 교과과정 ▪ 졸업 후 진로 ▪ 교육지원 프로그램 ▪ 학생활동 ▪ 실험실 투어 ▪ '내가 선택한 길': 연구 및 학문에 대한 관심 유도 2. 전공 재학생: 학습법 3. 전공 졸업생: 진로
대학생활 설계	2. 대학, 대학생, 대학생활 3. 국제캠퍼스와 신촌캠퍼스의 교육 자원 활동 4. 대학에서의 공부 방법		
글로벌 리더십	5. 리더십, 자기 관리, 시간 관리 6. 학습윤리와 생활윤리		

▪ E-포트폴리오(E-portfolio) 대학 4년 마스터 플랜 수립
▪ 대학생활주기(College Life Cycle)에 따른 학업 및 진로 지도, 학부대학과 전공 공유

Yonsei RC101은 학부대학 지도교수와 전공의 교수가 연계하여 개설하고, 학부대학 지도교수가 공통주제에 대해 강의하며, 전공학문과 전공과 관련된 진로에 대해서는 전공교수가 강의한다. 이로써 학생들은 연세대학교 1학년 교육에 쉽게 적응할 수 있으며, 2학년 이후의 전공학문과 진로에 대한 정보를 바탕으로 미래 비전을 확립할 수 있다. Yonsei RC101은 RC 도입 초기에 학생들의 어려운 점과 기대사항에 대해 매주 수렴하여 반영함으로써 RC 교육이 조기에 정착하는 데 크게 기여하였다.

3. RC 자기주도활동 (1), (2): RC 전체 프로그램과 하우스 RC 프로그램

1) 시기별 변화

① 2011~2012년 RC 교육 부분 도입

이 시기에는 500여 명의 학생이 3개의 하우스로 나누어져서 RC 교육을 받았으며, RC 교육원 규모도 작아서 RC 전체 프로그램과 하우스 프로그램의 구분이 분명하지 않았다. 공통 프로그램 중 Newsletter, Reading Project, RC Forum, RC 올림픽을 제외한 모든 프로그램은 각 하우스 혹은 동일층Floor 내에서 이루어졌었다. 국제캠퍼스의 인프라 시설이 부족하여 생활면에서 학생들의 불만이 많았고 이를 해소하기 위한 생활 프로그램이 많았던 것으로 보인다. 교육 프로그램의 경우에는 프로그램 개설자와 참여자의 이해가 달라 훌륭한 강사를 모셔놓고도 참여자가 너무 적은 경우도 자주 발생하곤 하였다.

표 3-10. 2011~2012 RC 프로그램

구분		내용
2011	생활 프로그램	• Club Activities • Sunday Brunch, Pizza Party, Hall Meeting • Festival • Sports League • Year book • 문화탐방 • Healthy Eating Workshop • Art / Movie Night
	교육 프로그램	• YIC Performing Arts Series • 전인/인성교육 • Orientation • Residential Assistant Workshop
	교육지원 프로그램	• CETS(College English Tutoring Service) • Student Tutoring Program(한국어) • Int'l Student Tutoring Program(영어)

2012	공통 프로그램	Living	• Sunday Brunch • House Meeting • RC Newsletter • Midterm & Finals Study-Break • Freshmen Orientation
		Education	• First-Year Reading Project • RC Forum • CETS(College English Tutoring Service)
		Activities	• Performing Arts Series • Festival • RC Olympic • Art / Movie Night
	자체 프로그램		• 학생들이 스스로 만들어가는 프로그램(기획 · 운영) • RC 참여형, 지역사회 봉사 · 연계형, 창의성 발현형

② 2013년 RC 교육 한 학기 시행

▪ 2013년 전체 RC 프로그램(당시 공통 프로그램이라고 명칭)

2013년 1학년 학생 전원(예체능 제외)이 한 학기 RC 교육을 받게 되면서 1학년 교육기관인 학부대학이 국제캠퍼스에 내려오게 되었다. 2013년 1학기 동안은 RC 교육원이 학부대학과 유기적 관계를 유지하면서 교과목은 학부대학이 담당하고, 비교과활동은 RC 교육원이 담당하는 형태로 운영되었다. 그러나 2013년 2학기부터는 학습과 생활이 융합된 RC 교육과 총체적인 연세대학교 1학년 교육 속에서 RC 교육을 시행하기 위하여 RC 교육원은 학부대학 산하로 들어갔다.

2학기에 RC 교육원이 학부대학에 소속되기는 하였으나 그해 말까지 RC 전체 프로그램은 2011년 RC 부분 도입 시기부터 실시되어 오던 프로그램을 규모만 키운 형태로 진행되었다. 더욱이 한 학기 RC 교육대상 학생이 2,000명인 것에 비해 프로그램 참여 학생 수가 저조한 것에 대한 문제가 제기되었다. 9월 『연세춘추』에서 실시한 설문조사에 따르면 RC 공통 프로그램 참여율은 낮았으며[Performing Arts Series(12.2%), Lecture Series(17.4%), RC

Olympics(23.6%), RC Newsletter(8.3%), RC Open Day(31.9%), Reading Project(7.6%)] 그 이유로는 RC 프로그램이 시간이 맞지 않거나 매력적이지 않다고 답한 학생이 40% 정도였다(『연세춘추』, 2013.09.28.).

2013년 새롭게 시작된 전체 프로그램으로는 굴리샘이 있다. 굴리샘은 기아자동차에서 기증한 자전거 100대를 가지고 사이클 기본안전교육과 자전거 대여, 자전거 수리 교실을 운영하였다. 자전거는 넓고 한적한 국제캠퍼스와 주변 환경에 적합한 이동 수단으로 캠퍼스 내에서의 이용뿐 아니라 하우스 친구들끼리 단체로 송도 투어를 갈 때도 자주 활용되었다.

표 3-11. 2013 RC 전체 프로그램

구분		프로그램	내용	횟수
공통 프로그램	RC Living	Performing Arts Series	예술과 문화를 통한 정서 함양과 대화형식의 공연을 통해 창의성 함양	3
		RC Olympic	하우스별로 팀을 구성하여 다양한 스포츠 경기 진행함으로써 공동체 의식 함양	1
	RC Education	Reading Project	레지덴셜 마스터 교수(Residential Master)와 학술정보원이 함께 추천도서를 선정하여 주제별로 팀을 이루어 결과물(영화제작, 각종 활동)을 표현함으로써 다양한 가치관을 형성해나갈 수 있도록 기회를 제공	1
		RC Forum	학생들이 스스로 선정한 사회적 이슈와 공감대를 형성할 수 있는 주제를 선정하여 포럼을 개최하고, 창의적인 학술적 활동을 장려	1
		Lecture Series	분야별 전문가 및 명사를 초청하여 강연	6
	RC Community	RC Newsletter	부모님과 교내 구성원들에게 RC 소식과 역할을 소개	2
		Best House	1학기 동안 상점과 벌점을 합산하여 총점이 높은 분반에 포상	1
교외기관 연계 프로그램		굴리샘-하자센터(포럼 & 자전거 강연)		1
		굴리샘-연수구(자전거 협약, 폐자전거 리사이클링)		1
		마라톤대회(인천 국제)		1
		송도 굿마켓 기부		1

▪ 2013년 하우스 RC 프로그램

2013년에는 연세대학교에 RC 교육 단위인 하우스가 8개 있었다. 이들은 각기 다른 테마를 가지고 있었으며, 이에 따라 하우스 특성이 상당히 달랐다. 하우스 배정은 학생들의 희망 지원을 바탕으로 하였는데, 그 결과 친한 학생들끼리 같은 하우스를 지원하거나 1지망 하우스로 배정받지 못한 학생은 처음부터 실망감을 안고 RC 생활을 시작하는 경우도 발생하였다.

표 3-12. 2013년 하우스 RC 프로그램

구분	내용
하우스 연계 프로그램	독립영화제 & 립덥(Lip dub)
	밴드-뮤지컬 공연
	오케스트라 혹은 합창단 공연
	Yonsei in Songdo
	Greener
	미추홀 에스코트
	위대한 몸매
	책 읽는 근육 만들기(말하기 & 토론)
	공용 자전거 운영

또한 이 시기에는 RA들에게 생활관 업무와 RC 교육에 관련된 업무가 혼재되어 부과되는 바람에 RA들이 업무 과중으로 힘들어하거나 1학년 학생들을 규율 반장처럼 대하는 경우가 발생하기도 하였다. 그래서 2학기부터는 생활에 관련된 모든 행정적인 업무는 국제캠퍼스 총괄본부가 담당하고 교육은 RC 교육원에서 담당하는 것으로 분리하였다. 그럼에도 불구하고 "학생들을 가장 가까이서 관리하는 입장에서 RA들이 이러한 원칙을 지키는 것은 사실상 어렵다"고 『연세춘추』(2013.09.28.)에서 문제점으로 기사화하기도 하였다.

2013년 상반기를 마치고 학부대학과 RC 교육원은 지금까지의 RC 교육 프로그램의 문제점을 파악하고 2014년을 대비하기 위하여 기획회의가 소집되었다(1차: 2013년 6~7월, 2차: 2013년 9~11월).

1차 회의에서는 학생들의 참여가 저조한 비교과 프로그램과 HE1, 2, 3, RC101 교과목을 융합해서 '글로벌 리더십 세미나 I, II'를 개설하자는 안이 도출되었다. 글로벌 리더십 세미나 교과목은 원주캠퍼스에서 이미 실시하고 있는 'RC 리더십' 교과목과 유사한 형태로 RM이 개설하며 RA들이 조별로 관리하는 방식이다. 이 교과목은 학생들을 관리하기에 용이하고, RC의 역할이 모호한 시점에서 이를 분명하게 할 수 있는 장점이 있으며, 비용도 이전 형태보다 적게 들 것으로 예상되었다. 그러나 원주캠퍼스와 달리 RA 학생들이 송도캠퍼스에서 신촌캠퍼스로 등하교하는 환경에서 RA들이 이 교과목을 관리하기에는 큰 어려움이 예상되었고, 자율적이고 수준 높은 교육을 기대하는 연세대학교 학생들에게 이 교과목이 맞지 않을 것이라는 우려도 있었다.

표 3-13. 1차 기획회의 결과: 2014년 RC 교과교육과정 개편안

1학기	2학기
글로벌 리더십 세미나 I(1학점)	글로벌 리더십 세미나 II(1학점)
Yonsei RC101(1학점)	Yonsei RC102(1학점)
2학점	2학점

2차 기획회의에서는 1차에서 논의되었던 결과에 이어 구체적으로 2014년에 실시할 RC 교과와 비교과를 비롯해 RM과 RA의 역할과 업무에 대해 논의하였다. 그 과정에서 1차 기획회의에서 미진하였던 부분에 대해 다시 논의하였고, 그 결과 RC 교과는 현행 HE1, HE2, HE3의 형태로 하되 세부사항을 개선하는 방향으로 결정하였다. 또한 RC 비교과활동은 1학기와 2학기 학생들의 발달 상황에 맞게 개설하고 자발적인 참여를 원칙으로 한다는 것을 재확인하였다.

표 3-14. 2차 기획회의 결과: 2014년 RC 교과, 비교과활동 개선안

구분	1학기	2학기	담당	참고
교과목	HE1(사회봉사)		전문강사	2과목 필수
	HE2(문화예술)			
	HE3(체육)			
	RC101(필수)	RC102(선택)	학사지도교수	
이수학점	1~3학점	1~3학점		3~5학점

③ 2014년 RC 교육 전면 시행

▪ 2014년 전체 RC 프로그램

2013년 2학기부터 RC 교육원이 학부대학 산하로 들어오면서 전반적인 RC 교육에 관한 논의와 결정을 위해서 RC 교육원장, RM 교수, 학생·학사지도교수 주임, RC 교육 전문연구원, 행정팀장으로 구성된 RC 운영위원회를 결성하였다. RC 운영위원회에서는 지금까지 실시된 RC 전체 프로그램을 '학술제, 문화예술제, 체육제'로 나누고, RC 교육목표인 5가지 핵심 역량을 키울 수 있는 프로그램들을 학교 일정과 학생들의 눈높이에 맞춰서 새롭게 구성하였다.

표 3-15. 2014년 전체 RC 프로그램

분야	프로그램	내용	일정 및 장소	
학술제	RC 특강	▪ 다양한 분야의 유명 인사 초청 특강 – 2014–1 3회(3/26, 4/30, 5/21) 강연 – 2014–2 3회(9/17, 10/29, 11/12) 강연	수요일	진리관A 303
	RC Newsletter	▪ RC 생활과 프로그램 활동을 담은 웹진 – http://bonaem.co.kr/rcnewsletter	2회/학기	온라인
문화예술제	RC 공연	▪ 연주자, 음악대학, 동아리 초청 공연 – 2014–1 4회(3/19, 4/2, 4/23, 5/28) 공연 – 2014–2 4회(9/3, 10/1, 11/5, 11/19) 공연	수요일	진리관A 303, 체육관
	RC Fair & Parents Day	▪ RC 교과목, 프로그램을 구성원들이 공유하는 축제 – 학술발표제, 토론제, 단편영화제, RC 홍보영상 공모전, RC 올림픽 결승(일부종목) 등 개최 ▪ Parents Day(11/29)와 연계	11/24~29	국제캠퍼스 전역

	RC 음악제	▪ 음악팀 중 하나인 합창팀을 전체 RC로 확대하여 하우스 연합 활동: 개인, 단체, 밴드, 중창, 합창 등 ▪ 운영 여부는 추후 변경될 수 있음	미정	미정
체육제	RC 올림픽	▪ 하우스별 팀을 구성하여 진행하는 스포츠리그 ▪ 축구, 농구, 배드민턴, 탁구, 테니스, 피구 ▪ 예선은 1학기, 예선(일부) 및 결선은 2학기	4~11월	대운동장, 체육관
	송도 국제 마라톤대회	▪ 송도에서 개최되는 마라톤대회 참여 – 하우스별 또는 하우스 연합 연습	10/5	송도 일대

	자전거
	(굴리샘)
	프로그램
		▪ 자전거 활용 프로그램
		  – 자전거 관련 강연(외부기관 연계): 자전거 세계 여행,
		   자전거 조립 및 경정비, 라이딩 등
		  – 그린 캠퍼스 조성을 위한 활동: 그린 카페 조성
		  – 굴리샘(Bike Hub)에서 진행하는 자전거 투어 및 대여
		   프로그램: 안전 & 장비 교육을 이수한 회원제로 운영
		  – 미추홀: 일~목 교내 & 캠퍼스타운 역에서 학교까지
		   자전거로 에스코트하는 프로그램(교과목과 연계)
			4~6월
			9~12월
				굴리샘,
				미추홀 본부

 RC 교육을 받은 1학년 학생들로부터 피드백을 받기 위하여 매 학기 말 'RC 교육 경험 실태조사'를 실시하였는데, 그 결과를 보면 모든 프로그램에 대한 학생들의 참여율은 1학기보다 2학기에 높아졌다. 그 이유는 다음 3가지 정도로 생각해 볼 수 있다. ① 2014년 이후 RC 교육원의 시스템이 점차 정비되어 프로그램 제공과 진행이 2학기에 더욱 체계화되었고, ② 학사지도교수들이 RC 교육에 참여하여 새로운 프로그램을 개발하고 다양한 프로그램을 제공하게 되었으며, ③ 2학기가 되어 얼마 남지 않은 RC 기간을 적극적으로 활용하고자 하는 학생들의 생각이 커졌기 때문이다. 반면 RC 프로그램에 대한 만족도는 1학기보다 2학기가 약간 낮은데 이는 한 학기 동안 대학생활을 경험한 학생들의 기대치가 더 높아졌기 때문이라고 생각된다.

표 3-16. 2014년 전체 RC 프로그램 참여비율과 만족도

RC 전체 프로그램		학술제	문화예술제	체육제	
				올림픽	자전거
1회 이상 참여비율	2014-1	10%	18.1%	15.9%	12.6%
	2014-2	40.7%	36.3%	18.2%	17.2%
만족도(5점 만점)	2014-1	3.71	3.99	3.88	4.15
	2014-2	3.42	3.85	3.78	

▪ 2014년 하우스 RC 프로그램

2013년까지는 8개의 하우스가 각기 다른 하우스 테마(음악, 운동, 조용함 등)에 따라 프로그램을 차별화하려고 노력해왔으나, 2014년 12개의 하우스로 확대되면서 하우스별 테마에 따른 프로그램만 개설하는 것이 현실적으로도, 교육적으로도 문제가 있음을 깨닫게 되었다. 그래서 이미 오래전 RC를 도입한 하버드나 예일 같은 대학들이 하우스별로 프로그램의 종류를 차별화하지 않는 것처럼 차별화보다는 하우스 프로그램의 교육적 내실화에 초점을 맞추기 시작하였다. 같은 종류의 프로그램이라도 기획하고 운영하는 사람에 따라 특색이 나타나기 마련이고 그 속에서 학생들의 배움이 일어나도록 하는 데에 더 중점을 둔 것이다.

하우스 프로그램을 내실화하고 원하는 효과를 얻기 위해서 RM 교수의 인식뿐 아니라, 프로그램을 기획하고 실행하는 RA의 자질과 RA 교육의 중요성이 부각되어 RA 선발과 교육을 체계화하기 위한 노력이 필요하게 되었다.

첫째, RC 교육을 바르게 이해하고 참여하고자 하는 우수한 RA 선발을 위해 RA 모집 설명회를 개최하였으며, 둘째, 선발 심사의 체계화(서류심사 → 다중면접 → 인성검사)를 통해 1학년 학생들에게 좋은 롤모델이 될 선배 RA들을 선발할 수 있었다. 셋째, 선발 후에는 2~3일간 실시하던 RA 워크숍이 아닌 RA 활동 시작 전 일주일 동안 오전 9시부터 오후 5시까지 집중적인 'RA 리더십 개발론(2학점)' 수업

을 통해 RC 교육과 RA의 역할 그리고 필요한 지식과 태도 등을 교육하였다. 마지막으로는 학기 중 활동은 'RA 리더십 실천(1학점)'이라는 수업을 통해 RA들에게 실질적으로 리더십을 키우는 교육과 실습의 장이 되도록 하였다.

표 3-17. 2014년 하우스 RC 교육 방향과 프로그램

하우스명	하우스 소개	프로그램명
한결하우스 (Evergreen House)	**내실을 다지는 하우스** 스스로 그리고 동료와 함께 생활과 학업에서 자신의 참된 가치를 높이고자 노력하고 서로 배려하고 이끌어주는 하우스	즐거운 라틴어, 욕정 시리즈, 자율 도서관, 국제캠퍼스 사진전
이원철하우스 (Wonchul House)	**꿈의 씨앗에서 세상의 별까지** 순수하고 열정적인 리더가 되자!, 기본이 바로 선 교양인이 되자!, 함께 꿈을 키우는 친구가 되자!	이야기가 있는 영화, 저녁 러닝 & 요가, 독서세미나, Play, Eat, Love your House
언더우드하우스 (Underwood House)	**개척과 나눔의 (신)연대 스타일을 만들어가는 하우스** 언더우드 선교사의 개척정신과 나눔의 정신을 계승·발전, 적극적·창조적인 역량을 발현시켜 지역사회에 나눔을 실천하고, 공동체 안에서의 조화를 추구하는 하우스	언더우드_나눔, 언더우드_개척, 언더우드_교류, 언더우드_보고
윤동주하우스 (Yun, Dong-Joo House)	**캠퍼스 낭만, 문화·예술 감성과 창의 지성을 키우는 하우스** 교양 있고, 수준 높은 의사소통 능력을 키우고, 타인을 배려하고 섬기는 지도자 역량을 배우는 하우스	그라피티 아트, 윤동주家 한마당, 독서는 나의 힘, 오병이어
무악하우스 (Muak House)	**배움과 도전 그리고 하모니를 통해 '하나' 되는 하우스** 교과/비교과(음악, 체육) 활동의 배움을 적극적으로 즐기고 규율을 준수하며 자율적인 활동을 통해 동반 성장을 도모하는 하우스	무악 짝, 무악 콘서트, 무악 Cheers U, 무악 Cares
치원하우스 (Chi Won House)	**개척자의 요람(摇藍)** 자비, 지혜, 용기, 정의의 덕(德)을 갖춘 지도자 양성과 예술적 소양을 갖춘 교양인을 길러내는 하우스	지식수다, 모람, 몸짱 프로젝트, 단기봉사활동
용재하우스 (Yongjae House)	**진리, 자유, 화합을 추구하는 하우스** 지덕체를 겸비하고, 글로벌 리더로서의 자질을 함양함과 동시에 사회적, 정신적, 신체적 건강 증진을 위한 다양한 웰빙 프로그램을 운영하는 하우스	House Meeting, 정담한 스케치북, 으라차차 프로젝트, 용재 자치회
에비슨하우스 (Avison House)	**수도원 같이 조용하고 아늑한 하우스** 편안하고 아늑한 집과 같은 분위기, 구성원 간 친근감과 공동체 형성을 위한 기반, 학술 및 문화활동을 지원하는 하우스	앎의 즐거움[知], 사랑 그리고 나눔[德], 건강한 생활[體], 함께하는 우리들[同]
백양하우스 (Baek Yang House)	**창조적인 리더가 되는 하우스** 문화예술 프로젝트, 공모전, 자기주도적 프로그램을 통하여 시대를 선도할 창조적 리더를 양성하는 하우스	House Party, Movie Night, 백양 몸짱 프로젝트, 연극하며 놀자!
청송하우스 (Cheongsong House)	**日新 日日新 又日新(일신 일일신 우일신)** '청송대'의 한결같음과 새로움을 닮기 위해 노력하며, 성숙한 인간으로 성장하는 하우스	오순도순, 청송의 휴일, 차 한잔의 여유, U&I
알렌 국제하우스 (Allen International House)	**Global, Multi-Cultural, Diversity** Provides a warm, engaging community and offers a unique experience in cross-cultural exchange that transcends the classroom.	Allen Night, 알렌으로 끌어안기, Morning Good Start, 김밥과 만두 만들기 파티

| 아리스토텔레스
국제하우스
(Aristotle
International
House) | **The Good Life**
Work and play. Grow academically.
Grow culturally. Individualize and socialize.
Make your freshman year full and varied. | The Black & White Party,
Nighttime Office Hours,
Game night, International
Student Meetings |

④ 2015년 RC 교육 정착

▪ 2015년 전체 RC 프로그램

1년간의 전면 RC 교육이 시행된 2014년 1학기 말과 2학기 말에 실시한 RC 교육 실태조사에 의하면 RC 교육의 목표였던 5C 역량 함양은 비교과 프로그램에 많이 참여한 학생일수록 많이 증가한다는 고무적인 결과를 얻었다. 반면 여전히 20% 정도의 학생들은 비교과 프로그램에 한 번도 참여하지 않은 것으로 나타나서 이에 대한 대책 마련이 절실하였다. 그리하여 학생들의 자율성을 유지하면서 비교과 프로그램에 적극적으로 참여하고 더불어 역량을 개발할 수 있는 'RC 자기주도활동' 교과목을 개발하게 되었고, 이 교과목은 학기당 최대 이수학점 수나 졸업요건에는 포함되지 않아 학생들에게 큰 부담이 되지는 않도록 하였다.

표 3-18. 포인트 취득 가능한 비교과 프로그램의 예(학생 1인, 한 학기 기준)

카테고리			횟수	횟수당 포인트	포인트 합
전체 프로그램	전체 OT*	1학기	1	2	2
	연고전(토요일)*	2학기	1	2	2
	RC 학술	특강	5	2	10
		독서와 프레젠테이션	2(지원자)	2	4
			1(관람자)	2	2
		책 읽기	1	2	2
	RC 문화예술	공연	4	2	8
	RC 체육	올림픽	16	2	32
		굴리샘	4	1	4
중간합계					64
하우스 프로그램	하우스 OT*	1, 2학기	1	2	2
	RC 융합	정규 프로그램 (분반 모임, RM · RA 주도 프로그램)	30	1	30
		학생자치 프로그램	20	1	20
중간합계					52
총합					116

* 필수 참가

연세춘추(신촌 · 국제보도) 2015-03-07

RC 프로그램 활성화를 위한
RC 자기주도활동 개설
실효성에 대한 학생들의 의견 엇갈려

이번 2015학년도 1학기부터 신입생들의 RC 프로그램 및 하우스 프로그램 참여를 독려하며 국제캠 RC 교육을 강화하기 위해 RC 자기주도활동 교과목이 신설됐다. 이는 지난 2013학년도부터 지적돼왔던 학생들의 RC 프로그램 참여율 저조 문제를 해결하기 위해 학부대가 노력한 결과다. 또 2014학년도 RC 교육원에서 진행한 설문조사 결과에 따르면 많은 학생들이 RC 프로그램 참여를 독려하는 제도가 필요하다는 의견을 냈는데, RC 자기주도활동은 이러한 학생들의 견해를 반영한 것이다.

RC 자기주도활동은 ▲P/NP ▲1학점 ▲포인트제로 운영되고 있다. 수업을 '패스'하기 위해서는 12포인트 이상의 포인트가 필요하다. 학생들은 ▲RA와의 운동 ▲RC 올림픽 ▲하우스 OT 등의 RC 프로그램 참가로 포인트를 받을 수 있다. RC 교육원 권재경 과장은 "RC 자기주도활동은 학생들에게 부담을 최소화하는 동시에 RC 프로그램을 독려하기 위해 만들어졌다"며 "모든 학생이 의무적으로 수강해야 하지만 총 12시간 정도만 참가하면 되기 때문에 큰 부담이 되지 않을 것이다"고 말했다.

새로 설립된 RC 자기주도활동에 대한 학생들은 다소 상반된 반응을 보였다. 심겸사회 · 15 씨는 "RC 자기주도활동을 통해 많은 학생이 다양한 분야의 RC 프로그램을 참가하도록 독려한다면 좋은 방향의 수업이 될 것 같다"고 말했다. HASS를 전공하는 이 모 씨는 "RC 프로그램은 다양하고 교육적인 것이 많지만, 굳이 수업을 만들어서까지 참여를 유도하는 것은 부담된다고 생각한다"며 "졸업요건에 포함되지 않기 때문에 RC 자기주도활동이 얼마나 RC 프로그램을 활성화 시킬지에 대해 의문이 든다"고 말했다. 이에 대해 권 과장은 "비록 졸업요건에 포함되진 않지만 RC 자기주도활동을 통해 학생들의 인식이 변화돼 RC 프로그램이 활성화 되기를 기대한다"고 말했다.

(이하 생략)

또한 자기주도활동 개설을 계기로 연고전 둘째 날(첫째 날-전공별, 둘째 날-하우스별 응원) 참여를 필수 프로그램으로 포함시킴으로써 2015학번 학생들은 연고전 역사상 최고의 응원전 추억도 간직하게 되었다.

▪ 2015년 하우스 RC 프로그램

1학년들만 RC 교육을 받는 국제캠퍼스에서 RA들의 업무는 선배 멘토 역할, RM 교수의 조교 역할, 하우스 프로그램 개발 · 기획 · 운영의 역할, 튜터 역할, 하우스 내에서 일어나는 불편사항을 해결해주는 해결사 역할 등 여러 가지가 혼재되어 있어 힘이 들었고, 사람마다 RA 업무에 대한 이해가 달라 문제가 발생하기도 하였다. 그러나 2015년부터 RC 자기주도활동이 개설됨에 따라 RA들의 주된 업무가 명확해지고 하우스별 프로그램의 양과 질도 일정 수준 이상으로 유지할 수 있게 되었다.

또한 RC 대상 학생들의 RC 자기주도활동 참여 정도를 RM 교수와 담당 학사지도교수가 RC 홈페이지를 통해 볼 수 있게 됨으로써 개별 학생들의 대학생활 적응 정도를 파악하는 데 도움이 되었으며, 나아가 대학생활 부적응 학생을 조기에 파악하고 지도하는 데에도 일조하였다. 실제로 RC 자기주도활동 점수가 특별히 낮은 경우, 기숙사 벌점이 높은 경우, 그리고 학사경고를 받은 경우는 높은 상관관계가 있다.

하우스 프로그램 역시 해를 거듭하면서 1학년 학생들의 수준에 맞게 재미있고 교육적이면서 그 속에서 공동체의식, 소통능력, 창의력, 융복합능력 등을 함양할 수 있는 방향으로 발전하였다. 각 하우스의 교육 방향은 RM 교수가 변경된 하우스를 제외하고는 큰 변화가 없으며 프로그램들은 2014년보다 내실 있고 체계화되었다. 또한 매 학기 시작 전에는 하우스 오리엔테이션을 통해서 안전하고 풍성한 RC 생활을 위한 정보(프로그램 소개, 규칙, 안전교육, 일정 등)를 제공하고,

RM 교수의 말씀을 듣는 시간을 가지는데 이때 좀 더 효과적인 전달을 위해 RA 들은 사전 워크숍에서 하우스 소개 동영상과 팸플릿 등을 준비한다.

동영상에는 주로 하우스 소개와 직전 학기의 활동 내용이 들어가고, 팸플릿 은 해당 학기 하우스의 모토와 규정, 프로그램 소개와 일정표, RM과 RA 소개 등이 들어가 한 학기 동안 그 하우스에서의 생활 이정표가 된다. 아래에 2015 년 언더우드하우스와 이원철하우스의 팸플릿을 샘플로 소개한다.

그림 3-8. 팸플릿 샘플

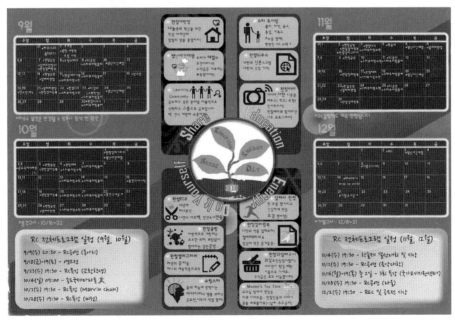

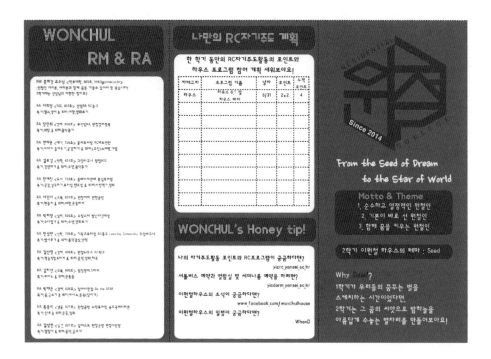

　　2015년 처음 도입된 RC 자기주도활동의 패스 비율은 1학기 92%, 2학기 90%였다. 약간의 의무 부과로 많은 학생에게 RC 비교과 프로그램을 통한 성장을 의도하였지만 여전히 약 8~10%의 학생들이 충분히 참여하지 못한 것이 아쉬움으로 남는다.

　　교내 신문 기사에서도 RC 자기주도활동에 대해 "RC 자기주도활동에 참가하는 학생들은 보통 일주일에 한 번 정도 프로그램에 참가하며, 대체로 활발하게 활동이 이루어지고 있는 것으로 나타났다. 그러나 포인트 부여가 학점과 연계되는 강제성 등에서 부정적인 인식이 드러났다. 피○○(사학 · 15) 씨는 "하우스 프로그램이 재밌고 유익한 게 많아 기숙사 내에서 공동체의 친목을 다지는 데 도움이 많이 되는 것 같지만 일부 프로그램은 듣고 싶지 않아도 학점과 연계된 점수를 받기 위해 들어야 한다"고 전하였다(『연세춘추』, 2015.11.14.).

2015년을 시작으로 RC 프로그램의 수준과 종류, 시기 등을 세밀히 고려하여 학생들에게 RC에서 더 많은 배움의 기회를 제공하고자 하는 노력은 계속되어야 할 것으로 본다.

표 3-19. 2015년 하우스 RC 교육 방향과 프로그램

하우스명	하우스 소개	프로그램명
한결하우스 (Evergreen House)	**내실을 다지는 하우스** 21세기에 어울리는 감성이 풍부하고 박학다식한 리더가 되도록 다독 프로그램 운영	에코 한결, 삼시세끼_한결, 동고동락, 어서와 시리즈
이원철하우스 (Wonchul House)	**꿈의 씨앗에서 세상의 별까지** 우리나라 최초의 이학 박사인 이원철 박사의 도전 정신을 본받아 순수하고 열정적인 리더로 성장하는 하우스	스타 세미나, 원철공방, 원철 Buttery, PEL(학생 자치 프로그램)
언더우드하우스 (Underwood House)	**개척과 나눔의 (신)연대 스타일을 만들어가는 House** 언더우드 선교사의 개척정신과 나눔의 정신을 계승·발전, 적극적·창조적인 역량을 발현시켜 지역사회에 나눔을 실천하고, 공동체 안에서의 조화를 추구하는 하우스	나무아래 '공부방', 나무아래 '옹기종기', 나무아래 '어울림', 나무아래 '이니셔티브'
윤동주하우스 (Yun, Dong-Joo House)	**캠퍼스 낭만, 문화·예술 감성과 창의 지성을 키우는 하우스** 교양 있고, 수준 높은 의사소통 능력을 키우고, 타인을 배려하고 섬기는 지도자 역량을 배우는 하우스	별 헤는 밤, 오병이어, 독(讀)&Talk, 윤동주家 한마당
무악하우스 (Muak House)	**배움과 도전, 성장 그리고 하모니를 이뤄 '하나' 되는 하우스** 교과, 비교과(음악, 체육) 활동의 배움을 적극적으로 즐기고 규율을 준수하며 자율적인 활동을 통해 동반 성장을 도모하는 하우스	알찬 무악(도란도란), 꿈찬 무악(무럭무럭), 힘찬 무악(영차영차), 솔찬 무악(흥얼흥얼)
치원하우스 (Chi Won House)	**개척자의 요람(夢藍)** 자비, 지혜, 용기, 정의의 덕(德)을 갖춘 지도자 양성과 예술적 소양을 갖춘 교양인을 길러내는 하우스	사람책방, Master's Supper, 문화인, 건치(건강한 치원인) Project
용재하우스 (Yongjae House)	**진리, 자유, 화합을 추구하는 하우스** 지덕체를 겸비하고, 글로벌 리더로서의 자질을 함양함과 동시에 사회적, 정신적, 신체적 건강 증진을 위한 다양한 웰빙 프로그램을 운영하는 하우스	정담한 스케치북, 용재 지니어스, 진로상담소, 헌혈 나드으리
에비슨하우스 (Avison House)	**배움, 실천, 나눔을 통해 진실함을 지닌 리더로 함께 성장하는 하우스** 편안하고 아늑한 집과 같은 분위기, 구성원 간 친근감과 공동체 형성을 위한 분반, 학술 및 문화활동을 지원하는 하우스	21 프로젝트, 배움의 즐거움, 함께하는 우리들, 사랑 그리고 나눔
백양하우스 (Baek Yang House)	**창조적인 리더가 되는 하우스** 문화예술 프로젝트, 공모전, 자기주도적 프로그램을 통하여 시대를 선도할 창조적 리더를 양성하는 하우스	백양x TED, 백양에서 포동포동, 송도 어디까지 가봤니, 백양 외국어 스터디
청송하우스 (Cheongsong House)	**日新 日日新 又日新(일신 일일신 우일신)** '청송대'의 한결같음과 새로움을 닮기 위해 노력하며, 성숙한 인간으로 성장하는 하우스	PINE(Physical, Inspiring, Network, Education)

알렌 국제하우스 (Allen International House)	**Global, Multi-Cultural, Diversity** Provides a warm, engaging community and offers a unique experience in cross-cultural exchange that transcends the classroom.	Allen Night, Allen Jogging, Allen Movie Night, Allen Talk! Talk!
아리스토텔레스 국제하우스 (Aristotle International House)	**The Good Life** Work and play. Grow academically. Grow culturally. Individualize and socialize. Make your freshman year full and varied	블랙 앤 화이트 파티, 아리스토텔레스 강연, 주말활동, 아리스토텔레스 연회

이렇게 RC 교육을 시행한 결과, 소극적인 학습자이던 학생들이 적극적인 참여자로 변화하는 모습을 볼 수 있었다. 장거리 통학의 해결과 공동체 생활로 학생들의 시간활용은 매우 의미 있게 바뀌었다. "신촌캠퍼스의 경우 만나면 술 마시는 것밖에는 없었는데, 국제캠퍼스에서는 운동, 산책, 조모임 등 같이 할 수 있는 것이 많아서 좋았다(13학번 학생 인터뷰)"라는 반응이 다수였다. 학과 및 동아리 선배들의 국제캠퍼스 방문과 더불어 RA 선배들과의 친밀한 교류로 인하여 신촌캠퍼스와 국제캠퍼스 간의 지리적 거리를 극복할 수 있었다. 특히, 신촌캠퍼스의 개별 단과대학 교수들의 송도 방문이 정례화되는 등 그동안 소극적이었던 학생지도 부분을 학교의 교육 안으로 끌어들일 수 있었고, 교수와 학생들의 관계가 종전보다 더욱 돈독해졌다. 아울러 창의적인 문화학술 공동체가 활성화되고, 하우스에서의 다양한 학과 학생들끼리의 교류로 학과 선후배뿐만 아니라 다양한 전공의 동년배끼리의 횡적관계가 만들어지면서 학생사회에 더욱 폭넓은 씨실 날실 관계가 형성되었다고 할 수 있다. 동시에 학교에 대한 자긍심이 고취(자유전공 학생 일간신문 기고문)되었고, 이러한 자긍심은 2015년 정기 연고전의 응원 문화를 바꾸는 것으로 나타났다.

그림 3-9. 연고전 응원에서 하우스티를 맞춰 입은 학생들과 목동주경기장의 하우스 현수막

조선일보 2015-03-25

[대학 미래를 말하다] 1학년은 기숙사 생활…
아이비리그형 교육

학교 다녀보니…'돈 많이 버는 직업' 아닌
진짜 꿈을 고민하게 됐다

경영학과 2학년 국OO

언제부턴가 학생들은 생활기록부 장래희망란에 '내 꿈'이 아닌 '돈 많이 버는 직업'을 쓰고 있다. 꿈에 대한 별다른 고민 없이 변호사나 의사, 대기업 회사원을 장래 희망으로 쓴다는 것이다. 나도 그랬다. 돈을 많이 벌어 넓은 집과 비싼 승용차를 사는 것이 중요한 현실에서 '꿈'이라는 것은 보잘것없어 보이기도 했다. 하지만 한편으론 '내 꿈'을 찾아보고 싶었다. 연세대학교의 진취적이고 자유로운 학풍과 축제문화, 우수한 학생들이 함께하는 환경은 '꿈'의 가치를 일깨워 줄 것이라는 기대를 갖게 했다. 특히 모든 신입생이 송도 국제캠퍼스 기숙사에서 함께 생활하는 RC(Residential College) 프로그램을 경험하고 싶었다.

기대 반 걱정 반으로 입학한 연세대학교는 학문적인 가르침 그 이상의 가치를 알려줬다. 먼저 물질이 아니라 사람이 중요하다는 것을 알려줬다. 송도 국제캠퍼스 안에서 학생들은 세속적인 가치에서 잠시나마 벗어나 공동체 의식을 함양하고 사람의 가치를 깨달았다. 또 결과가 아니라 과정이 중요하다는 것을 가르쳤다. 교수님들은 '대학이 절대 취업 사관학교가 되어서는 안 된다'고 말한다.

학생들도 좋은 성적을 받을 수 있는 강의만 찾아 듣기보다는 자기가 정말로 관심 있고 좋아하는 분야의 강의를 선택한다. 마지막으로 연세대는 겉으로 보이는 것이 아니라 내적 성취감이 더 중요하다는 점을 가르친다. 진로의 폭을 좁히는 과정에서 '로스쿨, 취업, 고시 중 무엇을 선택할까'보다 '내가 진정 하고 싶은 일이 무엇인가' '사회에 공헌할 수 있을 만큼 잘하는 일은 무엇인가'를 고민하는 학교 분위기가 형성돼 있다.

교수님들이 조언을 아끼지 않고 학생들도 자아를 실현할 방법을 찾기 위해 부단히 노력하고 있다. 연세대에서 학생들은 '꿈'을 꾸고 있다.

4

RC 교육의 도입 경험

1. 열악한 기반 시설과 구성원들의 RC 교육에 대한 이해 부족

송도캠퍼스의 RC 교육이 상당한 성과를 거두고 있지만, 처음부터 쉽게 RC 교육이 성공적으로 정착되지는 않았다. 2013년까지도 국제캠퍼스와 그 주변의 기반 시설이 충분하지 못하였고, 신촌이 아닌 송도캠퍼스에서 1학년을 시작한다는 점 때문에 신입생들의 입학 성적이 저하될 것이라는 우려가 컸다. 또한 송도와 신촌의 지리적 거리 때문에 선후배 간의 교류 단절을 우려한 총학생회 등의 거센 반대에도 직면하였다. RC 교육에 대한 교내 구성원들의 공감대는 어느 정도 있었으나 RC 교육에 대한 이해도가 다른 것도 어려웠던 점 중 하나였다. 그동안 학부대학에서 교양교육을 담당하면서 여기에 RC

교육이 가미되어 생활과 학습이 통합되는 모형이라는 것을 많은 구성원이 이해하지 못하였다. 기초교양교육의 중요성보다는 오히려 RC 관련 과목과 하우스 프로그램이 신입생들이 받는 주된 교육이라고 착각하여 RC 교육 기간을 신입생들이 대학에 적응하기 위한 오리엔테이션 기간 혹은 캠프 기간으로 오해하는 구성원들도 상당수였다.

이에 더하여 새로운 캠퍼스에 행정 체계가 제대로 확립되는 데 상당한 기간이 필요하였다. 원주캠퍼스와 달리 국제캠퍼스는 신촌과 단일 캠퍼스 형태를 유지하였기 때문에 별도의 행정 관련 실처를 설치하지 않고 신촌캠퍼스의 기존 행정 실처들이 국제캠퍼스까지 관할하게 되어 있었다. 대신 국제캠퍼스에는 총괄본부를 두어서 여러 실처의 업무를 총괄 조정하게 하였다. 그러나 새로운 캠퍼스에서 발생하는 행정 업무가 초기에 폭증함에 따라 상당한 시행착오를 겪을 수밖에 없었다.

더구나 교내외의 언론기관이나 여론도 초기에는 국제캠퍼스에 결코 호의적이지 않았다. 조그마한 사건, 사고가 일어나도 사실이 왜곡되거나 과장되어 기성 언론이나 인터넷 매체를 통하여 급속하게 퍼져나갔다. 특히 초기 1~2년은 수많은 유언비어에 대응하느라 학교는 상당한 어려움을 겪었다.

연세춘추 2013-09-18

국제캠 빈대 논란,
퍼지는 소문 속 진실은 어디에?

최근 국제캠 송도학사에 흡혈 해충인 빈대가 서식한다는 의혹이 제기되면서 거주 학생들의 불안감이 확산되고 있다. 학교 측은 해충방제업체 '세스코'의 검사결과 등을 증거로 빈대가 서식하지 않을 가능성을 제시하고 있으나 논란은 지속되고 있다.

사건은 지난 2일, 송도학사 B동의 한 거주학생(아래 학생 B)이 경비실을 찾아 빈대에 물렸다고 주장하면서 시작됐다. 이어 5일엔 C동 거주학생(아래 학생 C)이 곤충에 물린 뒤 빈대를 의심해 건강센터(아래 센터)에 진단을 요청했다. 두 학생 모두 정확한 진단을 위해 피부과를 찾았으나 빈대에 물렸다는 점은 입증되지 않았다. 특히 학생 C는 센터에 이어 피부과에서도 확답을 듣지 못했으며 담당 의사는 벼룩 등에 의한 것일 수도 있다는 가능성을 제시했다.

하지만 지난 5일, 학생 C가 센터에서 돌아온 뒤 SNS에 '빈대에 물렸다'는 내용을 담아 글을 올렸고 이에 댓글이 40개 이상 달리는 등 다수의 학생들이 관심을 보이며 소문이 퍼졌다. 이에 학생 C를 진단했던 센터 간호사는 "글의 내용과 달리 빈대에 물렸는지 정확히 판단할 수 없다고 말해줬다"고 밝혔다. 학생 C는 "인터넷 검색결과 상처 형태가 비슷해 빈대라고 생각했다"며 "조심하자는 취지로 글을 올렸는데 일이 커진 것 같다"고 해명했다.

글이 게재된 이후 4일 동안 10여 명의 학생이 자신도 빈대에 물린 것이 아니냐며 센터를 찾았으나 담당 간호사는 "대부분 모기에 물린 것"이라고 설명했다. 이어 간호사는 "이와 같은 문제로 우리를 찾는 학생이 줄고 있기 때문에 큰 문제가 아니라고 생각한다"고 덧붙였다.

그러나 이후 이틀 동안 5명이 추가적으로 빈대에 물렸다는 민원을 제기한 것으로 밝혀졌다. 이에 행정실은 지난 12일 '세스코'에 이들 중 세 명의 방에 빈대 점검을 의뢰했고 윤태식 관리소장은 "빈대의 흔적을 발견하지 못했다는 보고를 받았다"고 전했다. 세스코 최병준 파트장은 "국내에 빈대가 서식하는 경우는 드물다"며 "빈대는 흡혈 해충 중 매우 빨리 퍼져서 혐오감을 주기 때문에 곤충에 물린 사람들이 흔히 빈대를 의심한다"고 말했다. 덧붙여 행정실 서호준 관리팀장은 "빈대는 급속도로 퍼지는데 빈대에 물렸다고 주장한 학생의 룸메이트들은 문제가 없었다"며 빈대가 아닐 가능성에 무게를 두었다.

하지만 지난 12일, A동 거주학생인 ○아무개 씨와 두 명의 룸메이트 모두 가려움증을 호소한 경우가 발생했다. 또한 ○아무개 씨는 12일 "기숙사에서 빨래를 옮기다가 작은 벌레의 사체가 떨어져 확대경으로 관찰해보니 빈대와 매우 비슷했다"며 "사체를 RA에게 전달할 예정"이라 전했다. 담당 RA 김삼열(경영·08) 씨는 "곤충학 석사인 지인에게 학생이 찍은 사체 사진을 보여주니 빈대라고 추측했다"며 "정확한 점검은 사체를 받은 후에 진행할 것"이라 밝혔다.

이어 김 씨는 "학교에서 다수의 학생들이 같은 증상을 겪고 있는 현재 3개의 방에만 점검을 진행해 놓고 빈대가 없다는 결론을 내린 것 같아 아쉽다"며 "사체 점검결과 빈대임이 입증되면 최대한 빨리 대규모 박멸 조치를 취해야 할 것"이라 말했다. 이에 윤 소장은 "세스코에 전체 매트리스 소독을 위탁하는 방안도 검토 중"이라 밝혔으나 행정2팀 관계자는 "빈대 때문이 아니라 전반적인 위생 개선을 위해 고려 중인 사업"이라며 "다만 학기 중에 매트리스 소독을 하는 것은 어렵다"고 말해 즉각적인 조치를 취할 수 없다는 입장을 밝혔다.

2015-2 동문선배와 함께 하는 진로탐색 간담회

신학 13 이슬빈

첫날 강연 후, 한준호 아나운서와 학생들

국제캠퍼스 RC 교육원은 11월 2, 3, 5일에 1학년 RC 학생들을 대상으로 '동문 선배와 함께 하는 진로탐색 간담회'를 개최했다. 이번 특강은 진로 결정에 고민이 많은 RC 학생들에게 희망업종 분야에 대한 개괄적인 정보를 제공하고, 현직에 종사하는 멘토와의 대화를 통해 진로 결정에 도움을 주고자 기획되었다. 총 삼 일에 걸쳐 저녁 7시 30분부터 9시까지 진리관A 105호와 108호에서 각기 진행되었다. 학생들은 총 여섯 분야로 나누어져 있는 간담회 중에서 자신의 관심 분야에 맞는 강연을 선택해서 들을 수 있었다. 이번 간담회는 평소 RC 특강과 달리 신입생들이 관심 분야를 미리 신청하고 궁금한 질문도 미리 올릴 수 있도록 하여 한정된 시간을 효율적으로 활용하고 실제적인 궁금함을 해결할 수 있도록 했다.

동문 선배와 함께하는 진로탐색 간담회

첫날인 11월 2일은 UNESCO APCEIU의 이목은 전문관(정외·01)이 〈국제기구/NGO〉를, 한국문화예술위원회의 정해영 과장(인문·96)이 〈문화/예술/기획〉을 주제로 강연했다. 둘째 날인 11월 3일은 금융감독원 회계조사국의 구차성 선임검사(경영·99)가 〈경제/경영/금융〉을, MBC 아나운서이자 전국 아나운서 연합회의 사무국장을 맡고 있는 한준호 아나운서(수학/생디·96)가 〈방송/언론/홍보〉 분야를 맡았다. 마지막 날인 11월 5일은 K Cube Ventures 파트너인 정신아(불문/경영·94)가 〈벤처/창업〉을, 포스코 글로벌 R&D 센터 PAC의 정연승 연구원(금속·99)이 〈연구〉 분야를 주제로 특강을 펼쳤다.

경청하고 있는 학생들

이번 진로탐색 간담회는 연세대학교의 동문 선배들이 강의를 맡아 더욱 의미 있다. 각 6개의 분야에서 현재 활동하고 있는 연세대학교 동문들이 단순히 강사가 아닌 '선배'로서 1학년 RC 학생들을 찾았다. 6명의 동문들은 직업 관련 이야기뿐 아니라, '대학생활의 방향성, 독서의 중요성, 가치관과 정체성' 등 1학년 학생들에게 필요한 내용을 선배로서 조언했다.

〈방송/언론/홍보〉 강의에 참석한 민세훈(언홍영 · 15) 학생은 "방송계 입사방법에 대해 막연하기만 했었는데, 구체적인 입사과정과 솔직한 답변들이 큰 도움이 될 것 같다. 또 강연만 해주신 것이 아니라 도움을 주고 싶어 하는 선배님의 마음이 전달되어 감동적이었다"며 소감을 밝혔다.

강연에 참석한 동문들은 연세대학교의 상징인 '연세곰돌이'를 기념품으로 전달받았으며, 기념품과 함께 학생들과 기념촬영을 하는 시간을 가졌다. 각 분야의 강연이 끝난 후에도, 개인적인 질문을 하려는 학생들의 줄이 길게 늘어섰다. RC 교육원은 돌아오는 11월 10일에 이공계 학생들을 위한 2차 진로탐색 간담회로 한국교통대학교의 박준수 교수(기계 · 03)와 국토교통부의 육인수 사무관(건축 · 99)을 초빙하는 시간을 준비하고 있다. 이공계 진로탐색 간담회 역시 신입생들의 뜨거운 반응이 기대된다.

6번째 하모니, 무악콘서트

2015-2학기를 마무리해가는 11월의 끝 무렵, 6번째를 맞이한 무악콘서트가 크리스틴 채플에서 열렸다. 한 학기 동안 솔찬무악 프로그램에 참여하여 열심히 갈고닦은 실력을 뽐내는 자리이자 카페무악, MUAK Thanksgiving Day의 연장 선상으로 자유로운 모금을 통해 연탄 기부도 함께 이루어져 그 의미가 컸다. 특별히 이전 5회까지의 무악콘서트에서는 볼 수 없었던 춤, 밴드 공연까지 더해져 더욱 풍성한 콘서트가 만들어졌다.

동아리 '인피니트' 선배와 함께 RC 학생들이 관현악 연주를 하는 모습

무악하우스 RC 학생들이 직접 짠 안무로 공연을 시작하기 전 준비 중인 모습

관현악과 클래식기타 공연은 한 학기 동인 인피니트와 오르페우스 동아리 선배들이 송도를 방문하여 함께 준비했다. 또한 다른 여러 하우스 친구들도 함께 배우고 연습하며 RC 생활이기 때문에 가능한 특별한 추억을 쌓을 수 있어 뜻깊었다. 특별히 춤은 윤예지 RA 선배와 도한 RC 학생이 직접 가르치고 함께 연습해서 무대에 올랐다. 여학생들은 Apink(에이핑크)와

miss A(미쓰에이)의 춤을 준비했고 남학생들은 도한 학생이 직접 만든 안무로 팝핀을 췄다. 도한의 팝핀 독무대는 보는 사람들이 연달아 감탄사를 내뱉을 정도로 대단했다. 밴드 공연은 세 팀이 5곡을 준비했는데 그중 한 팀은 12월 2일에 있을 REC 결선에도 진출한 팀이라 모두의 기대가 컸다. 파워풀한 가창력을 뽐내는 곡, 모두 신나고 흥겹게 박수를 치며 따라 부르는 곡, 양팔을 머리 위로 흔들며 잔잔한 분위기에 취하는 곡 등 모두 성공적으로 공연을 마쳤다.

공연이 끝난 뒤에는 무악하우스의 2015-2학기 활동 모습을 담은 영상을 보았다. 2학기 입사 후 진행된 하우스OT를 시작으로 하우스파티 '무악得덕', 솔찬무악, 힘찬무악, 알찬무악을 거쳐 RA 선배 특강, 주말프로그램, 조식명탐정, 카페무악, 바비큐파티 등 한 학기 동안 다양하고 수많은 프로그램이 있었다. 그리고 거기에 참여한 RC 학생들의 모습이 한 장, 한 장 지나갈 때마다 추억이 새록새록 떠올랐다. 한편으로는 벌써 한 학기가 이렇게 빠르게 지나갔다는 것에 대해 모두들 놀라워하고 이제 얼마 남지 않은 시간에 아쉬워했다.

무악콘서트를 마친 뒤 단체 사진

다 같이 단체사진을 찍고 난 뒤에 피자파티를 위해 라온샘으로 자리를 옮겼다. 공연을 마친 팀들, 공연을 보러 온 친구들이 삼삼오오 모여 앉았다. RM 교수님과 RA 선배들은 친구들 사이사이 곳곳에 앉아 인사를 나누며 대화를 이어갔다. 이 순간 역시 소중한 추억으로 사진을 남기고, 맛있는 피자와 함께 소감을 나누며 콘서트의 여운을 마무리했다.

라온샘에 모여 피자 파티를 하던 중 단체 사진

용재

상상이 현실로 이루어지는···
Creatuve Studio!

Creative Studio의 홍보 포스터

Creative studio는 직접 나만의 앱 또는 웹을 만들어 보고 싶은 학생들을 위해 만들어진 용재하우스의 대표적인 LC 프로그램으로 이주진 RA에 의해 운영되고 있다. Creative studio에서는 주로 소프트웨어 프로그래밍, 디자인, 아이디어 기획에 대해 배울 수 있다. 기본 IT 분야에 대한 경험이 없더라도 열정만 있으면 누구나 참여 가능하며 한 학기 동안에 걸쳐 운영되는 프로그램으로 꾸준히 참여하면 학습부터 프로젝트까지 모두 소화할 수 있도록 만들어져있다. Creative 스튜디오는 크게 학기 전반에 걸쳐 진행한 Part 1, 후반부에 단기적으로 진행한 Part 2로 나누어져 있으며 Part 1은 디자인에 대해 배우는 designer 과정과, 프로그래밍에 대해 배우는 developer 과정으로 나누어져 있다. Part 2는 영상제작에 관해 배워보는 과정으로 구성되어 있다.

Creative studio에서는 매주 월요일 저녁 8시 30분부터 디자인과 프로그래밍 수업이 각각 한두 시간씩 진행되고 있다. 디자인과 프로그래밍 두 가지 강의 모두를 원하는 학생이 있을 정도로 유익하고 알찬 수업과정으로 이루어져 있다. 디자인 수업에서는 소프트웨어 디자인의 목적이 무엇인지, 그에 필요한 스킬 및 고려해야 할 부분에 대한 수업이 진행된다. 초반에는 일러스트레이터 사용법 및 폰트와 저작권에 관한 강의에서 시작하여 후반부에는 웹사이트의 디자인 요소와 안드로이드 material design이 무엇인지까지 다루고 있다.

디자인 수업을 진행하는 이주진 RA 및 경청하는 학생들.

프로그래밍 수업은 이주진 RA 외에도 프로그래밍에 뛰어난 RC 학생 중 한 명이 2D 게임 제작에 대한 강의를 함께 진행한다. HTML, CSS를 활용해 웹사이트 레이아웃을 만드는 것으로 시작하여, 데이터베이스의 개념을 이해하여 회원가입/로그인/게시판 만들기, 그리고 PIXI JS를 이용한 2D 게임 제작 등에 대한 강의가 진행되었다. 후반부에는 프리미어 프로를 활용하여 영상제작에 필요한 스킬을 배우는 과정이 진행하였다. RC 학생들에게 평소 공모전이나 학과 수업 발표를 준비할 때에 많은 도움이 되었을 것으로 기대된다.

디자인 수업에 이어 진행되는 프로그래밍 수업

Creative studio는 평소에 접하기 어려웠던 IT 기술 및 디자인에 대해 쉽고 재미있는 강의로 학생들에게 다가가고 있으며 유익한 콘텐츠를 통해 IT에 관심을 가지고 있는 학생들을 위한 멘토 역할을 하고 있다. 11월 27일에는 광화문에 위치한 한국 마이크로소프트사 견학이 이루어졌으며, 오피스 투어와 직원분들의 다양한 세션을 통해 RC 학생들은 평소 IT 기업에 대해 가지고 있던 궁금증을 해소해보는 시간을 가질 수 있었다. 현재는 디자인 과정과 프로그래밍 과정 소속 학생이 함께 프로젝트를 제작하고 있다.

'응답하라 에비슨'
에비슨 피날레 파티

'응답하라! 에비슨' 안내 포스터

11월 26일 목요일 6시 크리스틴 채플에서는 에비슨 하우스에서의 1년을 마무리하는 피날레 파티가 열렸다. '응답하라 에비슨'이라는 이름으로 열린 이 파티에는 120여 명의 학생들이 참가하여 다양한 음식들과 선물, 볼거리들과 함께 나눔의 정신을 실천할 수 있는 풍성한 시간을 함께했다.

파티의 시작을 알리는 개회사를 하는 에비슨 RM 이원경 교수님

학생들은 파티가 시작되는 저녁 6시가 되기 전부터 크리스틴 채플에 모이기 시작했는데, 일찍 온 학생들은 미리 마련된 포토존에서 사진을 찍고, 에비슨 하우스에 전하고 싶은 메시지를 포스트잇에 써서 벽에 붙이며 파티가 시작되기를 기다렸다. 시간이 흘러 김동환 교목님의 입회기도와 에비슨 하우스 RM 이원경 교수님의 개회사와 함께 파티가 시작되었다. RM 교수님은 에비슨 하우스에서의 1년을 성공적으로 마무리하는 학생들에게 축하와 당부의 말씀을 전한 후 에비슨 하우스 대표프로그램인 21 프로젝트, LIY, DIY 프로그램에 대해 우수활동상을 수여했다. 이후 학생들은 다양하게 준비된 음식으로 풍성한 식사를 하면서 에비슨 하우스에서의 2학기 생활을 동영상으로 시청하며 친구들과 한 학기간의 이야기를 나누며 즐거움을 함께했다. 식사를 마친 후에는 에비슨 하우스 대표로 RC Ending Contest에 참가하는 박세민(경영 · 15) 학생의 기타연주와 노래공연이 크리스틴 채플 내에 울려 퍼지며 파티의 분위기를 더욱 고조시켰다. 파티의 마무리에는 경품 추첨행사와 더불어 파티에 참석한 모든 학생들에게 에비슨 하우스에서의 1년을 기념할 수 있는 텀블러를 나누어 줌으로 모두가 선물을 받아가는 기쁨을 함께 누렸다.

이번 '응답하라 에비슨' 피날레파티에서는 하우스의 구성원들끼리 즐기는 것에서 그치지 않고 특별히 이웃과 기쁨을 나눌 수 있도록 후원행사가 함께 진행됐다. 이 날 파티에 참석한 에비슨 하우스의 학생들은 자신이 쓰지 않지만 누군가에겐 기쁨이 될 수 있는 물품들을 가져와 파티장소 한켠에 준비된 부스에 기부했다. 이날

먹을거리가 가득한 저녁 식사시간

입지 않은 옷가지들, 뜯지 않은 두루마리 휴지, 우산 등 여러 물품이 기부되었으며, 이 물품들은 인천에 소재한 아동복지시설 '파인트리홈'에 기부될 예정이다.

이번 하우스 파티가 다른 때보다 특별했던 이유는 하우스파티를 준비하는 과정, 그리고 파티를 마치고 정리하는 과정에 RA와 RC 학생이 함께했다는 점이었다. 하우스 파티에 필요한 책상을 창고에서부터 크리스틴 채플까지 나르고 설치하는 모습, 파티가 끝난 후 뒷정리와 청소까지 함께하는 성숙한 모습을 엿볼 수가 있었다.

신혜원 RA가 경품 추첨시간에 당첨된 학생에게 경품을 전달하고 있다.

에비슨 하우스에서의 1년을 되돌아보며 하우스 구성원들이 한자리에 모여 RC 생활을 마무리한 '응답하라 에비슨' 피날레파티가 모두에게 오래 기억할만한 추억으로 남게 되기를 바란다.

2. 확고한 리더십과 구성원들의 공감대 형성으로 어려움 극복

그러나 이러한 어려움은 RC 교육이 전면 실시된 이후 초기 1~2년 뒤에 대부분 극복되었다. 우선 정갑영 총장이 월 수차례씩 국제캠퍼스를 방문하고, 월 1회씩 정기적으로 총장 주재의 국제캠퍼스 운영위원회를 개최하였다. 동시에 총괄본부장, 학부대학 학장, UIC 학장 등이 본부 실처장 회의에 주 2회 참석하여 국제캠퍼스의 현안을 보고하고 문제를 해결해나갔다. 아울러 총괄본부와 학부대학의 교수, 직원 모두가 교육 혁신을 통하여 제3의 창학을 이루어야 한다는 사명감을 갖고 헌신적으로 노력하였다. 학부대학 전임교수, 학생(학사)지도교수, RC 교육원의 RM 교수, 국제캠퍼스의 행정팀 직원 상당수는 사무실과 기숙사에 밤낮으로 머물면서 그야말로 불철주야 일하였다.

동시에 교내외 구성원들에게 RC 교육에 대한 소개와 홍보를 지속적으로 이어갔다. 먼저 교내 모든 교수가 참석 대상인 교직원 수양회에서 RC 교육에 대한 설명과 함께 공감을 형성해나갔다. 교무위원회, 학장대학원장 연찬회, 학장협의회, 부학장·학과장 회의 등 교내 주요 보직자 회의가 있을 때마다 RC 교육의 진행 상황에 대해 보고하고 협조를 요청하였다. 매 학년 초에는 학부대학 학장단과 학사지도교수들이 16개 단과대학을 모두 방문하여 교양교육과 RC 교육에 대해 설명을 하고, 단과대학의 협조를 요청하였다. 개별 학과 차원에서는 학과를 담당하는 학사지도교수와 학과의 전공교수 간의 연계를 강화하고, RC101, RC102 수업계획을 학과 교수들과 공동으로 논의하였다.

학생들의 수많은 민원에 대해서는 총괄본부 및 학부대학이 수시로 총학생회, 국제캠퍼스 학생회 등과 소통하였고, 특히 밀착형 학사지도와 RC101 과목을 통해 학생들의 기대사항과 문제점들을 실시간으로 파악하여 해결해나갔다.

미래 대학교육의 도전

한국의 대학들은 최근 대내외 여건의 급속한 악화로 사면초가四面楚歌의 위기에 직면하고 있다. 밖으로는 기술의 급격한 혁신으로 모든 분야에서 새로운 패러다임이 요구되고 있고, 대내적으로는 10여 년 가까이 지속된 등록금 인하정책과 대학에 입학하는 학령인구의 급속한 감소가 대학을 압박하고 있다. 국내외 대학 간의 치열한 경쟁으로 대학교육의 혁신에 대한 요구는 절박한데, 이를 실현할 수 있는 재정 여건이나 사회 환경이 너무나 열악한 실정이다. 이런 여건에서 명문 사학私學의 전통과 창립 정신을 보전하고 특성화된 교육 프로그램의 운용도 매우 어려운 처지에 있다.

특히 최근 ICT를 중심으로 한 세계적인 기술혁신은 전통적인 대학의 역할과 기능에 다음과 같은 심각한 의문을 제기하고 있다. 대학이 과연 미래사회를 선도할 수 있는 혁신적인 역량Innovative Capacity을 키우는 데 얼마나 기여할 수 있는가? 전통적인 대학교육으로 신산업혁명을 이끌어 갈 수 있는 창의적인 인재를 길러낼 수 있는가? 인터넷 서핑으로 대학교육보다 훨씬 다양한 지식을 쉽게 습득할 수 있는데, 대학은 과연 어떤 교육을 실시해야 하는가? 온라인 교육이 널리 확산되고 있는데, 대학의 강의실 교육은 어떻게 변화해야 하는가?

이러한 질문에 대한 해답은 미래사회에 직면하게 될 인간의 존재와 가치에 대한 궁극적인 성찰에서부터 시작하여야 한다. 증기기관(1차)과 전기(2차), 인터넷의 발명(3차)에 이어 흔히 제4차 산업혁명으로 회자되는 최근의 급속한 혁신은 기계의 지능화, 사이버와 실물 세계의 통합, 제조업과 ICT의 융합, 디지털 전환Digital Transformation, 빅데이타Big Data 등 수없이 많은 새로운 혁신을 수반하고 있다. 기계가 심화학습Deep Learning을 통해 인간의 지적능력을 대행하고, 고도로 훈련된 인공지능AI이 점차 사물인터넷IoT 기술을 활용하여, 인간의 고유영역이던 거버넌스 시스템에서 명령과 통제를 할 수 있는 기능을 갖추어 가고 있다.

이러한 변화를 제4차 산업혁명이라는 표현 이외에도 일부에서는 복합적인 기술혁신이라는 의미로 기술지진Techquake, 또는 수렵과 농경, 상업, 산업시대에 이은 제5 시대the 5th era라고 칭하기도 한다.[1] 명칭에 대한 논란에 불구하고, 최근의 기술지진이 불러오는 여파는 정치는 물론 경제, 사회, 문화 등 국내외 모든 분야에 엄청난 파급효과를 불러오고 있다.

특히 인간이 만든 기계가 지능화되면서 일부에서는 인간의 노동을 대체하고 생산성을 높이는 효과를 가져올 수 있지만, 다른 한편으로는 실업의 급증이라는 심각한 우려를 불러오고 있다. 일부 보고서에서는 향후 10년 이내에 GDP의 3분의 2가 영향을 받고 인간의 노동도 60% 이상 로봇으로 대체될 것이라는 전망도 있다. 또한 로봇이나 AI와 같은 기계의 연산능력과 기억이 인간을 초월함에 따라 사람과의 역할 분담과 협업, 시너지가 중요한 현안으로 등장하게 될 것이다. 한편으로는 사라지는 일자리보다 더 많은 인력을 창출할 수 있는 산업을 개발해야 하고, 궁극적으로는 사람과 기계의 새로운 관계와 거버넌스 체계 등

---

1) Matthew C. Le Merle & Alison Davis, "*Corporate Innovation in the Fifth Era: Lessons from Alphabet/Google, Amazon, Apple, Facebook, and Microsoft*", Cartwriting Publishing 2017.

모든 분야에서 새로운 패러다임이 요구되고 있다.

신기술을 바탕으로 한 새로운 디지털 전환기에는 개인과 개인 간의 신뢰를 바탕으로 한 사회적 자본의 중요성이 더 부각되고 있다. 사람과 사람이 직접 대면하는 기회가 줄어들고, 기술과 데이터를 바탕으로 한 사업과 생활양식이 새로운 문화로 정착되면서 신뢰가 중요한 사회 발전의 척도로 부상하고 있다. 예를 들어 선진국에서 일반화되어 있는 우버 택시Uber Taxi와 에어비앤비 Air B&B가 우리 사회에서 쉽게 도입되지 못하는 이유는 무엇일까? 기존 사업자의 저항과 경직된 규제라고 지적할 수 있지만, 더 근본적인 문제는 낯선 사람의 차나 집을 마음 놓고 자유롭게 이용할 수 있는 사회적 신뢰 기반이 취약하기 때문이다. 신뢰는 온라인과 ICT 기술을 응용한 다양한 사업이 활성화되기 위한 중요한 필수조건으로 등장하고 있다. 즉, 새로운 혁신이 보편화될수록 창의성과 사회적 신뢰기반의 필요성은 더욱 급증하고 있지만, 단순한 암기와 지식의 전달을 중심으로 하는 아날로그 시대의 대학교육은 불필요한 사회적 낭비가 되어 버린 셈이다.

당장 수년 내 대중화될 것으로 기대되는 자율운행차 하나만 사례로 들어도 자동차 산업, 부품을 공급하는 협력회사, 운전 문화, 사회적 책임과 윤리 등 수없이 많은 이슈가 새로운 현안으로 부상할 것이다. 또한 현시점에서는 미처 예상하지 못한 새로운 사업 모델이 도처에서 등장할 것이며, 산업구조의 조정을 비롯한 전대미문前代未聞의 현안을 해결해나가야만 할 것이다. 이러한 변화의 과정에서 대학교육을 받은 엘리트들이 사회 발전을 선도하는 역할을 할 수 있는 역량을 갖추어야 할 것이다. 기계의 지능화가 심화될수록 기계를 압도할 수 있는 창의력과 감수성, 리더십 등 인간의 근본적인 소양에 대한 교육의 중요성이 더욱더 부각되고 있다.

그럼에도 불구하고 한국의 대학교육은 여전히 60년대의 전형적인 교육모델에 크게 의존하고 있다. 대학마다 획일적으로 대형 강의실에서 강의 중심으로 교수가 일방적으로 지식을 전달하는 수준에서 크게 벗어나지 못하고 있다. 재정 여건의 악화로 대도시에서의 기숙사 교육은 큰 엄두도 내지 못하고 있고, 창의와 비판적 사고의 함양을 위한 소규모 토론 중심의 수업도 거의 실현되지 못하고 있다. 지도자로서 갖추어야 할 소통과 리더십 교육도 거의 이루어지지 않고 있는 것이 우리 대학의 현실이다.

연세대학교는 2012년을 제3 창학의 원년으로 선포하면서 선진 명문에 버금가는 글로벌 교육 역량을 갖추기 위해 많은 혁신을 단행하였다. 신촌캠퍼스에는 3만 8천여 평에 이르는 백양로 재창조 사업을 실시하였고, 송도에서는 아이비 리그형 RC를 도입하였다. 특히 1학년 교육을 전담하는 학부대학을 통해 "Back to the Basics"의 정신으로 교양교육의 내실화를 추구하고, 레지덴셜 칼리지Residential College 프로그램을 도입하였다. 구체적으로 앞서 언급한 시대적 변화를 반영하여 5C를 가장 중요한 교육의 목표로 설정하였다. 즉, 창의력Creativity과 자신과 다른 남을 이해하고 함께 공존할 수 있는 소통Communication과 융합Convergence의 역량, 글로벌 시대를 선도할 수 있는 문화적 다양성Cultural Diversity, 창립 정신을 반영한 기독교 정신Christianity을 중점적으로 강조하여 교과와 비교과 활동을 운영하였다. RC는 24시간에 캠퍼스에 체류하면서 학습과 생활을 함께 하는 공동체이므로 소통과 창의, 문화적 다양성 등 5C의 교육에 바람직한 환경을 조성해 주었다. 나아가 인천시의 소외계층을 대상으로 재능기부 활동을 전개하는 등 5C의 실현에 적합한 다양한 프로그램을 담았다.

나아가 언더우드 국제대학UIC은 연세의 글로벌 경쟁력을 제고하는 실질적인 프로그램으로 윌리엄스 칼리지Williams College, 애머스트 칼리지Amherst College 등의 리버럴 아츠 칼리지Liberal Arts College를 모델로 모든 과정을 운용하여 소규모 수업과 다학제 간 공통 과목, 창의적인 토론 학습 등을 실시하고 있다. UIC는 장기적으로 한국의 모든 대학이 추구해야 할 이상적인 교육모델이며, 세계 어느 대학과도 경쟁할 수 있는 역량을 구축해나가고 있다. 이러한 노력의 결과 UIC는 2015년 국내 대학으로는 최초로 공통지원서Common Application에 가입해 세계 저명 대학과 나란히 세계 각국의 지원자들로부터 입학원서를 접수하고 있으며, 2016년에는 외국인 지원자 중 25%가 공통지원서를 통해 지원하였다.

그동안 연세대학교가 실시해 왔던 RC와 교양교육 그리고 UIC의 경험을 바탕으로 향후 한국의 대학이 미래사회를 선도할 인재의 양성을 위해 필요한 시사점을 요약하면 다음과 같다.

첫째, 미래의 변화를 적극적으로 수용하고 선도적으로 교육과정에 반영할 수 있는 대학 내부의 혁신 역량이 절대적으로 부족하다. 한국의 대학들은 그동안 대학교육에 대한 수요가 과다하여 공급자 주도의 시장을 형성해왔기 때문에 내부적인 혁신을 추진하지 않고, 시대 변화를 따르지 못하는 경직적인 체제를 유지해왔다. 또한 80년대 한국의 민주화 이후 대학은 총장의 선출을 비롯한 많은 의사결정이 혁신보다는 구성원의 이해관계를 중시하는 방향으로 편중되어 시대적 요구를 대학운영에 반영하지 못해 왔다.

이와 같이 혁신지향적인 문화가 취약한 한국의 대학에 학령인구의 급속한 감소, 등록금 인하, ICT 분야의 기술혁신에 따른 교육환경의 변화 등 메카톤급의 완전한 폭풍perfect storm이 몰아치고 있다. 향후 10년에서 20년 사이에 성공적인 혁신 모델을 구축하지 못하는 많은 대학이 존폐의 기로에 서게 될 것이다.

둘째, 미래 대학교육의 경쟁력은 개인의 창의력과 소통, 문화적 다양성 등 5C의 역량을 길러줄 수 있느냐의 여부에 따라 결정될 것이다. 현재와 같이 제조업 중심의 시대에 한국 대학에서 풍미하였던 강의실 중심의 대량 교육의 모델은 디지털 전환기에는 경쟁력을 회복하지 못할 것이다. 온라인 교육을 비롯한 수많은 대안 교육이 등장하여 대학보다도 훨씬 효율적으로 지식을 전수하는 시스템이 개발될 것이다.

대학이 미래를 선도하는 경쟁력을 갖추기 위해서는 세계적인 연구 역량을 구축하는 것이 필수적이며, 개인의 창의성과 상상력을 길러주고, 사회적 신뢰 기반을 구축하는 네트워크를 형성하는 소규모 교육을 실시해야 할 것이다. 또한 교양교육을 통해 어떤 변화도 적극적으로 수용하고, 새로운 패러다임을 개척할 수 있는 자질을 길러주어야 할 것이다.

셋째, 연세대학교가 실시한 RC와 5C의 교양교육도 미래사회를 선도하는 인재의 양성을 위한 좋은 대안이 될 수 있다. 비록 선진 명문과 같이 완벽한 RC 모델을 갖추지는 못하지만, 대량 교육을 실시하는 한국적 현실에서 적용 가능한 형태를 구현하였기 때문이다. RC 교육의 성과는 이미 많은 자료를 통해서 증명되고 있고, 현재와 같은 낡은 교육방식을 혁신할 수 있는 중요한 대안으로도 입증되고 있다.

미래 교육의 방향은 강의실에만 의존하는 수업 중심에서 벗어나 학습과 생활이 공존하는 공동체를 만들고, 24시간 캠퍼스에서 생활하며, 다양한 전공과 가치관, 문화, 관습을 상호 수용하며, 문화와 예술, 체육에 대한 소양을 기르고, 지역사회에의 공헌 등 전인교육을 통한 다양한 체험을 요구하게 될 것이다. RC는 이러한 미래지향적 교육을 충분히 수용할 수 있는 모델임이 오랫동안 국내외에서 증명되어 왔다.

넷째, RC와 같은 혁신적인 모델이 대학에서 실시되기 위해서는 총장 등 집행부의 강력한 의지가 필요하며, 기숙사를 비롯한 시설 투자, 프로그램을 개발하고 실행할 수 있는 교수 인력의 확보 및 참여 인력의 열정과 사명감이 가장 중요하다. 연세대학교의 경우도 이런 바탕 위에 실시 가능하였던 것이며, 구성원들의 관심과 요구로 추진된 것은 아니다. 실시 기간도 1년보다는 최소한 2년 정도는 되어야 하며, 기숙사도 송도의 제2 기숙사처럼 RC의 활동공간을 마련하여 설계되는 것이 바람직하다.

한국의 대학교육은 여러 측면에서 위기를 맞고 있지만, 새로운 혁신모델을 성공적으로 구축하고 대학정책에 자율성이 강화된다면 아시아의 교육 허브로 도약할 수 있는 잠재적 여력을 충분히 갖고 있다. 아시아 최고의 대학경쟁력을 확보하고 있는 싱가포르의 모델을 타산지석으로 삼아야 한다. 정부의 적극적인 지원과 자율성, 대학 내부의 지속적인 혁신과 과감한 개방, 세계적인 석학의 특별초빙 등이 싱가포르를 아시아의 교육 허브로 만든 것이다.

이 모든 정책이 한국에서도 정책의 패러다임과 대학 내부의 혁신 의지만 있으면 그대로 적용될 수 있다. 정부가 아무리 경직적인 정책을 실시해도 대학 내부의 혁신 의지만 있으면 많은 한국 대학이 세계적 명문으로 도약할 수 있고, 국가 경제에도 크게 기여할 수 있다. 이 책에 담긴 연세대학교 RC의 경험이 많은 대학의 새로운 전략에 큰 도움이 되기를 바란다.

하우스 운영 사례

1. 언더우드하우스: 하우스에서 느끼는 개척과 나눔의 정신

1) 하우스 소속감 기르기: 하우스 소속 학생 명단 명패

언더우드하우스는 연세대학교의 모태가 되었던 언더우드학당과 조선기독대학을 설립한 호러스 그랜트 언더우드Horace Grant Underwood 선교사의 이름을 따서 만든 하우스이다. 1885년 조선에 온 언더우드는 아무런 연고도 없는 조선 땅에 오로지 조선을 위해서, 조선의 백성들을 위하여 교육기관을 설립하고자 하였으며, 제중원에서 물리와 화학을 가르치고, 가난한 고아들을 위해 언더우드학당을 설립하였으며, 마침내 조선기독대학이라는 대학을 설립하여 우리나라 고등교육의 선구자적인 역할을 하였다. 언더우드하우스는 이러한 언더우드 선교사의 '개척'과 '나눔'의 정신을 이어받고 구성원들 간에 '소통'할 수 있는 공동체를 만드는 것을 가장 큰 주제로 하고 있다.

그림 1. 언더우드하우스 로고

언더우드하우스는 2011년 국제캠퍼스에서 부분적인 RC 교육을 시작할 때부터 처음 만들어진 3개의 하우스 중 하나이며, 2013년 8개, 2014년 12개로 하우스가 확장되는 동안에도 처음에 위치한 곳에서 하우스의 전통을 이어가고 있는 가장 오래되고 가장 전통 있는 하우스 중의 하나라고 할 수 있다. 언더우드하우스는 앞서 이야기한 것처럼, 언더우드 선교사의 개척과 나눔의 정신을 테마로 하여 너와 나의 소통을 통해 '우리'라는 공동체를 만들기 위하여 다양한 하우스 프로그램을 운영하고 있다.

각종 프로그램과 함께 언더우드하우스가 자랑할 수 있는 것 중 하나가 바로 [그림 2]에서 볼 수 있는 하우스 소속 학생 명단 명패이다. 2012년부터 시작하여 2016년까지 언더우드하우스에서 생활을 한 약 2,000여 명의 학생 명단이 하우스 복도 가장 가운데 부분에 자리하고 있다. 국제캠퍼스에서의 RC 교육 기간은 1년에 지나지 않지만, 언더우드하우스에 속하였던 학생들의 명단은 영원히 언더우드하우스 내에 남아 있게 되는 것이다. 이를 통해 학생들에게 언더우드하우스 출신이라는 소속감을 심어줄 수 있으며, 학생들 또한 명패에 새겨진 자신의 이름을 보면서 뿌듯함을 느낄 수 있도록 하였다. 명패는 매년 늘어날 것이며, 이는 언더우드하우스의 가장 큰 자랑거리가 될 것이다. 이와 더불어 2015년부터는 입사 당시의 모든 학생의 이름을 넣은 환영메시지를 통해 입사 때부터 언더우드하우스에 대한 친밀감과 함께 소속감을 느낄 수 있도록 하였다.

그림 2. 언더우드하우스 소속 학생 명패

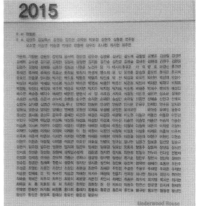

국제캠퍼스 RC 교육의 기본 단위인 하우스는 연세대학교 모든 전공의 학생들이 모여 있는 단위로서 지금까지 국내 대학교육에서 볼 수 없었던 새로운 단위의 공동체이다. 다양한 학생이 계열과 전공에 상관없이 자연스럽게 만나면서, 서로 간의 생각에 대해서 많은 이야기를 나눌 수 있고, 또한 자신의 전공 이외에 다른 분야에 대한 새로운 이해를 함으로써 스스로 좀 더 넓은 시야를 갖게 되는 계기가 되기도 한다. 새롭게 형성되고 있는 하우스 단위의 교육을 통해 연세대학교 RC 교육의 내용과 깊이는 더욱더 풍부해질 것으로 기대된다.

2) 공부와 놀이와 모임이 함께 이루어지는 곳, 하우스 커뮤니티룸

언더우드하우스의 위치는 송도 1학사 A동 8, 9, 10층이다. 이 중 8층은 이원철 하우스와 공유하고 있다. [그림 3]은 A동 9층의 단면도이며 그림에서 알 수 있듯이 양쪽 복도에 커뮤니티룸을 하나씩 갖고 있다. 이 커뮤니티룸의 면적은 약 18.33평(60.6 m^2) 정도이며 이곳에서 학생들의 각종 모임이 이루어지고 있다.

그림 3. 송도 1학사 A동 9층 단면도

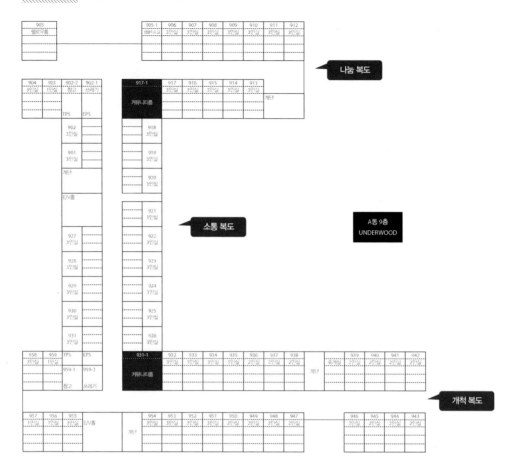

　[그림 4]에서 볼 수 있듯이 한쪽에서는 스터디 모임이, 다른 한쪽에서는 함께 모여 간식을 먹고 있는 모습이 공존하는 곳으로 하우스 내의 많은 학생이 자유롭게 이용하고 있다. 언더우드하우스는 각 층에 2개씩 있는 커뮤니티룸의 명칭을 하우스 전체 테마와 맞추어서 각각 '나눔'과 '개척'으로 부르고 있으며 각각의 커뮤니티룸이 위치한 골목을 '나눔 골목', '개척 골목'으로 부르고 있다. 또한 양쪽 골목을 이어주는 가운데 골목은 '소통 골목'이라고 하여 전체적인 하우

그림 4. 커뮤니티룸에 모인 학생들

스 테마를 하우스의 구조에서도 생각할 수 있게끔 하였다.

하우스 내의 커뮤니티룸은 이름 그대로 학생들의 각종 커뮤니케이션이 활발하게 일어나는 곳이자 학생들이 자기 의견을 마음껏 이야기할 수 있는 공간이기도 하다. 공부하는 학생 중에는 같은 전공의 학생들도 있지만, 전공과 상관없이 함께 공부하는 학생들의 모습도 많이 볼 수 있으며, 룸메이트끼리 모여서 간식을 먹는 등 다양한 모임이 자연스럽게 이루어지고 있다. 즉, 하우스의 커뮤니티룸은 연세대학교의 RC 교육에서 추구하고 있는 생활과 학습이 통합 Integration of Living & Learning된 모습을 가장 잘 구현하고 있는 곳이며 효과적인 RC 교육을 위해 꼭 필요한 장소라고 할 수 있을 것이다.

3) 하우스 프로그램을 내 손으로, 하우스 자치회

언더우드하우스는 2015년부터 하우스 프로그램을 '나무아래 공부방', '나무아래 옹기종기', '나무아래 어울림', '나무아래 스스로'라는 4개의 큰 범주로 나누어서 운영하고 있다. '나무아래 공부방'은 각종 튜터링 프로그램을 비롯하여 스터디그룹을 포함한 여러 가지 형태의 학습 공동체 Learning Community가 운영되는 프로그램이며, '나무아래 옹기종기'는 RC 올림픽과 송도 국제마라톤 등 학생들이 직접 몸을 움직이는 체육활동을 포함한다. '나무아래 어울림'은 취미공방이 대표적인 프로그램인데, 학생들이 직접 무언가를 만들어보고, 만든 것을 다른 사람들과 나눈다는 것에 큰 흥미를 느끼는 프로그램이다. 마지막으로 '나무아래 스스로'는 학생들이 스스로 기획하고 운영할 수 있는 프로그램을 말하는데, 그중 언더우드하우스의 대표적인 프로그램은 학생들이 직접 조직하고 운영하였던 '언더우드하우스 자치회'이다. 아래 내용은 언더우드하우스 자치회의 기획 의도로 학생들이 직접 작성한 내용이다.

약 20명 정도의 인원으로 매주 정기적인 회의를 하는 자치회를 구성한다. 자치회의 목적은 하우스 운영에 있어서 자치적으로 불편사항을 해결하고 그 외 다양한 행사를 기획 및 실천하는 것이다. 자치회는 총 3개의 분과로 나뉘는데 각 분과는 아래 역할을 맡아 주체적으로 회의 및 행사를 진행한다.

- 개척: 하우스 및 국제캠퍼스 내 행사 및 프로그램 기획
- 나눔: 하우스 내 공동구매 등 진행
- 소통: 언더우드하우스 구성원들과 교류

그동안 언더우드하우스 자치회에서 기획하고 운영되었던 프로그램으로는 하우스 카페, 물품 기부와 공용을 위한 '나눠방', 학생들에게 저렴한 가격으로 과일을 먹을 수 있게 한 '자치회 과일 판매', '하우스 후드티 만들기', '하우스 에코컵 만들기' 등이 있다. [그림 5]는 언더우드하우스 자치회 회의 모습이다.

그림 5. 언더우드하우스 자치회 회의

이 중 2015년 2학기에 진행되었던 '언더우드하우스 에코컵 만들기' 프로그램을 간단히 소개하면, 학생들이 직접 만든 디자인을 이용해서 언더우드하우스만의 에코컵을 제작하여 이를 하우스 소속 학생들에게 저렴한 가격으로 판매하였다. 에코컵은 일회용 컵 사용을 줄이고, 더 나아가 판매수익금을 기부하기 위해 기획되었으며, 기획 의도에 공감한 많은 학생이 에코컵을 구매하였다. 실제로 판매 이틀 만에 100개의 에코컵이 모두 판매되었으며, 판매를 통해 얻은 수익금을 그린피스에 기부하기도 하였다. [그림 6]은 학생들이 직접 디자인하여 만든 에코컵이다. 학생들이 스스로 기획하고 직접 운영하는 프로그램을 통해 하우스 테마 중 하나인 '나눔'의 정신을 실천할 수 있었으며, 하우스에 대한 애정도 키울 수 있는 좋은 기회를 만들기도 하였다.

그림 6. 언더우드하우스 에코컵

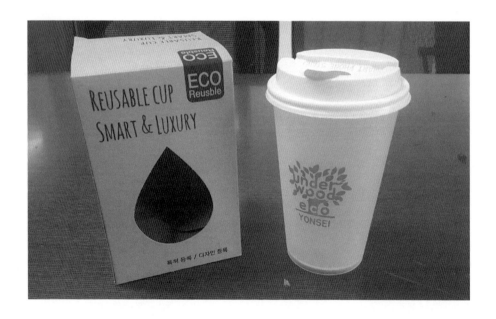

2. 이원철하우스: 이원철 박사의 꿈을 계승하다

　　　　　　이원철하우스는 2014년 1학년 학생 전원이 1년 동안 레지 덴셜 칼리지Residential College 교육을 받게 되면서 신설된 4개 하우스 중 하나이다. 연세대학교에 업적을 남긴 많은 인물 중 의학계와 인문계에 비해 상대적으로 알려지지 않은 이원철 박사는 1915년 연희전문 수물과에 입학하여, 1922년 미 국 미시간 대학교University of Michigan에서 「에타별에 대한 분광 분석」이라는 논문으 로 우리나라 최초의 이학 박사 학위를 받았다. 귀국 후에는 연희전문학교에서 우리나라 최초로 미적분학 강의와 천문학 강의를 하였고, 중앙관상대 초대 대 장을 역임하기도 하였다. 말년까지 사회교육 활동에 기여하다 생을 마감할 때 에는 전 재산을 YMCA에 기부하여 마지막까지 본보기를 보여주었다.

　이원철하우스는 이원철 박사를 상징하는 "별"과 대학 1학년 학생 시기에 가 장 중요한 "인생의 목표 설정"을 합하여 "꿈의 씨앗에서 세상의 별까지"라는 하우스 테마를 설정하고 ① 순수하고 열정적인 리더, ② 기본이 바로 선 교양 인, ③ 함께 꿈을 키우는 친구가 되는 것을 교육목표로 정하였다.

　홍혜경 RM 교수와 15명의 RA로부터 시작한 이원철하우스는 1학년 RC 학 생들이 하우스 식구가 되어 함께 배우고 성장하며 점차 고유한 이원철하우 스만의 모습을 만들어나갔다. 예를 들어, RC 학생들이 직접 만든 프로그램인 PELPlay, Eat, Love팀에서는 학생들이 새로운 하우스 로고를 제작하였고, 이후 하우 스 티셔츠, 물병 등의 디자인으로 사용하였음은 물론 이원철하우스의 자긍심을 높이고 공동체 의식을 키우는 데 일조하였다.

그림 7. 2014년 이원철하우스 교육목표와 로고(좌), 2015년 학생들이 만든 새로운 로고(우)

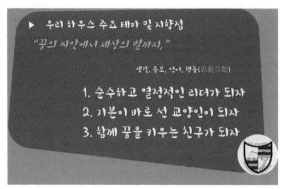

1) 하우스 튜터링의 시작

'공부는 잘할 수 있다'고 자부하였던 연세대학교 신입생들에게도 대학공부는 만만치 않았다. 특히 이공계 1학년생들이 필수로 배우는 미적분학(공학수학)과 일반물리(공학물리)는 아무리 열심히 들어도 러시아말처럼 들린다는 학생이 있을 지경이었다. 우리나라 최초로 미적분학을 강의한 이원철 박사의 정신을 계승하는 하우스에서 이대로 모른 척할 수는 없는 일이었다.

그림 8. 빨래를 돌리는 동안에도 책을 놓지 않는 연세인들

1학년 학생들의 멘토이면서 하우스 프로그램을 기획하고 운영하는 RA들은 자신들이 잘하는 과목을 맡아서 튜터링을 해보겠다고 자원하였다. 하우스 내에서 하는 튜터링인 만큼 누구나 참여 가능하고, 하우스 내 커뮤니티룸에서 학생들이 원하는 방식으로 자유롭게 진행되었다. 미적분학은 한국 고등학교에서는 모든 학생이 배우는 영역이어서인지 외국에서 공부한 학생 서너 명만이 찾아와 대학 수준 이전의 내용부터 RA가 보충 설명하는 형식으로 진행하였다. 반면 물리는 아주 잘하는 학생부터 전혀 배운 적이 없는 학생까지 다양하였다. 따라서 이 학생들은 다양한 수준의 문제를 가지고 와 그들만의 스터디그룹을 만들어서 일주일에 1~2회씩 모여 함께 공부하기 시작하였다. 그 결과 스터디를 시작하기 전인 1차 시험보다 2, 3차 시험에서 거의 모든 학생의 성적이 올랐고 그중엔 성적이 두 배 가까이 오른 학생도 있었다고 한다. 학생들끼리 모여서 '함께 공부할 수 있는 장'만 만들어주었는데 자체적으로 발전하여 놀라운 결과를 낸 것이다.

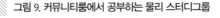 그림 9. 커뮤니티룸에서 공부하는 물리 스터디그룹

부록 1. 하우스 운영 사례

2) RC 학생들이 주도하는 원철공방

2014년 2학기가 되면서 국제캠퍼스 생활에 익숙해진 학생들은 점차 RC 환경 속에서 스스로 할 수 있는 일들을 원하고 있었다. 이에 건축학과 RA의 아이디어로 1학년 학생들이 고정 멤버가 되어서 그들 스스로 기획하고 진행하는 창의적인 공방 모임이 시작되었다. 처음 원철공방 멤버로 모인 12명의 학생은 각자 그들이 만들어보고 싶었던 것들에 대해 아이디어를 내고 한 학기 동안 실현 가능한 계획을 짜기 시작하였다.

그림 10. 원철공방 멤버 모집 포스터와 학생들이 만든 펠트 지갑

원철공방 학생들은 공방 멤버만의 프로그램 3가지(하우스 벽면 리모델링, 책거치대, 빼빼로 만들기)와 하우스 전체 학생에게 오픈하는 프로그램 3가지(로프 팔찌, 펠트 지갑, 연필꽂이 만들기)를 정한 후에 스스로 기획하고 준비, 실행하였다. 직접 시장에 가서 재료를 사고, 실패를 거듭하며 만들어보고, 친구들에게 설명할 자료를 만들고, 작품을 게시하고, 하우스 벽면을 닦고 페인팅하였다.

한 학기 동안 계획한 모든 것을 해내었고 자랑스러운 추억으로 만들어갔다. 교내에 특별한 공방 시설이 없어서 염려되기도 하였지만 넓은 커뮤니티룸, 지하 주차장, 공대 기계실(레이저 커터) 등은 이들이 꿈을 실현하기에 충분한 공간이었다.

그림 11. 하우스 벽면 리모델링

그림 12. 연필꽂이와 책 거치대

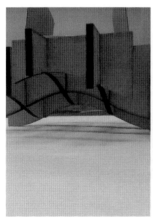

부록 1. 하우스 운영 사례

3. 청송하우스: RC 교육의 확장과 심화

그림 13. 청송하우스 로고

청송하우스는 2014년 3월 1일, 국제캠퍼스 송도 2학사 F동 10, 11, 12, 13층에서 RM 교수 1명과 RA 조교 13명, 신입생 290명이 모여 RC 교육을 시작하였다. 2013년 RC 학생들에게 다음 해에 새로 만들어질 하우스의 이름을 공모하였는데, 그때 선정된 이름

이 '청송'으로 학생들은 연세가 사랑하는 신촌캠퍼스의 아름다운 숲인 '청송대'를 국제캠퍼스에 만들고 싶어 하였다. 청송대는 오랜 세월 동안 한결같은 푸르름, 사시사철 아름다움과 새로움으로 연세인에게 영감을 주었다. 이를 기리며 청송하우스에서는 모두 인간과 자연의 소리를 이해하고 사랑하며, 늘 배우고 익히며 남과 나누고, 나의 삶과 주변을 건강하고 아름답게 가꿀 줄 아는, 내면의 힘을 키워 성숙한 인간으로 성장하기 위한 노력을 하였다. 또한 백 년 교육의 초석을 다지는 첫 4년 동안, 매해 1학년 RC 교육을 마치고 2학년으로 올라가는 학생들은 후배와 같이 지키고 싶은 덕목을 남기기로 하였다. 2014년 학생들은 '잠들지 않는 지성'을 상징하는 부엉이를, 2015년 학생들은 '결실을 맺는 삶'을 상징하는 사과나무를 남겼고 이 상징물이 청송하우스 문장의 두 칸을 채우고 있다. 이러한 비전을 구체화하고 현실화하기 위해 청송의 RM 교수와 RA들은 학생들과 같이 거주하며 매주 일요일 저녁에 하우스 회의를 열어 일주일간의 RC 교육을 준비한다. 또한 목요일까지 매일 저녁 8시부터 12시까지 의무시간 동안 프로그램을 운영하며, 1학년들과 만나 대학생활에 잘 적응하고 있는지, 도움이 필요한 학생은 없는지 살피고 도움을 준다. 오리엔테이션이나 하우

스 파티와 같은 200여 명 이상의 대규모 단위의 프로그램은 학기에 2회 운영하며 2~25명 이내의 소규모 단위는 또래 관점에서 학업적 조언과 비교과활동에 대한 조언을 하고, 친목을 도모하며 대학생활을 빨리 익히고 적응할 수 있는 다양한 프로그램을 기획하고 운영한다. RC 교육을 1년으로 확장하여 실행한 첫해인 2014년에는 시행착오를 많이 겪었으며 하우스에서는 RC 교육 프로그램 운영뿐만 아니라 학생 안전과 관련된 문제, 즉 마감공사가 덜된 정원의 구멍, 공용 키친, 기숙사 출입, 셔틀 문제 등을 RC 교육원에 알리며 실시간으로 문제를 해결하였다.

1) 국제캠퍼스에 청송대를 꿈꾸며

다음은 2014년 식목일을 준비하며 RM 교수가 학생들에게 보낸 편지글이다.

안녕하세요?

오늘은 2014년 3월의 마지막 날, 내일부터는 새로운 한 달이 시작됩니다. 대학이란 무엇인가, 대학생은 누구인지, 대학생활은 어떻게 해야 하는지에 대해 하나하나 알아가고 있으리라 생각합니다. 하지만 혹 나날이 쏟아지는 과제와 시험, 수많은 새로운 만남, 다양한 행사 속에서 여러분 자신을 잊어버리고 있지는 않겠지요?

입학식, 개강 첫날의 다짐을 기억하는지요? 日新 日日新 又日新! 대학을 시작하며 가졌던 마음가짐과 '내가 여기 있는 이유'를 다시 기억해볼 시기인 것 같습니다.

입학식 장소였던 신촌캠퍼스 노천극장 뒤편에는 소나무 숲이 있습니다. 그 숲은 청송하우스가 이름을 따온 청송대이고 영문학자이자 수필가였던 이양하 교수님께서

1948년에 발표하신 『이양하 수필집』에 수록된 「신록예찬」의 무대입니다. 연세인들이 가끔 그 소나무에 기대어 바람 소리를 듣는 연세인이 사랑하는 장소입니다.

이번 주 토요일 식목일에 청송인들이 소나무 22그루를 심습니다. 무럭무럭 자라나 수십 년 후에 국제캠퍼스의 연세인들에게 한결같은 푸르름과 사시사철 늘 새로움으로 영감을 주는, 그런 숲으로 커가기를 바라는 마음입니다. 「신록예찬」의 한 구절을 끝으로 마무리하겠습니다. 모두 한 주 동안 건강하게 잘 지내기 바랍니다.

오늘도 하늘은 더할 나위 없이 맑고, 우리 연전 이래를 덮은 신록은 어제보다도 한층 더 깨끗하고 신선하고 생기있는 듯하다. 나는 오늘도 나의 문법 시간이 끝나자, 큰 무거운 짐이나 벗어놓은 듯이 옷을 훨훨 털며, 본관 서쪽 숲 사이에 있는 나의 자리를 찾아 올라간다. 나의 자리래야 솔밭 사이에 있는 겨우 걸터앉을 만한 조그마한 소나무 그루터기에 지나지 않지마는, 오고가는 여러 동료가 나의 자리라고 명명하여 주고, 또 나 자신도 하루 동안에 가장 기쁜 시간을 이 자리에서 가질 수 있으므로, 시간의 여유 있는 때마다 나는 한 특권이나 차지하듯이, 이 자리를 찾아 올라와 앉아 있기를 좋아한다. -이양하의 「신록예찬」 중에서

2014. 3. 31.

청송하우스는 2014년 식목일에 몇 년 전까지 바닷물이었던 땅에 어린 소나무 22그루를 심었다. 이 나무들이 뿌리를 내리고 무럭무럭 자라 숲을 이루어 30년 후 동문의 날 방문하여 솔숲 바람 소리를 듣는 상상을 하였다. 이후에 강의동을 오가며 비바람에 쓰러진 어린나무를 다시 세워 주었고, 땡볕에 물을 뿌려주며 나무를 가꾸어, 2015년 식목일에는 2014년에 심은 나무들이 건강하게 자란 모습을 볼 수 있었다.

그림 14. 청송하우스 식목일 행사

2) RC 교육 심화: RC 교과와 RC 자기주도활동 연계

여름방학의 휴식 후 에너지가 넘쳐 캠퍼스로 돌아온 학생들은 더 이상 대학생활이 새롭지 않으며, 새로운 일에 도전하며 자신의 역량을 키우고 싶어 한다. 어떻게 RC 교육환경을 활용하여 크리스천 리더십, 의사소통능력, 통합적 사고력, 문화적 다양성에 대한 이해, 창의성을 키울 수 있는 기회를 줄 수 있을까?

다음은 2015년 12월 30일 『연세소식』에 실린 청송하우스의 봉사캠프 기사이다.

청송하우스 RC 교육 연계봉사 캠프 열려

국제캠퍼스에 인천시 원도심지역 아동센터(강화군, 서구, 부평구, 남동구)의 초등학생 114명 이 모였다. 지난 11월 14일과 21일, 2회에 걸쳐 이뤄진 일일멘토링캠프 '배움은 즐겁다 캠프 (이하 배 · 즐 · 캠)'에 참여하기 위해서다. 본 캠프는 1학년 학생들의 RC교육 효과를 더욱 높 이기 위해 하우스 RC 교육과 HE1 (사회기여) 교과를 연계해 2015년도 2학기에 처음 운영하 는 시범 분반이다. 이 과목을 수강한 청송하우스 학생 61명은 교과 담당교수이자 청송하우스 RM교수의 지도 아래 자기주도 학습으로 멘토링 내용을 기획하고 교안을 연구했다. 나아가 실천적 봉사활동으로 일일멘토링 캠프를 실시했다.

캠프에 참여한 멘티 학생들은 "배움이 즐겁게 느껴졌는가"라는 설문 문항에 4.9점(5점 만 점)으로 응답하는 등 높은 만족감을 표했다. 양희은 학생(대월초 5)은 "배우는 게 정말 재

있었다"면서 "일일캠프라 조금 아쉬웠지만 앞으로 열심히 공부해서 연세대학교에 꼭 입학하겠다"고 말했다.

캠프를 준비한 청송하우스 멘토 학생들 역시 모든 것을 기획하고 준비해야 했던 막막함을 이겨내고, 친구들과 더불어 가치 있는 경험을 만들어낸 것에 대해 큰 보람을 느낀다고 소감을 밝혔다.

2015년 2학기에 청송하우스 학생 대상의 'HE1 (사회기여 교과)-청송하우스 RC 교육 연계' 분반을 개설하여 9월부터 3개월 동안 RM 교수와 8명의 RA, 학생 61명이 함께 캠프 운영비용 마련을 위한 기금 마련 활동과 봉사 내용을 기획하고 멘토링 교안을 연구하며 총 2,000시간을 모아 성공적인 일일 멘토링 캠프를 2차례 실시할 수 있었다. 학생들은 자발적으로 한 하우스에 함께 거주하는 동료들과 하우스의 커뮤니티룸에서 함께 아이디어를 내고 준비하고 실천하는 한 학기 동안 협업능력과 동료에 대한 존경심, 창의력을 발휘하여 어려움을 헤쳐나가는 방법 등을 배울 수 있었다고 한다. 다음은 기금 모음, 멘토링 캠프를 함께 준비하였던 8개의 조 중 한 조의 소감문이다. 준비 과정에서 마무리까지 학생들이 느꼈던 마음을 가늠할 수 있다.

1. 처음 마일리지를 아끼겠다는 마음으로 HE1-청송을 수강 신청했다. 무엇을 하는지도 제대로 모르고 신청했던 터라, 기금 모금을 해야 하고 초등학생 멘토링을 해야 한다고 들었을 때 막막했다. 그러나 처음 모임에서 한 팀이 되었던 우리 팀원들과 함께 하나하나 차근차근해나가다 보니 HE1-청송을 수강한 것이 이번 2학기에 가장 성공한 수강신청이라는 것을 깨달았다.

2. 먼저, 아동센터 아이들을 위해 처음 기금모금을 준비할 때, 막막하기만 했다. 아이들을 위해 돈을 버는 것이 너무 어려웠기 때문이었다. 여러 번의 회의를 거쳐 우리는 머핀과 유과차, 레모네이드를 팔기로 했다. 물건을 구매하고 하는 것부터 준비하는 것까지 힘이 들었지만 막상 아이들을 위해 기금이 쓰인다고 생각하니 힘이 났다. 아이들을 위해 전액이 쓰인다고 홍보하니 많은 연세인 친구들이 열심히 구매해주었고 고생하는 우리에게 응원의 한마디를 전해주기도 했다. 이렇게 모금을 하면서 아이들을 직접 만나는 것에 대한 기대는 점점 커졌다.

3. 멘토링 첫날, 아이들을 처음 봤을 때, 우리도 초등학생을 가르쳐본 적이 없어서 당황스럽기도 했고 많이 우왕좌왕했다. 그러나 어느 순간, 서로에게 맞춰가고 아이들이 열심히 하는 모습을 보니 우리도 더 힘내서 며칠간 준비해왔던 프로그램을 함께 배웠다. 멘토링 둘째 날도 마찬가지였다. 처음 아이들을 만났을 때, 서로 쑥스럽게 자기소개를 하고 인사를 했었는데, 헤어질 때는 또 너무 아쉬워서 아이들을 보내기가 정말 싫었다. 다음에 또 오겠다는 아이들의 약속도 받고, 꼭 연세대학교에 입학하겠다는 다짐을 한 아이들도 있었다.

4. 정신없이 약 3달간의 HE1-청송이 끝났다. 어쩌면 멘토링을 했던 아이들을 통해 우리가 더욱 성장하고 배울 수 있었던 것 같다. 또 그냥 HE1이 아니라 같은 하우스 친구들끼리 멘토링을 함께 했다는 것은 더욱 의미 있는 것 같다. 아이들에게 선생님들은 과가 다른데 어떻게 다 친구에요?라고 물었을 때 우리는 같은 하우스에 사는 사람들이야 라고 이야기할 수 있었다.

2

해외 주요 대학의 교양교육[1]

　　이번 장에서는 RC를 진행하고 있으며, 연세대학교 RC와 교양교육제도 수립에 참고한 영국의 옥스퍼드대학교와 케임브리지대학교, 미국의 하버드대학교와 예일대학교의 교양교육과 RC를 간단히 소개한다.

---

[1] 이하 본 장의 일부 내용은 장수철, 김은정, 최강식, 「연구중심대학의 교양교육 모형 연구: 레지덴셜 칼리지와 학사지도시스템의 융합」(연세대학교 정책연구, 2016) Ⅱ장에서 발췌하였다.

1. 옥스퍼드대학교(University of Oxford)

1) 교양교육의 구성

옥스퍼드대학교에는 교양교육과정이 따로 없지만 독특한 학부 교육제도를 통해 대학 수준의 교양교육을 갈음하고 있다. 학문 분야는 크게 인문학 영역Humanities Division, 수학, 물리학, 생명과학 영역Mathematical, Physical & Life Sciences Division, 의과학 영역Medical Sciences Division, 사회과학 영역Social Sciences Division의 4개 영역으로 구성되며, 30개 이상의 학과에서 250개 이상의 강좌가 운영되고 있다.

신입생은 학과를 정하여 입학하며 본인이 지원하거나 임의로 배정받은 칼리지에 소속된다. 38개 각각의 칼리지는 학문 공동체 역할을 하는데 100명에서 700여 명의 학생이 함께 생활하며 주로 칼리지에 소속된 교수로부터 튜터리얼Tutorial, 개별지도을 제공받고, 다양한 동아리와 여러 사교활동에 참여한다.

영국의 학사는 3년이며, 한 학년은 3학기로 진행된다. 각 칼리지에는 교육을 담당하는 전공별 교수진과 튜터리얼 오피스Tutorial Office가 있다.

2) 이수 요건

① 수업(Courses)

학생들은 대학본부 수업University Teaching과 튜터리얼 수업Tutorial Teaching, 두 가지 형태의 수업을 제공받는다. 학생은 전공의 교과과정에 따라 필수선택 과목을 수강하는데, 학생의 관심과 필요에 따라 대학본부가 제공하는 강의Lecture 및 현장학습을 수강한다. 모든 전공은 학생들이 논리적이고 다른 시각으로 사고할 수 있는 역량을 배양할 것을 목적으로 한다. 아래 표는 수학과의 예이다.

표 1. 옥스퍼드대학교 수학과 교과과정

전공	교과과정
수학	▪ 1학년과 2학년: 일주일에 약 10개의 강좌(Lecture)와 2~3개의 튜터리얼 (tutorials) 혹은 수업(class) ▪ 1학년에 추가 컴퓨터 실습과 수리 분석 실습(선택한 경우) ▪ 3학년: 일주일에 8개의 강좌와 2~4개의 튜터리얼 혹은 수업

튜터리얼 수업은 칼리지 내에서 튜터, 즉 학문적 개인지도를 담당하는 교수로부터 적어도 일주일에 한 번씩 학생 혼자 혹은 다른 한 명의 학생과 함께 전공 주제에 대한 심층적인 토론 방식으로 진행되며, 학생이 제시한 의견을 검토하고 다양한 생각을 함께 탐구한다. 튜터리얼 수업에서 중요한 것은 학생의 토론 경험 및 기술이 아니라, 자신의 생각을 논리적으로 전달하고 건설적인 비판을 받아들이며 다른 이의 의견에 귀 기울일 수 있는 자세이다. 궁극적으로 학생 스스로 독립적으로 사고할 수 있는 능력을 배양하는 데 그 목적이 있다. 튜터는 필요한 경우, 학생이 튜터리얼 수업 이외에 도움이 될 수 있는 강의를 추천한다. 학생들은 튜터리얼 수업을 통해 대학본부에서 주관하는 시험을 준비한다.

- 공학, 수학, 물리학, 의학과 같은 과목은 몇 주의 강좌$_{Lecture}$를 진행한 후에 여러 문제를 풀어 튜터리얼 수업 전에 제출하고 피드백을 받는다.

- 인문, 사회과학 과목은 강의 비중이 적다. 튜터리얼 수업은 강의와 직접적으로 연관되지는 않지만 문제에 접근하는 다양한 방식과 어떻게 사례를 진술할지를 보여주고, 과제에 대한 맥락적 이해를 돕는다. 튜터리얼 수업마다 다음 튜터리얼 수업에 관한 과제를 받는다. 강의에서 요구하는 읽기 과제에서 제시하는 주제에 관한 에세이를 쓰도록 한다. 에세이 주제는 법적 문제나 판례에 대한 서술, 문화비평, 글 요약, 외국어 번역 등 다양하다.

② 시험제도

　■ 콜렉션(Collections)

　학생 담당 튜터 또는 칼리지가 이 시험을 주관하며, 학생의 현재 성취도에 대한 정보를 제공하기 위해 매 학기 필수적으로 실시한다(대학본부 시험을 전 학기의 말에 실시한 경우 제외). 부득이하게 시험을 보지 못해 시험을 미루어야 할 경우에는 반드시 시니어 튜터의 허락을 받아야 한다.

　■ 대학본부 시험(University Examinations)

　모든 학부생은 반드시 대학본부 시험[2]을 치르고 학과별로 정한 기준을 넘어야 진급 혹은 졸업을 할 수 있다. 대부분의 학과는 3번의 시험을 보는데, 첫 번째 시험은 Public Examination으로 1학년 두 번째 혹은 세 번째 분기에 실시된다.

　■ 프린스펄 컬렉션(Principal[3] Collection; Handshaking / Master's interview)

　매 학기의 마지막 목요일과 금요일 오후에 학생들은 프린스펄 컬렉션에 필수적으로 참석해야 한다. 학생이 수강하는 과목의 튜터는 프린스펄Principal과 시니어 튜터에게 학생의 진도에 대한 보고를 하며, 학생은 그에 대한 첨언을 할 수 있는 기회를 갖는다.

3) RC 시스템

　옥스퍼드대학교의 각 칼리지는 기본 칼리지 개념에 거주Residence가 포함되어 있으므로 후에 레지덴셜 칼리지Residential College, RC가 도입된 미국의 대학교와 달리

---

2) 시험 통과기준을 가진 학과는 대학의 표준 표지 스케일(University's Standard Marking Scale)에 따라 대부분 70점 이상은 1등급, 60점 이상은 상 2등급, 50점 이상은 하 2등급, 40점 이상은 3등급, 30점 이상은 패스의 기준을 가지고 있다. 이러한 점수를 매기는 주체나 방식, 구체적 판단 기준은 학과에 따라 다르며, 등급을 정하는 방식 역시 각 장에 등급을 정해 가장 많은 등급으로 주는 방식과 등급의 평균을 내는 방식 또는 이 두 가지 방법을 혼합하여 평균과 최소한의 기준, 그리고 최저기준을 적용하는 방식 등이 있다.

3) 대부분 각 칼리지의 최고책임자를 프린스펄(Principal)이라 칭한다.

RC란 용어를 사용하지 않는다.

옥스퍼드대학교는 38개의 칼리지와 6개의 상설 사설 학당Permanent Private Halls으로 구성되며, 자치적으로 운영되는 재정적으로 독립된 기관들이다. 38개의 칼리지는 1200년대부터 2000년대까지 오랜 기간에 걸쳐 설립되었으며, 각 칼리지의 역사와 문화는 독특하게 발전되어 왔다. 최고 책임자의 명칭도 와든Warden, 프린스펄Principal, 마스터, 렉터Rector, 프로보스트Provost 등 다양하다. 칼리지의 시니어 튜터Senior Tutor, 칼리지 튜터College Tutor, 운영 튜터Organizing Tutor, 학감 등은 칼리지의 학문적 활동, 입학, 튜터리얼 수업, 생활 관리 등을 담당한다. 또한 각 칼리지와 관계를 맺은 펠로우Fellow들이 칼리지의 학술활동을 포함한 여러 업무를 돕고 있다.

칼리지의 역사가 다른 만큼 프로그램도 다양하지만, 고유한 칼리지식 방식의 건물 구조와 전통을 가지고 있다. 외부인의 출입을 금하며, 교수와 학생의 공간이 구분되어 있다.

2. 케임브리지대학교(University of Cambridge)

1) 교양교육의 구성

케임브리지대학교에도 교양교육과정이 따로 없지만 자신만의 학부교육제도를 통해 대학 수준의 교육을 수행하고 있다. 단과대는 학부faculty와 기관들을 행정적으로 모은 단위로 예술과 인문학Arts and Humanities, 생물과학Biological Sciences, 임상의학Clinical Medicine, 인문사회과학Humanities and Social Sciences, 물질과학Physical Sciences, 기술technology 등 총 6개가 있고 30개 전공학과에서 250개 정도의 강좌가 운영되고 있다. 각 단과대에는 학부와 학과의 대표를 포함하는 심의회가 있다.

대학교University는 교육과 시험을 운영하고 학위를 부여한다. 반면 칼리지는 입학, 대학의 경력 관리, 소규모 학습을 감독한다.

영국의 학사는 3년이며, 한 학년은 3학기로 진행되는데 신입생은 학과를 정하여 입학하고 학부는 교육과 연구의 개별 주제 또는 집단 주제를 모아 관리한다. 이 일들은 보통 더 작은 단위인 학과의 업무로 나누어진다. 학생들은 학부 또는 학과의 지도에 따라 강의, 세미나, 실습 등을 신청하여 학습할 수 있다. 그러나 케임브리지는 학생들의 독립적이고 자기주도적인 학습을 강조하여 학생들이 자신의 학습능력을 최대화하고 강의와 수업 이상의 것을 습득하도록 고무하고 있다.

2) 이수 요건

① 수업(Courses)

케임브리지대학교의 특징은 융통성flexibility과 탐사성exploration에 있다. 융통성은 아래의 Shared Paper에 기술한 대로 하나의 전공에 고정되지 않고 복수의 주제를 공부할 수 있음을 의미한다. 탐사성은 Triposes라고 불리는 수업들을 예로 들 수 있는데, 첫해에는 매우 넓은 범위의 영역을 포괄하는 과목들을 제공하여 학생들이 이 중 골라 다음 해부터 전공에 더 집중할 수 있도록 선택의 폭을 넓혔다. 대학에서 공부할 전공이 명확한 학생은 과목을 특화하여 수강할 수 있고, 그렇지 않은 학생들은 자신들이 집중할 분야를 정하기 전에 더 넓은 과목을 탐색할 수 있다.

▪ 교과(수업) 구조

교과는 '파트(전공과정)'로 나뉘고 각 파트는 1~2년 동안 지속된다.

– 아너Honour 등급으로 졸업하려면 학생들은 두 파트에서 시험을 통과해야 한다.

– 공학과 과학 영역 수업에는 파트 Ⅲ을 이수해야 공학석사MEng 또는 과학석

사$_{MSci}$ 학위 과정에 지원할 수 있는 자격을 얻을 수 있다.

▪ Shared Papers[옵션(option) 또는 토픽(topic) 공유]

많은 교과는 몇 가지 주제를 포괄한다. 현재 30개의 전공 교과과정에 65개 이상의 주제가 있다. 주제가 겹치면 일부 옵션스$_{options}$와 토픽스$_{topics}$(케임브리지대학교에서는 이를 paper라 함)를 학위 취득을 위한 복수의 수업에 제출하여 인정받을 수 있다(이를 '공유한 shared' paper라 한다). 예를 들어:

- 일부 고전과 언어 paper는 영어 수업에 제출할 수 있다.
- 일부 인문학, 사회과학과 정치학 paper는 교육전공 학생들에게 유용할 수 있다.
- 심리학과 행동학은 자연과학 수업의 진화와 행동 paper를 공유할 수 있다.

학생들은 의무적으로 공부해야 하는 주제들 외에도 위의 paper를 활용하면 교과목들을 자신들의 목적에 따라 재단할 수 있어 전공에 관련된 좁은 영역에만 제한되지 않을 수도 있다.

▪ 교수법(Teaching Methods)

케임브리지대학교는 높은 수준의 강의, 특정 주제에 대한 세미나, 기술 습득을 위한 실습, 개인별 심화학습과 학습 점검을 위한 칼리지의 감독, 방문학습과 언어연수, 연구 프로젝트의 독립적 수행, 외국과의 교육 프로그램 교류, 현장학습 등 학생들의 학습을 위한 다양한 시도를 하고 있다.

② 평가(Assessment)

교과 평가는 소속 대학에 따라 수업 내내 지속적으로 수행할 수도 있고 마지막 시험으로 수행할 수도 있다. 교과의 각 파트의 평가는 독립적이다. 각 파트의 끝에는 모든 시험에 대한 누적 평가가 이루어지는데, 학점 부여 체계가 아니어서 점수의 평균이 최종학위 결과에 사용되지 않는다. 최종학위 성적표에는 학생이 수행한 paper와 관련되었거나 파트별 수강한 교과목명이 기재된다.

- 평가의 주요 형식은 필기시험으로 각 파트당 보통 4~8번 시험이 있다.

- 많은 과학 영역에서는 전공별로 특화된 실기를 평가한다.

- 대부분의 교과는 연구프로젝트와 논문을 포함하는데 필기시험에 더해 평가될 수도 있고 필기시험을 대체할 수도 있다.

③ 전공 변경(Changing course)

케임브리지 대학의 교과과정의 범위와 융통성으로 인해 대부분의 학생은 동일한 전공을 유지한다. 그러나 칼리지의 동의를 얻어 입학 후 1년 또는 2년 후에 전공변경이 가능한데 학생들은 변경에 요구되는 교과목을 이수하여야 한다. 대부분의 변경은 과학 영역 또는 예술 영역 내에서 이루어지지만 영역 사이의 이동도 가능하다. 모든 것이 가능한 것은 아니지만 교과과정은 융통성이 크기 때문에 넓은 범위의 과목 간 조합이 가능하다.

3) RC 시스템

케임브리지대학교의 RC는 칼리지를 단위로 운영된다. 1284년부터 31개의 칼리지가 형성되어 오늘에 이르고 있는데, 학생들은 본인이 지원하거나 임의로 배정받은 29개의 칼리지에 소속된다(2개의 칼리지는 학부생을 선발하지 않음). 각각의 칼리지는 학습모델을 제공하는 학문 공동체 역할을 하며 소속 학생들은 함께 생활하며 다양한 동아리와 여러 사교활동에 참여한다. 예를 들어, 학부학생들은 이상적인 교육모델 중의 하나로 간주되는 소집단 학습 세션Small Group Teaching Sessions이라는 관리를 받게 된다. 각 칼리지는 나름대로의 내부 절차에 따라 자체적으로 운영하고 있는데, 대학교 규정에 따라 입학한 학부 또는 졸업한 학생 중에서 소속 학생을 선발할 수 있고 고학년 학생들에게 연구비와 공간을 제공하기도 한다.

대부분의 칼리지의 최고책임자 명칭은 마스터Master이지만 칼리지에 따라 미스트리스Mistress, 프레지던트President, 프린스펄Principal, 프로보스트Provost, 와든Warden 등으로 다양하다. 각 칼리지에는 전공이 다른 몇 명의 입학 튜터Admission Tutor, 시니어 튜터Senior Tutor, 개인 튜터Personal Tutor, 학생 학감Dean of Students 등이 있어 입학, 칼리지의 학문적 활동, 튜터리얼, 생활 관리 등을 담당한다. 각 칼리지에는 다수의 펠로우Fellow가 있어 칼리지의 많은 업무에 관여하고 있다.

케임브리지대학교를 구성하는 과, 학부, 단과대의 중심에는 전체 대학 차원의 중앙행정팀이 있지만 규모는 작다. 칼리지가 자체적으로 운영을 하고 칼리지 소속 교직원들이 케임브리지의 일상적인 행정을 수행하고 있기 때문이다. 또한 각 칼리지는 기부금과 보유 재산을 자체적으로 관리하고 있다.

3. 하버드대학교(Harvard University)

1) 교양교육의 구성

하버드대학교의 학부교육은 아트와 과학 패컬티Faculty of Arts and Science 산하의 하버드 칼리지Harvard College를 중심으로 이루어진다. 하버드대학교에서 필수 교양교과제도를 운영하고 있는데, 오랜 기간 폭넓은 주제와 접근법을 포함하는 학부교육을 제공하고자 학생들에게 전공 이외의 교과과정을 이수하도록 졸업요건으로 규정하였다. 교양교육의 목표는 자유로운 탐구 정신을 기반한 교육을 학교 밖의 세상, 졸업 후 학생들의 삶과 연결시키는 것이다. 이를 위하여 시민 참여를 위한 연습, 예술, 생각, 가치의 전통이 빚어낸 결과물이자 생산 주체로서의 자아 이해, 변화에 대한 비평적·건설적 대응, 자신의 말과 행동을 윤리적 차원에서 이해하도록 교과과정을 편성하였다.

2) 이수 요건

필수교양General Education, 쓰기Expository Writing 그리고 외국어 요건Language Requirement은 합쳐서 9개에서 11개의 강좌를 듣거나 전체 프로그램 가운데 30%를 이수해야 한다.

① 필수교양 요건

학생들은 8가지 교양교육 영역, 즉 미와 해석의 이해Aesthetic and Interpretive Understanding, 문화와 신앙Culture and Belief, 경험과 수학적 추론Mathematical Reasoning, 도덕적 추론Ethical Reasoning, 생명계의 과학Science of Living Systems, 물질세계의 과학Science of the Physical Universe, 세계의 사회Societies of the World, 세계 속의 미국United States in the World 등에서 1개의 교과목을 이수하고, 최소 1개 항목은 반드시 과거에 대한 연구와 연관되어야 한다.

② 쓰기(Expository Writing) 요건

신입생은 1학년에 하버드 대학교 글쓰기 프로그램Harvard College Writing Program에서 제공하는 쓰기Expository Writing로 인정되는 강의를 반드시 등록해야 한다. 최종 성적이 D- 이상이어야 하며 경우에 따라 **Harvard College Writing Program**의 디렉터Director가 다음 학기에 추가 과제를 부여할 수 있다. 패스 · 논패스P/NP 강의나 여름 계절강의는 요건 충족을 못 한다.

③ 외국어 요건(Language Requirement)

학생들은 3학년이 시작하기 전에 적어도 1개 외국어에 대해 읽기를 포함하는 대학입학시험위원회 SAT Ⅱ 시험College Entrance Examination Board SAT Ⅱ Test에서 최소한 700점 이상을 얻어야 한다. 또는 해당 학과에서 인정하는 하버드 교환 프로그램에서 취득한 적정한 수준의 강의나 외국어 강의에서 등급성적을 부여받은 경우, 다른 기관에서 들었지만 시험이나 최소 등급을 성취한다면 해당 외국어 학과에서 승인받은 경우는 요건을 충족한 것으로 간주할 수 있다. 또한 고등학교에서의 수업이 영어가 아닌 외국어로 진행된 경우 공식 고등학교 증명서를 통해 요건을 충족할 수 있다. 뿐만 아니라 하버드대학교에서 한 외국어 분야에서 등급성적을 부여하는 1년 단위의 강의(8학점) 또는 두 학기의 강의(각 4학점씩), 또는 외국어 학과에서 인정하는 이와 동등한 강의를 이수한 경우도 인정된다. 다만 영어로 진행되는 외국어 문학 강의는 포함하지 않는다.

3) RC 시스템

하버드 대학교의 RC는 '하우스'라고 부른다. 영국의 경우와 달리 1학년은 따로 RC를 경험하게 되는데 1학년은 4개의 1학년 야드Freshman Yards에, 2학년부터 4학년까지는 13개의 하우스House에 소속되어 거주한다. 4년간 학사지도는 학년별로 소속된 야드, 하우스, 전공concentration에서 진행한다. 1학년은 4개 야드의 1학년 학사지도 네트워크를 통해서, 2학년은 2학년 학사지도 프로그램을 통해서, 3, 4학년은 48개의 전공에서 전공 학사지도가 이루어진다. 1학년의 경우, 1학년 학사지도교수, 1학년 RC 학감, 프록터Proctor, 상담 펠로우Peer Advising Fellow 등이 학사와 생활에 관련된 학생지도를 담당하는데 1학년 학감 오피스Freshman Dean's Office에서 신입생의 RC 기반의 학생지도를 담당하고 있다. 2학년 이상의 학생이 기거하는 하우스에는 하우스 마스터패컬티 학감, RC 학감, 하우스 사무원, RC 튜터, 비RC 튜터, 하우스 위원회House Concil, HoCI 등이 있는데 추가의 구성원이 있는 하우스도 있어 학생들의 생활, 행정, 학습 지도, 상담 등을 수행한다. 각 하우스는 소규모의 하우스 펠로우House Fellow 그룹을 마스터의 협의회Master's Cabinet로 만들어 하우스 생활의 문화적·학문적 측면을 발전시킬 수 있도록 하우스 마스터를 지원한다.

4. 예일대학교(Yale University)

1) 교양교육의 구성

학부교육은 예일칼리지에서 담당한다. 예일대학교에서는 별도의 필수교양 교과목을 개설하지 않고 있다. 그러나 배움의 초점이 지나치게 편협하거나 흩어지지 않도록 하기 위해 분배의 원칙뿐만 아니라 집중의 원칙을 가지고 있다. 이러한 원칙에 따라 1, 2학년 교육은 주제 및 접근의 적절한 다양성을 지니고, 이후 교육은 하나의 전공에 집중하는 특징을 보인다. 모든 학생은 향후 공부와 인생의 기회를 결정짓는 글쓰기, 정량적 추론, 외국어 등 기초능력과 관련된 과목을 수강해야 하며, 늘어나는 세계화 추세에 맞추어 해외연수 경험을 장려한다. 36과목을 이수해야 졸업할 수 있으며 인문학 및 예술, 과학, 사회과학의 영역과 정량적 추론, 글쓰기, 외국어 능력 영역에서 배분이수 요건을 갖추어야 진급과 졸업이 가능하다. 매년 65개 부서와 프로그램을 통해 폭넓고 깊은 주제를 다루는 2,000여 개의 과목이 제공되며, 많은 저명한 교수가 입문 과목을 가르치고 있다.

2) 이수 요건

배분이수제는 모든 졸업생이 지식에 대한 다양한 의문과 접근에 익숙해지도록 하는 것을 목적으로 하는 최소한의 교육에 해당하며, 최종 목표가 아닌 출발점으로 간주된다. 세 가지 학문 영역Disciplinary Areas, 즉 인문학 및 예술, 과학, 사회과학 영역에서 각각 최소한 2과목을 이수해야 하고, 능력skill에 해당하는 정량적 추론 영역 2과목, 글쓰기 영역 2과목을 이수해야 하며, 외국어 능력의 숙달을 위한 강의도 들어야 한다. 입학 당시의 외국어에서의 성취 수준에 따라 1~3과목 혹은 승인된 유학으로 최종 요건을 충족해야 한다. 다양한 역사, 문명, 고

대, 현대, 과학, 수학, 사회 등을 탐구함으로써 학생들은 인간의 정신과 다양성에 대한 식견을 넓히고 자신들의 문화에 대한 비판적 사고가 가능해진다. 또한 복잡한 자연과 우주를 인식하고 일상에 풍부함을 부여해주며, 세계 인구의 급증과 여러 문화 간 접촉과 갈등이 일어나는 현시기에 인간의 다양한 현상에 대한 설명을 제시하므로 이러한 탐구는 상당히 중요한 의미를 갖는다. 각 전공의 교과목 설명서에는 배분이수제의 학문 영역과 능력 영역이 표시되어 있다. 학생들은 졸업과 다음 학년으로 진급하기 위해서는 학년별 배분이수 요건과 글쓰기, 정량적 추론, 외국어 요건을 충족시켜야 한다.

아래의 표는 학년마다 다음 학년으로 진급하기 위해 취득해야 하는 학점과 교과목을 나타낸 것이다. 8학기까지 역량과 학문 영역을 합쳐 36학점, 3개의 학문 영역에서 각각 2과목, 정량적 추론과 글쓰기 능력 영역에서 각각 2과목 이수, 외국어 과목 최소 1개 이상 이수해야 졸업이 가능하다.

표 2. 예일칼리지의 학년별 진급과 졸업 요건

학년	이수학점	이수 교과목	
		능력 영역	학문 영역
1	8	QR, WR, L 중 2과목 이수	–
2	16	QR, WR, L 각각 1과목 이수	Hu, Sc, So 각각 1과목 이수
3	26	QR과 WR 각각 2과목 이수, L 1과목 이수	Hu, Sc, So 각각 1과목 이수
4	36	QR과 WR 각각 2과목 이수, L 1과목 이수	Hu, Sc, So 각각 2과목 이수

※ QR: Quantitative Reasoning, WR: Writting, L: Language, Hu: Humanities and Arts, Sc: Sciences, So: Social Sciences

3) RC 시스템

모든 학부생은 예일칼리지의 학생이며 12개의 RC 중 하나에 소속된다. 85%

의 학생이 안뜰을 둘러싼 건물Quadrangle이나 연계된 기숙사Dormitory에 거주한다. 1학년 대부분은 구캠퍼스Old Campus에 거주한다. 캠퍼스 거주 여부에 관계없이 모든 학생은 대학생활 내내 1개의 칼리지에 소속되어 활동한다. RC는 학점을 인정받는 세미나를 개설하고, 친목 행사, 축제, 콘서트 등을 개최하고, 소통의 장, 예를 들어 '마스터와 차Master's Teas'라고 불리는 다과회 등을 마련하기도 한다. 이러한 활동을 바탕으로 12개의 RC는 각각 고유의 역사와 전통을 발전시키고 있다.

모든 칼리지에는 각각 RC에 거주하는 Head구마스터, 학사지도 책임자인 RC 학감과 Head를 지원하는 행정팀Service Assistant, Operation Manager, Senior Administrative Assistant과 RC 학감을 지원하는 행정직원Senior Administrative Assistant이 있다. 튜터들은 학생들의 학습을 돕는다. 1학년의 경우, 1학년 학사지도교수Freshman Adviser의 학사지도를 받고 구캠퍼스 펠로우Old Campus Fellow, 1학년 상담사Freshman Counselor, 상급생Peer Liason 등으로부터 생활과 학습에 도움을 받는다. 2학년에는 2학년 학사지도교수Sophomore Advisor를 선택하고 학습과 관련하여 학부학습 디렉터Director of Undergraduate Studies의 도움을 받는다. RC 펠로우RC Fellow들은 자신의 전문 지식과 경험에 대해 소그룹 학생들에게 알려주는 활동을 한다.

5. 프린스턴대학교(Princeton University)

1) 교양교육의 구성

프린스턴대학교는 학부교육을 중요시하는데 학생 각각의 의무와 자유로운 사고의 중요성을 강조한다. 이 대학이 원하는 인재상은 학생들 스스로 필요한 지식과 정보를 찾고 졸업 후 사회에 기여할 수 있는 전문성과 판단력을 구비하는 것이다. 이를 위한 프린스턴대학교의 교양교육과정General Education Requirements은 다음과 같은 특징을 가진다.

프린스턴대학교는 각 학생이 진정으로 자유교육을 성취할 수 있도록 교육 프로그램을 제공하는 데에 노력을 기울이고 있다. 각 학과와 학부가 자체적으로 요구하는 과정이 있지만 대학 차원에서는 이를 넘어서 모든 학생이 언어 능력과 사고력, 도구적 기술을 습득할 것을 졸업 요건에 포함해 요구하고 있다. 공학도가 인간행동, 성격, 생활방식을 이해하거나 역사, 미학, 문학 이론 등을 공부하여 비판적 능력을 발전시키는 것이 중요한 만큼, 인문학도가 정량적 추론이 지닌 엄밀함을 이해하고 과학적 탐구와 기술 발전의 정도와 한계에 대한 기본지식을 배양하는 것도 중요한 것으로 간주한다. 이러한 목표를 위해 프린스턴대학교는 글쓰기, 외국어, 배분이수제를 제안한다. 이 중 배분이수 영역은 교육과정에 따라 학생들이 자신의 학습을 진행할 때에 광범위한 지적인 지도가 가능할 것으로 기대한다. 또한 배분이수 영역은 중요하고 실질적인 탐구 영역과 풍부하고 지속적인 학부교육과 결합된 방법론적 접근에 필요한 범위를 제시한다.

2) 이수 요건

프린스턴대학교의 학위 과정은 문학 학사Bachelor of Arts, A.B.와 과학 및 엔지니어링 학사Bachelor of Science and Engineering, B.S.E.로 나뉘는데, 각 학위 프린스턴 과정에 따라 학생들이 이수해야 하는 교양교육과정의 이수학점은 다음과 같다.

표 3. 프린스턴대학교의 배분이수제에 대한 졸업과 진급 요건

영역		A.B. 학생	B.S.E. 학생
		이수해야 할 과목(course) 수	
Writing Seminar(글쓰기)		1	1
Foreign Language(외국어)		시작 수준에 따라 1~4학기 수강	최소 7과목 이수: 외국어, EC, EM, HA, LA, SA 등 6개 영역 중 적어도 4개 영역에서 1과목씩 이수
Distribution Areas (배분 이수 영역)	Epistemology and Cognition: EC	1	
	Ethical Thought and Moral Vaules: EM	1	
	Historical Analysis: HA	1	
	Literature and the Arts: LA	2	
	Quantitative Reasoning: QR	1	
	Science and Technology: STL/STN	2	
	Social Analysis: SA	2	
	Mathematics		4학기
	Physics		2학기
	Chemistry		1학기
	Computer Science		1학기

※ 출처: https://odoc.princeton.edu/curriculum/general-eudcation

모든 학생은 예외 없이 1학년 때에 글쓰기Writing Seminar를 수강해야 한다. 글쓰기 교과목들이 모두 효과적으로 비판적인 독서와 글쓰기를 교육하는 데에 중범을 두지만 다루는 주제와 교과 내용은 다양하여 학생들은 관심 있는 분반을 선택할 수 있다. 배분이수 영역에서 필수과목은 없는 대신 각 영역에서 학생들은 자신의 지적 호기심과 학습 목표에 따라 과목을 선택할 수 있다. 학생들은 보통 3학년까지 배분이수 과목을 마칠 수 있다.

A.B. 학생들은 글쓰기와 EC, EM, HA, QR 영역에서 한 과목씩, LA와 SA 영역에서 두 과목을 수강해야 한다. 외국어의 경우, 각 학생의 수준에 따라 최소 1학기, 최대 4학기까지 수강할 수 있다. 과학과 기술 영역에서 두 과목을 수강해야 하는데 이 중 적어도 한 과목은 실험을 포함한 과학이나 공학 교과목Science and Technology course with Laboratory, STL을 수강해야 하고 나머지 하나는 다시 STL을 수강하거나 실험이 없는 과학 교과목nonlaboratory science course, STN을 수강할 수 있다. A.B. 과

정의 학생들은 3학년까지 외국어 능력을 습득해야 졸업이 가능하다. 학부학생들은 AP 테스트 또는 SAT 테스트 또는 프린스턴대학교의 진단평가 테스트 등으로 외국어 능력을 인정받을 수 있다. 외국어 이수를 위해서는 보통 3~4학기가 필요하고 학생들이 외국어 능력 향상을 위해 해외연수 프로그램에 참여할 수 있다.

B.S.E. 학생들은 다변수 미적분학, 선형대수를 포함하여 수학을 4학기 동안 이수해야 하고 물리는 2학기 동안, 화학과 컴퓨터과학은 각각 한 학기씩 이수해야 한다. 또한 학생들은 쓰기Writing Seminar를 1학년에 이수해야 하고 외국어 EC, EM, HA, LA, SA 등 6개 영역 중 4개 영역에서 각각 1과목씩을 이수해야 한다. 화학공학과 생명공학 전공학생들은 EM 영역에서 1과목을 이수해야 한다.

3) RC 시스템

프린스턴대학교의 RC 시스템은 학생들에게 주택과 음식은 물론 학생들이 학교가 제안하는 모든 편리를 취하도록 (학사)지도와 재원들을 제공한다. 현재 "강한 공동체 의식, 협력과 상호 존중의 자세를 갖도록 하고 개인의 진취성과 인격의 성장이 일어나도록 하며 학생들이 정직성, 진실성, 공정성 등과 같은 핵심가치를 개발하고 창조성, 호기심, 동료의식, 문제해결능력, 리더십 능력과 자신과 남의 웰빙에 대한 책임감을 고취하는 것" 등을 목표로 하는 6개의 RC가 있다. 1학년과 2학년 학생 모두는 6개의 RC 중 하나에 배정된다. 3학년과 4학년은 RC 또는 외부에서 기거할 수 있는데 졸업 전까지 특정 RC와 관계를 유지하면서 일정한 역할을 하도록 권장받는다.

각각의 RC는 공동체의 사회적 · 학술적 활동의 전망과 방향을 제안하는 칼리지 마스터Head of college가 총괄적인 책임을 진다. 칼리지 마스터는 시니어 패컬티 중의 하나이고 학감, 학습 디렉터director of studies, 생활 디렉터director of student life, 칼리지 사무원college administrator, 칼리지 총무college secretary로 구성된 상근 직원들의 보조를 받아 학생들의 학사지도, 학습, 행정 등을 수행한다. 각 칼리지와 관계를 맺은 수십 명의 패컬티 펠로우faculty fellow는 RC의 모든 일에 관여하도록 권유하고 있고 각 칼리지에는 상주하는 페컬티 펠로우가 있어 적극적인 활동을 한다. 또한 상주하는 대학원생들은 멘토 역할을 수행한다.

3

RC 관련 기사

국제캠 RC, 학생과 학교의 목소리를 듣다

학교 측 "제3의 창학 통한 경쟁력 강화 기대"

국제캠 TFT에서는 1학년의 국제캠 RC 교육 필요성으로 △우리나라의 새로운 교육모델 제시 △교육의 질 향상을 들고 있다. 공동체 생활을 통한 전인교육으로 글로벌 리더를 양성할 뿐만 아니라, 1학년 교육의 질을 높여야 한다는 것이다. 학부대의 자료에 따르면 1차 학사경고를 받는 학생 중 50%가 1학년이며, 1학년 중 2회 학사경고를 받는 학생도 매년 70명에 이른다. 이는 1학년을 '쉬는 학년'으로 인식하는 데서 기인했다고 학부대 측은 설명한다.

이를 위해 학교는 레지덴셜 어시스턴트(Residential Assistant, RA*)-잉글리시 레지덴셜 펠로우(English Residential Fellow**)와 레지덴셜 헤드(Residential Head***)-레지덴셜 마스터(Residential Master****)의 관리로 이뤄지는 최소 3, 4단계의 밀착형 학생 지도체계를 준비하고 있다. 또한 1학년 RC가 시행될 경우, 단과대 단위를 다채롭게 섞어 한 학기씩 시행하는 방안을 적극 고려하고 있다. RC 제도가 시행된다면 1학기에는 △문과대 △공과대 △교육대 △간호대가, 2학기에는 △상경대 △경영대 △이과대 △생명대 △신과대 △사회대 △생과대가 가게 되며, △자유전공 △UIC △의·치예과 및 약학대는 1년을 생활하게 된다는 설명이다.

학교는 시설 문제에 대해서도 2013년도부터의 시행에 큰 무리가 없을 것으로 보고 있다. 국제캠 총괄본부 사업추진단 총괄기획팀장 김갑성 교수(공과대·도시공학)는 "기숙사는 이미 1단계 착공을 마쳐 1천 900명을 수용할 수 있으며, 2단계를 2013년 12월에 완공하면 4천 명의 학생들을 동시 수용할 수 있게 된다"고 밝혔다. 따라서 2013년에 한 학기씩 1학년생을

---

* Residential Assistant-학부 및 대학원생으로, 1인당 25명의 신입생 멘토 역할.
** English Residential Fellow-원어민 교수로 학생과 함께 생활
*** Residential Head-강의 교수님으로 학생과 함께 생활
**** Residential Master-RC 교육 및 학생 관리 총괄

수용하고, 2014년에 1학년 학생 전원을 수용하는 데 문제가 없다는 것이다. 또한 김 교수는 "강의실 및 교수연구실, 실험 실습실, 동아리실은 2012년 12월까지 완공 예정이고 각종 편의 · 체육시설은 이미 완비돼 있다"고 밝혔다.

학생 측 "공동체 붕괴 우려, 충분한 준비 돼 있지 않아"

한편 총학생회 중앙운영위원회(중운위는 △공동체 붕괴 우려 △국제캠에 갈 충분한 준비가 돼 있지 않다는 이유 등을 들어 2013년부터의 1학년 RC 제도 시행을 반대하고 있다. 중운위 는 "선배들과 함께 생활함으로써 만들어나가는 공동체 문화를 파괴할 우려가 있다"고 우려를 표한 바 있다.

중운위의 문제 제기는 3월달 초부터 계속돼 왔다. 지난 12일에는 정갑영 총장 및 국제캠 TFT, 그리고 중운위가 참석한 연석회의가 열렸다. 연석회의에서는 정 총장이 직접 국제캠 RC 교육의 장점을 발표한 것으로 알려졌다. 그러나 이에 중운위 측이 "학교 측이 RC 프로그램의 장점만을 내세우며 1학년 국제캠 이전을 기정사실화했다"며 "이는 진정한 소통이 아니다"라고 입장을 밝혔다. 이후, 지난 15일 2012학년도 1학기 확대운영위원회(확운위)에서 국제캠 관련 논의 후 (관련 기사 1679호 1면 '확운위, 일방적 의사결정제도를 거부하다') 학생 사회의 공식 입장이 정해졌다.

총학생회장 김삼열(경영 · 08) 씨는 "그 외에도 학교가 내놓는 모든 프로그램이 진행될 수 있을 정도의 재정이 확보될지 의문스럽고, 교육과정의 준비도 충분치 않다고 생각된다"고 밝혔다. 총학생회는 1학기마다 오가는 학생들의 주거 문제도 지적했다. 김 씨는 "신촌 근처의 하숙집, 자취방이 실질적으로 6개월 단위로는 구하기 힘든데, 천여 명의 학생들이 한 학기마다 주거 문제를 잘 해결할 수 있을까 우려된다"고 밝혔다. 또한 셔틀버스 확충 문제, 건강센터 및 병원의 부재 등 많은 문제가 제기되고 있다.

정세윤 기자 etoiledetoi@yonsei.ac.kr

[보도기획]

연세춘추 2015-11-15

1학년의 둥지가 된 국제캠,
학생들의 하우스 생활을 들여다보다

지난 2014년부터 전면 RC 제도가 시행됨에 따라 1학년 학생들은 국제캠에서 의무적으로 1년간 거주한다. 이런 상황 속에서 기숙사 생활은 학생들의 삶에 가장 큰 영향을 주는 요소라고 할 수 있다. 기숙사 내에서 국제캠 학생들은 ▲하우스 프로그램 ▲RA들과의 교류 ▲RC 프로그램 등 다른 대학교에서는 경험할 수 없는 다양한 것들을 경험하게 된다.

하우스, 어떻게 운영되고 있을까

RC제도 운영의 구성단위인 RC 하우스는 RM(Residential Master) 교수, RA(Residential Assistant), RC 학생으로 이뤄진다. 현재 우리 대학교에는 ▲한결 ▲이원철 ▲언더우드 ▲윤동주 ▲무악 ▲치원 ▲용재 ▲아리스토텔레스 ▲무악 ▲에비슨 ▲청송 ▲백양하우스가 있다. 각 하우스에서 학생들은 다양한 하우스 프로그램을 경험하며, 공동체 의식과 소속감을 공유한다. 하우스들은 각자 다른 테마를 가지고 있다. 대표적으로 한결하우스는 '내실을 다지는 하우스', 윤동주하우스는 '캠퍼스 낭만을 즐기고 가족 같은 정(情)을 나누며, 문화 · 예술 감성과 창의 지성을 키우는 하우스'라는 테마를 가지고 있다.

그러나 이에 대해서 잘 모르고 있는 학생들이 적지 않은 것으로 나타났다. 우리 신문이 시행한 설문조사 결과, '하우스별 특색이 있다는 사실을 알고 있습니까?'라는 질문에 63%(186명, 총 응답자 297명)가 '알고 있다'를, 37%(111명)가 '모른다'고 답했다. 하우스 프로그램이 하우스별 테마와 특색에 많은 영향을 받는 만큼, 현재 하우스들이 각자의 특색과 테마를 더 살려야 할 필요가 있다. 위 질문에 '알고 있다'고 응답한 187명 중 '하우스 프로그램에 하우스별 특색이 반영돼있다고 생각하십니까?'라는 질문에 3%(6명, 총 응답자 187명)가 '매우 그렇다', 17%(32명, 총 응답자 187명)가 '그렇다'고 답변해 20%만이 긍정적인 답변을 보였다. 이에 대해 RM 홍혜경 교수(학부대 · 학생지도)는 "하우스마다 특색 있는 프로그램을 운영하고 있지만, 기본적으로 모든 하우스 프로그램이 RC 교육의 목표인 5C*를 바탕으로 하고 있어 공통적인 부분이 많다"고 말했다.

또한, 하우스 배정은 전공을 섞는 등 특정한 기준을 바탕으로 추첨식으로 이뤄지지만, 학생들의 특성과 의견이 반영되지 않는 것 같다는 지적이 있었다. '하우스 배정이 추첨 방식으로 이루어지는 것에 대해 어떻게 생각하십니까?'라는 질문에 1%(3명, 총 응답자 300명)가 '매우 만족한다', 13%(38명, 총 응답자 300명)가 '매우 불만족한다'고 답했다. 이에 대해 홍 교수는 "처음에는 비슷한 특성의 학생들을 모았지만, 학과의 경계를 줄이고 다양한 학생들의 교류를 위한 원칙하에 배정하게 됐다"며 "하버드대나 예일대와 같은 해외 명문대의 경우 자세한 설문 조사를 고려해 체계적으로 방을 배정하고 있으며 우리 대학교 또한 몇 가지 기준을 바탕으로 기숙사를 배정하고 있다"고 전했다.

하지만 하우스 배정 시 입사 전 흡연 여부, 아침형 · 저녁형 인간인지를 묻는 설문 결과가 방배정에 잘 반영되지 않는다는 의견도 있었다. 조원희(국문 · 15) 씨는 "학생들이 자신의 생활 습관에 대해 제대로 알지 못해 다르게 답변하는 경우가 있어 전적으로 학교 책임이라고 할 수는 없지만, 실제 설문 결과가 반영되지는 않는 것 같다"고 말했다.

* 5C: 소통능력(Communication), 창의력(Creativity), 융복합능력(Convergence), 문화적 다양성(Cultural Diversity), 크리스천 리더십(Christian Leadership).

RC를 이끌어가는 사람과 학생들

RC 제도 대상 학생들은 RA, RM 교수, 학사지도교수로부터 학업과 RC 생활에 대한 도움을 받고 있다. 이 중 기숙사에 상주하며 학생들에게 도움을 주는 RA는 우리 대학교 2학년 이상의 학생들로 구성된다. RA는 RC 프로그램을 기획하고, 상담을 통해 학생들이 학업 및 기숙사 생활에 잘 적응할 수 있도록 도와 RC 교육을 이끌어가는 역할을 한다. 설문조사에 따르면, 'RA로부터 가장 큰 도움을 받는 부분은 어떤 부분입니까?'라는 질문에 학생들은 ▲기숙사 생활(31%, 86명) ▲RC 프로그램 참여(56%, 156명) ▲학업(5%, 14명) ▲일상 고민 상담(4%, 10명)의 순으로 도움을 받는다고 답했다.

RA들은 기숙사에 거주하며 장학금을 받지만, 프로그램 기획과 저녁에 열리는 정기 회의에 참석하기 위해서는 많은 시간을 할애해야 한다. 치원 하우스 RA 김동준(국문 · 09) 씨는 "자기계발을 할 수 있고 장학금이 지원돼 RA에 지원하려는 사람들도 있지만, 실제로 프로그램 기획, 상담 등의 업무에서 부담을 느끼는 RA들도 많다"고 말했다.

RM 교수는 RA를 관리하는 등 전반적인 하우스 교육을 책임지고 있다. 홍 교수는 "강의실 안에서의 배움이 밖에서까지 이어져 학생들이 상향평준화되도록 도와주는 것이 RM 교수의 역할"이라고 말했다. 학업계획을 체계적으로 세우고, 캠퍼스 생활에 더욱 전문적인 도움을 얻기 위해서는 학생들 또한 교수와의 면담을 적극적으로 활용해야 할 필요가 있다.

기숙사 내 무질서 행위에 관해 상점 및 벌점을 부여하고 안전사고를 처리하는 RHC(Residence Hall Coordinator)는 우리 대학교 대학원, 학부 2~4학년 재학 또는 휴학생 중에 선발된다. 하지만 RHC가 활동하는 과정에서 ▲권위적인 태도 ▲사생활 침해 ▲과도한 규제 등이 학생들 사이에서 지적되기도 했다. 실제로 지난 10월 1일, RHC의 기숙사 방 불심검문으로 인해 학생들이 불만을 제기했고, 이에 국제캠 학생대표위원회(아래 국학위)는 불심검문으로 인한 피해 사례를 수합하고 재발을 방지하고자 면담을 진행한 바 있다. 국학위 의장 심재용(정외 · 15) 씨는 "이와 관련해 학교와 3차례에 걸쳐 면담했고, 학생 측에서 RHC 매뉴얼의 윤곽을 생각해 놓았다"며 "학교 측에서 RHC의 벌점 부과 기준에 관해 개정하고 이를 학생들이 검토하는 방식으로 진행된다"고 설명했다. 'RHC의 벌점 부과 기준에 대해 어떻게 생각하십니까?'

라는 질문에 대해 '부적절하다'고 응답한 84명의 학생은 그 이유로 '대학생은 자율적으로 책임지는 성인이기에', '하우스별, 사람별로 기준이 애매해서', '사생활이 침해돼서' 등을 꼽았다. 김 팀장은 "현재 RHC 매뉴얼을 수정·보완하고 있으며, 오는 11월 안에 초안 완성을 예상한다"고 밝혔다. 학생들의 안전한 기숙사 생활을 위해서 학생들의 권리가 침해되지 않도록 제도적 개선과 소통이 요구된다.

글 이유림 기자 yurrr1104@yonsei.ac.kr

한선희 기자 thisun019@yonsei.ac.kr

그림 이주인 기자 master0207@yonsei.ac.kr

국제캠, 제3의 창학 요람 될 수 있을까

신입생 국제캠 RC로 국제캠 상주 학생 수 급증, 교류와 생활상의 문제 대두돼

우리 대학교는 지난 2011년 인천 송도국제도시에 국제캠을 개교하며 제3의 창학을 선포했다. 송도국제도시라는 환경을 바탕으로 국제교류, 산학협력, 해외 대학과의 협력 증대를 이루겠다는 것이 국제캠 설립의 주된 취지였다. 올해로 개교 3년째를 맞은 국제캠에는 2013학년도 1학기 현재 ▲문과대 ▲공과대 ▲교육대 ▲간호대 등 총 12개 단과대 2천 125명의 신입생들이 거주하고 있다. 이 학생들은 한 학기 동안 국제캠에서 RC교육을 받게 되며 오는 2학기에는 1학기에 신촌캠에서 생활한 나머지 2천 여 명의 신입생들이 국제캠에서 RC 교육을 받게 될 예정이다. 2014년부터는 RC 교육 대상이 신입생 전체(약 4천 명)로 확대되며 이들은 1년간 국제캠에서 생활하게 된다.

과연 진정한 의미의 제3의 창학은 실현되고 있을까. 신입생 국제캠 RC가 본격적으로 시작된 지 약 한 달이 지난 지금 국제캠의 현실을 ▲신촌캠과의 교류 ▲학생들의 생활 ▲RC교육 측면에서 살펴봤다.

신촌캠과 국제캠 사이 29km 거리도 멀고 마음도 멀다

지난 2012년, 신입생 국제캠 RC교육 실시가 결정되면서 학생들의 가장 많은 관심이 쏟아진 부분은 신촌캠과 국제캠 간의 교류와 학내 공동체 유지 문제였다. 이번 2013학년도 1학기에 신입생들이 국제캠에 거주하게 된 공과대의 경우, 단과대 동아리나 학회가 주로 과 중심으로 운영돼 현재 선후배 간 소통문제에 큰 어려움이 없는 것으로 보인다. 공과대 학생회장 민경민 (토목·10) 씨는 "공과대의 경우 신입생들이 모두 국제캠에서 거주하고 있더라도 신촌캠에 행사가 있을 경우 다 같이 참여하는 분위기가 형성된다"며 "1학기가 끝나면 2박 3일로 신촌 캠 새내기 배움터를 준비해 신입생들의 2학기 신촌캠 생활 적응을 도울 예정"이라고 말했다.

그러나 공과대와 달리 문과대의 경우 새내기들이 과 행사를 잘 참여하지 않는 분위기가 형성 돼 학생회 및 문과대 동아리의 침체도 우려되고 있다. 문과대 학생회장 김동준(국문·09) 씨 는 이에 대한 해결방안으로 "학생회 차원에서 새내기들과 지속적인 교류를 위한 다양한 사업 을 준비 중"이라며 "오는 5월에 국제캠에서 체육대회를 개최할 예정이며 국제캠국과 '국제캠 생활자문단'을 창설해 국제캠과 직통으로 소통할 계획을 갖고 있다"고 전했다. 또한 문과대 학생회는 과 회장들이 일주일에 한 번 이상 국제캠을 방문하고 2학기에는 신촌 재적응 오리 엔테이션을 갖는 등 끊임없이 자리를 마련할 예정이다.

한편 50대 총학생회(아래 총학)에서는 두 캠퍼스 간의 활발한 교류를 위해 소통자문단을 발 족했다. 소통자문단장 정진원(생명공학·12) 씨는 "지난 2012년부터 학교가 독단적으로 결 정하고 통보한 일련의 사건들을 보며 소통의 부재가 큰 문제라고 느꼈다"며 "소통의 부재를 해결하기 위해 총학의 공약 중 하나로 소통자문단을 발족하게 됐다"고 그 배경에 대해 설명 했다. 소통자문단은 독자적인 학생 자치기구로 직접 학생들의 목소리를 듣고 이를 총학, 단과 대 학생회 등의 기구에 전달하는 역할을 한다. 정 씨는 "직접 국제캠을 방문해 식당 줄을 보고 기숙사 방 생활에는 어떤 문제가 있는지 등을 확인할 계획"이라며 "소통자문단이 다양한 집 단의 학생들이 소속돼 있는 만큼 한 주제에 대해 다각도로 볼 수 있을 것"고 말했다.

신입생 국제캠 이전에
휘청거리는 동아리 사회

교류 부족의 문제는 비단 단과대만의 문제는 아니다. 중앙동아리를 포함한 우리 대학교 내 대 부분의 동아리가 신입생들의 국제캠 거주로 신입부원 확보에 어려움을 겪고 있다. 동아리연 합회(아래 동연) 회장 정문호(정외·04) 씨는 "2013학년도 1학기 전체 동아리 평균 지원자

수 31.2명 중 13학번 새내기는 15.9명이지만 이들 중 고작 1.2명이 국제캠에 거주하고 있는 신입생"이라 말했다. 동아리에 지원한 새내기의 80%가 신촌캠 학생이며 오직 20%만이 국제캠 학생인 것이다. 2013학년도 1학기에 국제캠에 거주하는 학생 수가 지난 2012년 대비 300% 증가한 반면 중앙동아리에 신청한 국제캠 학생 수는 10% 증가에 불과한 것 또한 신촌캠과 국제캠 간 동아리 교류가 미미함을 보여준다. 동연 회장 정 씨는 "국제캠에 거주하는 학생들이 대부분 '다음 학기에 신촌캠으로 가서 해야겠다'고 생각하며 동아리 지원 계획을 미루고 있다"고 전했다.

게다가 현재 들어온 신입부원이라도 다음 학기에 다른 캠퍼스로 옮겨가게 되면 또 다시 동아리 활동에 소원해질 것으로 예상된다. 신입생 국제캠 RC에 따른 동아리 사회의 침체에 대해 정 씨는 "동아리 사회 침체는 곧 대학문화의 침체로 이어질 것"이라며 "이런 경향이 해결되지 않으면 점차 스펙이나 흥미 위주의 동아리만 남고 학술 및 교양을 위한 동아리는 신입부원 부족으로 사라지게 될 것"이라고 우려를 표했다. 이어 정 씨는 "현재 동아리 상황이 매우 심각하지만 동아리 회장들이 그 심각성을 잘 깨닫지 못하고 있는 것 같다"고 덧붙였다.

정 씨의 지적대로 최근 동아리 사회가 직면한 상황에는 국제캠 학생들의 저조한 참여 외에도 대부분의 동아리에 신입생 국제캠 RC를 대비한 자체적 방안이 없는 것 또한 문제점으로 지적된다. 현재 중앙동아리로 등록돼 있는 75개 동아리 중 국제캠 지부를 마련한 동아리는 단 2개에 불과하다.

중앙동아리 중 '애드쿠스'는 국제캠 지부와 신촌캠 지부가 따로 마련된 대표적인 동아리다. 애드쿠스는 기존에 국제캠에 있던 동아리를 신촌캠으로 확장한 형태다. 이 동아리의 임원진은 4년 내내 국제캠에 거주하는 학생들이며 캠퍼스별로 독자적 프로젝트를 진행하고 있다는 점에서 다른 동아리들과 차별성을 가진다. 애드쿠스 국제캠 지부 회장 신다은(ASD · 12) 씨는 "두 캠퍼스 중 한쪽이 다른 캠퍼스로 가는 것으로 해 놓으면 부원들이 금방 지쳐 유대가 지속되기 힘들지만 평소엔 각 캠퍼스에서 활동하다 행사 때에 다 같이 만나는 형태라면 안정적으로 두 캠퍼스에서 운영될 수 있는 것 같다"고 말했다. 이어 신 씨는 "다른 동아리들도 각 캠퍼스에서 독자적으로 활동하다가 한 달에 한 번쯤 만나는 자리를 마련하는 것이 좋을 것"이라고 조언했다.

국제캠 생활상의 문제
3인1실 개조 강행의 후유증

교류뿐만 아니라 생활면에서도 국제캠에 거주하는 학생들의 불편이 끊임없이 제기되고 있다. 이번 학기에는 신입생 국제캠 RC 시행을 감당하기엔 국제캠의 시설과 행정 측면의 준비가 부족했다는 지적도 이어진다.

올해는 각 학기마다 국제캠 내에 약 2천여 명의 학생과 90여 명의 RA도 함께 거주하게 되나 지난 2012년 2인1실 기준으로는 기존에 마련된 기숙사에 1천 942명밖에 수용할 수 없었다. 오는 12월에는 약 2천300여 명을 수용할 수 있는 기숙사가 새로 완공돼 내년부터는 총 4천 300여 명을 수용할 수 있지만 당장 올해 국제캠에서 생활할 학생들의 수를 감당하기는 어렵게 된 것이다. 이에 대한 대책으로 지난 2012년 9월, 학교 측은 기존 2인1실 기숙사를 3인1실로 개조하는 안을 제시했다. 이에 따라 올해 국제캠에서 교육받는 학생들의 대부분은 3인1실로 개조된 기숙사에서 생활할 수밖에 없게 됐고 최근에는 이와 관련된 많은 불만들이 제기되고 있는 상황이다.

먼저 기숙사 내 1인당 면적이 9m²에서 6m²으로 줄어들어 학생 생활공간이 크게 축소됐다. 또 인터넷 선이 기존 2인1실 기준으로 2개밖에 설치돼 있지 않아 한 명은 행정실에서 허브를 대여해 인터넷을 사용해야 한다.

게다가 다인실의 경우 학생들의 카드를 인식하지 못하는 문제가 있다. 기존에 잘 사용하지 않던 다인실을 학생들 수요를 충족시키기 위해 개조하면서 이와 같은 문제가 발생한 것이다. 이에 학생들은 보안 문제에도 불구하고 문을 열어두고 생활을 해야 한다. 국제캠 RA 조동섭(경영·12) 씨는 "다인실의 경우 카드키 등록이 되지 않아 문을 열어두고 산다"며 "행정실 측에 보수 요청을 했지만 자꾸 미뤄져 고쳐지지 않고 있다"고 말했다.

식생활 문제
RC 특성에 맞게 가격 조정돼야

학생들의 식생활과 관련된 부분에서도 불만은 계속됐다. 국제캠에는 언더우드기념도서관 지하 식당과 기숙사 지하 식당이 있다. 도서관 식당의 경우 올해부터 운영을 시작해, 현재 Hot Bowl, Snack, Noodle, 그리고 Western 코너를 운영하고 있다. 도서관 지하 식당의 경우 강의실과 가까워 많은 학생들이 이용하지만, 자리가 많이 부족하고 가격도 3천 500원~5천원 정도로 2천 500원~3천 500원의 기숙사 식당보다 비싼 편이다. 기숙사와의 접근성도 떨어져 기숙사 학생들이 이용하기에 불편함이 있다.

기숙사 지하 식당의 경우 국제캠이 개교한 지난 2011년도부터 올해 3월까지 한화 푸디스트에서 운영했지만 오는 4월부터 삼성 에버랜드에서 운영하게 된다. 이에 따라 기존의 백반과 일품 두 가지 메뉴에서 네 가지 메뉴로 변경되며, 가격도 기존보다 500~1천 원 정도 올라 2천 500~4천 원 정도로 책정될 예정이다. 하수경(자유전공 · 13) 씨는 "일반 음식점에 비하면 저렴하지만 기숙사라는 특수성을 고려할 때 학생들에게 부담이 될 수 있는 가격이라고 생각한다"고 말했다.

카페의 경우 도서관 지하에 위치한 '트레비앙', 그리고 기숙사 지하에 위치한 '파스쿠치'와 '리엥'이 있고 오는 4월 말 도서관 7층에도 카페가 입점할 예정이다. 트레비앙은 우리대학교 생활협동조합(아래 생협)에서 직영하는 카페로 싼 가격에 많은 학생들이 이용하는 곳이다. 한편 파스쿠치는 개교한 시점부터 기숙사에 있었지만 가격을 시중 가격 그대로 적용하면서 비용부담이 커 학생들의 이용이 뜸한 상황이다.

편의점은 기숙사 지하의 편의점 'CU'와 도서관 지하의 생협에서 직영하는 '하늘샘'이 있다. CU는 기숙사와 가까워 많은 학생들이 이용하고 있지만 외부 가격과 동일한 가격을 측정해 신촌캠 생협의 하얀샘보다 가격이 비싸다. 이에 CU 측은 "대형 체인점인 CU 특성상 가격을 내리는 데에는 한계가 있다"며 "1+1과 같은 행사를 늘리고 일부 항목의 가격을 내릴 수 있도록 노력할 것"이라고 전했다. 하늘샘은 신촌의 하얀샘과 같은 가격과 규모로 운영돼 CU에 비해 가격 부담이 작지만 기숙사와의 거리가 멀고 운영시간이 짧아 학생들 이용의 불편함이 있다. 박준형(자유전공 · 13) 씨는 "하늘샘의 가격이 CU보다 싸서 자주 이용한다"고 하면서도 "하지만 기숙사에서 멀어 이용이 불편하다"고 말했다.

늘어난 학생 수에 무너진 학생편의

그 외에도 학생들의 생활공간에서 크고 작은 문제점들이 나타나고 있다. 기숙사 내 공용 취사실아래 취사실의 경우 학생들의 자발적인 관리가 제대로 이뤄지지 않아 위생 문제가 발생하고 있다. 학생들이 조리 기구를 사용한 후 제대로 설거지를 하지 않고 사용한 주변을 깨끗이 청소하지 않아 취사실은 매일 밤 쓰레기로 넘쳐난다. 특히 학생들의 숫자가 증가하면서 취사실 사용 인원도 늘어 문제가 더욱 심각해졌다. 이에 국제캠 기숙사 행정실 측은 "취사실은 학생들이 요리를 한 후 자발적으로 청소를 하는 것이 원칙"이라며 "하지만 자발적으로 이뤄지지 않아 매일 미화팀이 청소를 해야 한다"고 말했다. 이에 RC교육원 측은 "관리가 제대로 이뤄지지 않을 때마다 경고문을 붙이지만 그 정도가 심할 때는 임시 폐쇄를 할 것"이라고 말했다.

기숙사에 보건소가 없는 것 또한 문제다. 현재 국제캠 내에는 작은 규모의 보건실이 종합관에 위치할 뿐이며 국제캠 반경 500m 내에는 전문 병원이 존재하지 않아 긴급 상황 시 학생들이 치료를 받을 곳이 마땅치 않다. 캠퍼스 내 보건실은 운영 시간이 짧아 학생들이 긴급히 치료를 필요로 할 경우 경비실에서 도움을 청하곤 한다. 박상준(TAD · 13) 씨는 "기숙사 내에 보건실이 있으면 좋겠다"며 "어떤 학우들은 캠퍼스 내에 보건실이 있다는 사실도 모른다"고 말했다.

현재 국제캠 기숙사는 거주 학생들의 생활환경 및 안전과 질서를 위해 새벽 1시를 통금으로 정하고 있다. 그러나 많은 학생들은 쉽게 열고 잠글 수 있는 문이나 넓게 열리는 창문을 통해 통금시간을 어기며 출입한다. 이는 외부인의 출입 가능성을 열어놔 학생들의 안전에 위협을 줄 수 있다. 이에 대해 기숙사 시설을 담당하는 C&S자산관리측은 "학생들이 자주 출입하는 문에 추가 잠금 장치를 설치할 예정이다"며 "학생들이 창문을 통해 출입을 한다는 얘기도 있어 이 또한 시정할 예정이다"고 말했다.

세탁기와 건조기 시설 부족 문제도 지적된다. 지난 2012년까지는 기숙사 A동에만 학생이 거주해 A동에 남녀 각각 세탁기 7대와 건조기 4대로 수요를 충족하고 있었다. 올해 전면 RC가 시행된 후 C동에 세탁기 5대와 건조기 5대가 각각 추가돼 늘어난 수요를 맞추고자 했으나 시설 증가량이 학생 수에 비해 크게 부족했다. 강혜윤(사학·13) 씨는 "밤에 빨래를 하러 가면 세탁할 자리가 부족하다"며 "C동의 경우 건조기 3대가 고장나 있어 더욱 불편하다"고 말했다.

수강하기 어려운 필수과목, 전인교육

이런 교류와 생활상의 불편함에도 불구하고 국제캠은 RC 교육을 통해 국제캠 고유의 문화를 만들어가고 있다. RC 교육은 학습공간과 거주공간이 하나가 된 환경에서 학습활동과 공동체 활동을 융합한 통합형 교육체제를 갖춘 기숙교육프로그램을 지칭한다. ▲사회봉사, 문화예술 교양체육 과목으로 구성된 전인교육(Holistic Education, HE) ▲거주형 학습 생활공동체에서의 교과와 비교과 통합 활동을 통한 창의교육 ▲송도국제도시의 국제적 환경 체험, 영어몰입을 통한 국제화 교육이 RC 교육의 세 가지 핵심이다.

2013학년도 국제캠에는 '나사렛국제병원자원봉사', 'Creative Art(유화)', '라인댄스' 등 다양한 HE 강좌들이 개설됐다. 13학번 학생들은 학과별 RC 교과과정 이수 요건에 따라 HE 과목 중 일부 학점을 필수로 수강해야 한다.

하지만 HE 과목은 필수 수강과목임에도 불구하고 수강신청에 많은 어려움이 따른다. 특히 이번 2013학년도 1학기에는 HE 사회봉사 강좌의 수강 가능 인원이 수강희망 학생 수에 비해 적어 경쟁률이 최고 10대1에 달했다. 노희원(간호·13) 씨는 "HE 사회봉사과목을 필수로 들었어야 했는데 수강 가능 인원이 필수로 들어야 하는 학생 수보다 적었다"며 "나중에 자리가 다시 열리긴 했지만 이 때문에 타 과목 수강신청에 지장을 받은 동기들이 많다"고 불만을 표했다. 또 신입생들이 신촌캠으로 이동한 후 HE 과목 재수강 문제도 논란이 되고 있다. 졸업 필수교과목인 HE 과목에서 NP 혹은 F 학점을 받을 시 이를 만회하기 위한 재수강이 반드시 필요하지만 신촌캠에는 대체 과목이 마련돼 있지 않다. HE 과목을 위해 신촌캠과 국제캠을 오가는 것은 학생들에게 큰 부담이며 특히 일주일에 세 번 정도 국제캠 헬스장에서 주기적으로 운동을 하고 확인을 받아야 하는 헬스 수업의 경우 국제캠에 거주하지 않는 이상 재수강을 하는 것이 사실상 불가능하다.

RC 행사, 학생 참여를 높이기 위한 노력 필요해

RC 교육원은 캠퍼스에 문화 행사를 유치하는 PAS(Performing Art Series), 하우스 미팅 등 다양한 행사를 기획해 학생들에게 제공하고 있다. 그러나 이러한 노력에도 불구하고 RC 행사에 대한 학생들의 참여는 저조한 편이다. 지난 2012학년도 국제캠 RC 교육을 이수한 정지원(경영·12) 씨는 "연주회와 같은 양질의 RC 행사가 많이 있었지만 학생들이 많이 참여하지 않아 공연장이 썰렁한 경우가 많았다"며 "RC 행사에 학생들이 적극적으로 참여할 유인이 딱히 없는 것 같다"고 말했다.

학생들의 하우스 행사 참여를 장려하기 위해 국제캠 송도학사는 올해부터 각각의 특징을 가진 8개의 하우스로 구성하여 하우스의 개성을 살린 프로그램을 운영하고 있다. 〈관련 기사 1702호 '연세 호그와트', 신입생 국제캠 RC를 아시나요?〉 이에 신입생들은 입사 전에 각 하우스에 대한 정보를 제공받아 자신의 흥미에 가장 부합하는 하우스를 선택할 수 있다.

백양하우스 RA 김민경(경영·12) 씨는 "백양하우스는 창의적이고 역동적인 하우스이며 음악, 춤, 영화 위주로 운영되고 있다"며 "영화는 외부 인사, 춤은 문과대 춤 동아리 'S-Holic' 초빙을 통해 활동을 진행하고 있고 음악은 RA들이 싱어송 양성 프로젝트를 진행 중이며 선배 초청을 통해 보컬 트레이닝도 이루어지고 있다"고 하우스 프로그램을 소개했다. 실제로 지난 3월 29일 김찬솔(건축·13) 씨와 서재현(건축·13) 씨는 백양하우스 음악 소모임을 통해 곡 '드랍해라'를 만들고 SNS에 게재하기도 했다.

인바운드 국제화 새로운 방향,
영어몰입에서 국제적 경험으로

국제화 교육에 있어서 우리대학교 국제캠 RC가 내세우는 핵심은 '인바운드 국제화'다. 국제적 환경을 찾아 해외로 떠날 필요 없이 국제캠 RC 교육 이수만으로 국제화를 경험할 수 있도록 하겠다는 것이 '인바운드 국제화'의 주된 취지다. 실제로 송도학사에는 외국인 상주교수) (English Residential Fellow, ERF)가 학생들과 함께 거주하고 있으며 지난 2011, 2012학년도에는 글쓰기 수업과 GTC를 제외하고는 모든 강의가 영어로 진행됐다.

그러나 올해의 경우 국제캠 영어 강의 비중은 신촌캠과 비슷한 수준으로 줄어 학생들에게 국제화 경험을 할 수 있도록 하겠다는 '인바운드 국제화'의 취지에 어긋난다는 비판이 일고 있다. 이정혁(글융공 · 12) 씨는 "지난 2012년의 경우 국제캠의 모든 강의가 영어 강의로 진행돼 영어교육에 대한 접근성이 높았는데 올해는 그렇지 않아 국제캠만의 메리트가 줄어든 것 같다"고 말했다. 이에 RC교육원장 서홍원 교수(문과대 · 영시)는 "거주 학생 인원이 600명가량에서 2천451명으로 늘어난 만큼 전년과 같은 수준으로 영어 강의를 개설해 모든 학생에게 영어 강의를 강요하는 것은 무리"라고 설명했다. 이어 서 교수는 "국제캠의 국제교육은 송도국제도시 내 유엔지속가능발전센터(United Nations Office for Sustainable Development, UN OSD)와 같은 국제기구들과 학교 측의 교류를 증진하여 학생들이 국제적인 경험을 할 수 있는 환경을 조성하는 것"이라며 영어강의 비중이 줄어든 것이 국제화 목표에 반하는 것이 아님을 표명했다. 국제기구들과의 교류 현황에 대해 서 교수는 "아직 가시적인 성과는 없으나 국제 교류는 조심스러운 준비가 필요한 사안"이라며 단기간 내에 국제 교류 결과를 기대하는 것은 어렵다고 말했다. 하지만 영어몰입교육이 한 걸음 후퇴한 지금 국제캠이 학생들에게 약속한 국제화 목표를 지키기 위해서는 국제기구와의 교류를 앞당기기 위한 학교 측의 부단한 노력이 필요한 것으로 보인다.

대학교육의 새로운 패러다임
함께 만들어 나가야만 한다

대학별 멀티캠퍼스가 하나의 트렌드가 되고 있다. 한국외국어대는 2014년부터 서울캠퍼스와 용인 글로벌캠퍼스 통합 운영을 승인받았고 서울대학교 또한 지난 2011년 시흥시와 '서울대학교 시흥 국제캠퍼스 조성사업을 위한 기본협약을 체결해 멀티캠퍼스를 맞이할 준비를 하고 있다. 서울대학교 기획과 관계자는 "서울대 시흥캠퍼스는 서울대학교의 글로벌화와 지역사회와의 상생발전을 동시에 추구함으로써 향후 100년을 바라보는 대학발전의 교두보를 마련하고자 한다"며 설립 취지를 밝혔다.

세계화 시대를 호령할 글로벌 리더를 육성하겠다는 취지에서 시작한 우리 대학교 국제캠. RC 제도 도입을 통한 대학교육의 새로운 패러다임을 선도하기 위해서는 학내 공동체 유지를 위한 학생들의 노력과 더불어 이들의 목소리를 경청하는 학교 측의 적극적인 협조가 필요하다.

박유빈, 이유경, 전형준 기자 *astraldame@yonsei.ac.kr*

동아일보 2015-10-06

"기숙형 칼리지 신촌으로 확대"
정갑영 연세대 총장 인터뷰

"인천 송도 연세대 국제캠퍼스에 뿌리내린 '레지덴셜 칼리지(RC, 기숙형 대학교육)'를 신촌 캠퍼스의 2학년 학생들에게 확대하고 컴퓨터과학의 이론과 도구를 적극적으로 활용하는 교육을 꼭 받게 하겠습니다." 정갑영 연세대 총장(64·사진)이 동아일보와의 인터뷰에서 밝힌 구상이다. 7일 봉헌식을 앞둔 새 백양로 앞에서 정 총장은 연세대에서는 '제3의 창학'이 한창 진행 중이라며 새로운 구상들을 쏟아냈다. 연세대 내부 구성원 스스로가 "우리는 독과점 기업 아니냐"라고 얘기할 정도로 사학 명문으로서의 위상을 자랑하지만 정 총장의 머릿속에는 강한 위기의식이 자리 잡고 있었다.

▼ "3인1실 기숙형 칼리지 늘려… '컴퓨팅적 사고력' 키워줄 것" ▼

'제3 창학' 총력 정갑영 연세대 총장

"어떤 변화도 견뎌낼 수 있는 사람을 길러내야 합니다."

정갑영 연세대 총장은 자신이 생각하는 인재상을 이렇게 설명했다. 상상하기 힘들 만큼 빠른 속도로 바뀌는 세상, 대학 강의실에서 배운 지식은 교문을 나서는 순간 의미를 잃을지도 모른다는 걱정과 함께였다. 이제는 대학이 어떤 변화에도 적응하고 생존할 수 있는 경쟁력을 가진 인재를 길러내야 한다는 뜻이다.

지난달 30일 동아일보와의 단독 인터뷰에서 정 총장은 인천 송도 국제캠퍼스에서 이뤄지고 있는 레지덴셜(기숙형) 칼리지 프로그램이 이런 교육의 일환이며, 2012년 2월 취임 후 대표적인 성과 중 하나라고 했다. 그는 "처음에는 학교 안팎에서 우려가 컸지만 이젠 그 성과가 학교 안팎으로 확산되고 있다"고 말했다.

○ 신촌에도 레지덴셜 칼리지 도입

연세대는 레지덴셜 칼리지에서 자체 운영하는 프로그램을 포함하면 학생들이 매 학기 18학점인 학과 이수학점을 뛰어넘어 30학점 수준의 학습량을 소화한다는 판단 아래 이를 신촌캠퍼스로 확대하기로 했다. 신촌캠퍼스의 기숙사 시설을 확충한 뒤 이르면 2018년부터 2학년 학생을 1년 더 레지덴셜 칼리지 프로그램에 참여시킨다는 내용이다. 정 총장은 "확대 시행한다면 대부분 신청할 것으로 보고 여기에 맞춰 준비하고 있다"고 밝혔다.

정 총장은 "학생에게 지식만 전달하는 것이 아니라 사회를 이끌어갈 수 있는 전인교육을 실시하는 데 있어 핵심이 레지덴셜 칼리지"라며 "학원식 대량교육에서 벗어나고 인생의 방향을 제대로 설정할 수 있게 해 준다는 의미도 크다"고 설명했다.

그는 평생 혼자 방을 써온 자신의 자녀를 좀 배려해 달라는 유명 인사의 '청탁'을 거절한 적도 있다고 했다. 전공이 다른 세 명의 학생이 한방을 쓰면서 서로 교류하고 배려하는 것도 중요한 교육이라는 생각에서다.

○ 컴퓨팅 사고력 과목 필수

컴퓨팅적 사고력(CT, Computational Thinking)을 기반에 둔 교육의 비중을 키우겠다는 계획 역시 변화에 대응하는 교육의 일부분이다. CT 교육은 컴퓨터 원리를 활용해 문제를 분석하고 논리적 절차를 거쳐 해결하는 방법을 배우는 것이다. 인문학에서는 수백만 권의 장서를 분석해 인류학의 변천을 알아보는 식의 연구가 가능하다. 정 총장은 "논리력과 분석력 창의력 등을 키울 수 있어 최근 미국 대학에선 CT 관련 과목의 인기가 가장 높다"며 "교양필수과목으로 지정해 CT 교육 범위를 넓힐 것"이라고 설명했다.

이런 교육역량 강화와 더불어 연구력을 키우고 학교 운영을 효율화하는 등의 내용을 포함한 '제3의 창학' 역시 중요한 화두다. 정 총장은 "대학의 탁월성은 결국 학문적 수월성으로 결정될 수밖에 없다"며 "석학 수준의 인력은 365일 언제든지 채용할 수 있는 시스템을 마련했다"고 말했다. 또 '신이 내린 직장'이라고까지 불리는 교직원 처우와 관련해 새로 뽑는 직원의 연봉을 20%가량 낮추고 성과를 적극적으로 반영하는 인사시스템을 마련했다고 설명했다.

○ 더 많은 소외계층 선발

입시제도와 관련해서는 소외계층 선발을 보다 확대하는 방안을 내년 초 확정해 발표할 계획이다. 그동안 '연세한마음 전형'으로 매년 100명 내외를 선발했지만 기초생활수급자만을 대상으로 하고 있어 정해진 정원도 채우지 못한 것이 연세대의 고민이다. 정 총장은 "학생을 선발한 이후에 학업과 학교생활 전반에 불편함이 없도록 보완하는 시스템을 갖춰 기본 실력을 갖춘 소외계층의 입학 기회를 더 많이 줄 계획"이라고 설명했다.

한편 7일 봉헌식을 앞둔 백양로 재창조 프로젝트에 대해서는 각별한 애정과 기대를 나타냈다. 6만6000m²에 이르는 신촌캠퍼스 백양로 지상 공간을 차 없는 녹지공간으로 만들고 지하는 각종 교육·문화공간과 주차장으로 만든 사업이다. 2000년대 초반부터 기본계획이 수립됐지만 신촌캠퍼스 전체의 지도를 바꿔 놓는 수준의 사업 규모 때문에 쉽사리 추진되지 않았다. 정 총장은 "신촌캠퍼스 전체의 생활양식을 바꿔 놓을 수 있는 사업이 성공적으로 마무리됐다"며 "1,000억 원가량의 예산을 마련할 때 2만 명이 넘는 동문이 참여했다는 사실은 우리 대학을 넘어 사회에도 '참여와 관심'의 중요성을 전해주고 있다"고 자평했다.

이동영 argus@donga.com 김도형 기자

연세투데이

[국제캠퍼스 소식] Marvin Chun 교수 초빙 특강

Vol. 140

Marvin Chun 교수 초빙 특강 – 최적 능력 수행을 위한 심리학과 신경과학 이야기
- 2015-2 제2회 RC 특강

국제캠퍼스는 자랑스러운 동문 Marvin Chun(천명우) 박사를 초빙하여 2015년 2학기 두 번째 RC 특강을 10월 7일 개최했다.

천 박사는 2006년 미국 국립과학원(National Academy of Sciences, NAS)의 젊은 우수과학자상(Outstanding scientific achievements)의 수상자로 선정된 바 있으며, 최근 눈에 띄는 공헌을 한 15인의 과학자 명단에 이름을 올렸을 정도로 인지신경과학과 실험심리학 분야에서 세계적인 성과를 인정받고 있다. 천 박사는 1989년 우리 대학교 심리학과를 졸업했고, MIT에서 인지신경과학으로 박사 학위를 받았으며, 현재 예일대학교에서 심리학과 교수로 재직 중이다. 예일대학교는 우리와 마찬가지로 RC(Residential College)를 운영하고 있는데, 천 박사는 예일대학교에서 동양인으로서 RM(Residential Master)직을 맡은 최초의 인물로 유명하다.

이날 Marvin Chun 박사의 특강을 듣기 위해 600여 명의 학생들이 종합관 301호를 가득 메웠다. 그는 학생들을 바라보면서 "25년 전이지만 학부 생활의 기억이 새록새록 난다."며, "당시 성적이 우수한 학생이 아니었음에도 교수님들의 관심과 도움 덕분에 지금 이 자리에 올 수 있었다."고 학부 시절을 회상했다.

자신을 '과학적 장사꾼'이라고 소개하며 강연을 시작한 천 박사는 〈최적 능력 수행을 위한 심리학과 신경과학 이야기〉라는 제목을 달았지만 궁극적으로 '행복해지려면 무엇을 해야 하는가'에 대한 답을 학생들에게 제시하고자 했다. 그는 현재 연구 중인 인지신경 및 실험심리학과 접목시켜 성능(뇌)과 성과(행동)를 최대화시키는 방법으로 세 가지 키워드(Relax·Move·Focus)를 제시했다. 비법을 전수한 그는 '행복'에 관한 철학적 질문으로 분위기를 전환시켰다: '행복한 것이 중요할까? 성공하는 것이 중요할까?'

천 박사는 현대인들이 행복과 성공의 인과관계를 설정하면서 흔히 범하는 오류를 지적했다. "무언가를 잘하지 않으면 재미를 못 느낀다고 생각하죠. 성공해야 행복해진다고. 사실은 행복해야 성공하는 것인데 말입니다." 그는 행복해지는 방법으로 이날 강연에서 소개했던 세 가지 방법을 다시 한 번 환기시키며 당장 실천해보라고 주문했다.

강연 후 유쾌한 분위기 속에 질의응답이 진행됐고, 이어 단체 기념사진도 찍었다. RC교육원이 준비한 학교로고가 새겨진 후드티를 입고 앙증맞은 연곰(연세 곰돌이 인형)을 품에 꼭 안은 채 기뻐하는 천 박사의 모습을 보고 학생들은 환호로 답했다.
김형동(천전·15) 학생은 "쥐가 잘 때 미로에서 뛰는 꿈을 꾼다는 이야기가 가장 흥미로웠다. 온라인으로만 봤던 강연을 직접 듣게 되어 좋았다."고 소감을 전했다.

천 박사는 예일대학교의 RM 교수답게 다양한 전공과 성장 배경의 친구들을 만날 수 있는 RC의 장점을 손꼽으며 새내기들에게 RC 생활을 마음껏 누리라고 조언했다. 특히 천 박사의 "밥 잘 먹고 푹 자고 좋아하는 사람이랑 손도 많이 잡으세요. '행복은 삶의 목적이 아닌 생존을 위한 도구'일 뿐입니다, 여러분!"이라는 마지막 조언이 인상 깊었다.

연세투데이

[국제캠퍼스 소식] 가을 바람을 가로지르며

Vol. 140

가을 바람을 가로지르며 - 인천송도국제마라톤대회 참가

맑고 청명한 가을 아침, 송도 센트럴파크에 노란 유니폼 티셔츠를 입은 수많은 군중들이 운집하기 시작했다. 상기된 표정으로 대화를 나누는 사람들 표정에는 생기가 가득했다. RC 학생들 역시 생동하는 젊음을 뽐내며 무리들 한가운데 자리하고 있었다.

올해도 어김없이 약 330여 명의 RC 학생들이 10월 4일 오전 9시 송도 센트럴파크에서 개최된 '인천송도국제마라톤대회'에 참여하였다. 이번 마라톤 프로그램은 2015년 2학기 RC 교육 중 비교과 과정의 일원으로 인천송도 마라톤조직위원회와 연계해 진행됐다. 대회에 참여하는 학생들은 각기 5km와 10km에 참가신청을 했고, RC 교육원에서 참가비의 40퍼센트 가량을 지원받았다. 이 행사는 RC 교육목표 중 하나인 '문화공동체'에 부합하는 것으로서 학생들에게 배움의 영역을 전공과목에서 스포츠 활동까지 확장시키는 기회를 제공한다.

RC 교육원장 장수철 교수는 "건강한 신체에 건강한 정신이 깃든다."며, 학생들의 체력 증진뿐 아니라 의식적, 정신적인 성장에 대한 기대감까지 드러냈다.

행사 참여는 각 하우스별로 이루어졌으며, 담당 RA들과 RM 교수님들도 대회에 함께 참가했다. RA들은 대회 시작 1시간 전인 오전 8시경부터 학생들을 맞을 준비를 했으며, 8시 30분경에는 하우스별로 모여 기념사진을 촬영하고 자체적으로 준비운동을 하는 등 생기 넘치는 모습을 보였다. 곧이어 RC 학생들은 달리는 거리에 따라 순차적으로 출발하여 따스한 햇볕과 시원한 바람을 벗 삼아 순조로이 레이스를 펼쳤고 전원이 완주하여 기념메달을 받았다.

학생 참여도가 가장 높았던 용재하우스의 RA(박민욱 신학12)는 "이른 아침이라 피곤해하는 학생도 있었지만, 경기가 시작되니 다들 즐겁게 참여했다. 완주 후에도 뿌듯함을 감추지 못하는 아이들이 많았다."고 전했다. 또한 "담당 학생들, 동료 RA들과 함께 땀을 흘리고 격려하며 뛰었던 경험이 특별한 기억으로 남을 것 같다며 많은 것을 느끼고 배웠다."고 완주 소감을 전했다. RC의 학생들, RA, RM 교수님들과 교직원 등 RC 구성원들의 공동체 정신을 함양할 수 있는 시간이었다.

[국제캠퍼스 소식] 글로벌 역량을 지닌 인재를 위하여

Vol. 140

글로벌 역량을 지닌 인재를 위하여
- 2015-2 제1회 RC 특강 '해외파견 프로그램 설명회'

2015-2학기 RC 프로그램 중 첫 번째 특강으로 '해외파견 프로그램 설명회'가 9월 23일 국제캠퍼스 대강당에서 열렸다.

2016학년 2학기에 시작되는 해외파견 프로그램을 희망하는 학생들 900여 명이 참석했다. 이날 강사로 국제처의 맹지혜 팀장이 초빙됐다. 맹 팀장은 "이렇게 많은 학생들을 한 자리에서 만나는 것이 처음이라 긴장되고도 기쁘다. 교환학생 프로그램은 해외 문화를 체험하고 삶의 견문을 넓힐 수 있는 좋은 기회. 학생들에게 유익한 시간이 되길 바란다."고 말했다.

우리 대학교는 전 세계 70개국의 670개 이상 대학과 교환학생 협정을 맺고 있다. 따라서 영어권뿐만 아니라 아시아, 유럽, 오세아니아 등에 위치한 다양한 대학에 지원할 수 있다. 특히 우리 대학의 등록금으로 해외 유수의 대학에서 수업을 들을 수 있기 때문에 교환학생 프로그램에 대한 학생들의 관심이 매우 높다. 실제로 매 학기 500명 이상의 학생들이 지원하고 있으며, 수요에 따라 협정을 맺는 해외대학의 수가 매 해 늘고 있다.

해외파견 프로그램으로는 교환학생, 방문학생, SAP 등이 있지만 본 설명회는 학생들의 수요가 높은 교환학생과 방문학생 프로그램을 중심으로 이뤄졌다. RC특강을 통해 학생들은 지원 자격, 학적 및 유의사항, 장학금 제도, 대학 배정 시 평가방법 등 해외파견 프로그램 지원을 위해 숙지해야 할 정보를 일목요연하게 전달받았다.

RC 학생들은 배부된 자료집에 밑줄을 긋고 필기를 하는 등 강의를 경청했다. 일부 참석자들은 자리가 부족해 뒷줄에 서서 강연을 듣기도 했으며, 이날은 RC 교육 프로그램의 대상이 아닌 2학년 이상의 학생들도 많이 참석했다. 오후 7시 30분부터 약 한 시간 반가량 진행된 설명회에서 가장 생생한 정보는 '선배의 조언'이었다. 동영상으로 경제학과 4학년 심여진 학생의 경험담이 전달되었다.

심여진 학생은 본인의 교환학생 경험을 바탕으로 대학 선택 시 고려 요인, 교환학생을 통해 얻은 것 등을 전달했으며, '본인이 교환학생을 통해 무엇을 얻고자 하는지 목표를 세우는 것'이 중요하다고 거듭 강조했다. 목표에 따라 교환학생 생활이 달라지기 때문에 목표 설정이 교환학생 성공 여부를 결정하는 중요한 요소라는 것이다. 또한 심여진 학생은 "교환학생으로 참여하게 된다면 좌충우돌하면서 느끼고 배울 기회가 많을 것이다. 예상치 못한 인생의 전환점이 될 수 있다."는 말과 함께 교환학생 프로그램을 추천하며 경험담을 마무리했다.

이후에는 강연자와 학생들 사이의 질의응답 시간이 마련됐다. 구체적인 질문에 대한 답변을 전문가를 통해 들을 수 있는 유익한 시간이었다. 몇몇 학생들은 설명회가 끝난 후에도 남아서 질문을 하며 열의를 보였다. 글로벌 역량을 지닌 인재 양성을 위한 학교의 배려와 학생들의 열정이 한데 어우러진 의미 있는 자리였다.

[국제캠퍼스 소식] RC하우스와 함께한 연고전

Vol. 139

RC하우스와 함께한 연고전

연고전은 과거부터 '청춘과 열정'의 상징으로 양교의 재학생은 물론 사회적 관심을 한 몸에 받아왔다.

국내 최고의 대학 전통 스포츠행사로서 지난 9월 18일과 19일 양일간에 걸쳐 진행된 연고전은 올해로 50주년을 맞이한다. 학부대학과 RC교육원이 새로운 시도를 통해서 연고전이 한걸음 더 성장하는 데 힘을 보탰다. RC교육원은 연세인의 긍지를 고취시킬 수 있는 연고전에 보다 많은 학생들이 참여하기를 독려하고자 연고전 럭비경기 관람을 RC 프로그램에 포함시켰다. 이를 위해서 RC교육원은 신입생들에게 다양한 편의와 다채로운 혜택을 제공했다. 버스를 대절하여 학생들이 경기장까지 용이하게 이동할 수 있도록 도왔고, 하우스별로 즐길 수 있는 간식비를 지원했으며, 각 하우스에서 직접 디자인한 하우스 티셔츠를 무료로 제공했다.

또한 12개의 하우스별 플래카드와 RC의 응원문구가 적힌 플래카드는 목동 종합경기장을 화려하게 장식하며 축제의 분위기를 한껏 북돋웠다. RC의 행보에 일부 학생들은 더 큰 기대감을 표하기도 했다. 유동주(신소재 15) 학생은 "연고전의 하우스 단체 관람으로 하우스내 사람들과 더 친해지면 다른 RC 프로그램의 참여도도 저절로 높아질 것 같다. 한 시간 동안의 응원으로 그칠 것이 아니라 하우스 프로그램과 연계하면 더 좋을 것 같다."며 소속 하우스의 프로그램을 예시로 상세하게 보완책을 제안하기도 했다.

신입생들에게 연세인으로서 애교심과 긍지를 갖게 하고 공동체의 연대의식을 고취시키려는 RC의 첫 번째 발돋움은 성공적이었다. 갈수록 진화하는 RC의 내년 행보가 기대된다.

[국제캠퍼스 소식] 다채로운 공연예술로 통(通)하다

다채로운 공연예술로 통(通)하다
- 2015-2학기 제1회 RC 공연 〈총동아리연합회 공연〉

총동아리연합회(이하 총동연)가 주관하고 RC 교육원이 주최하는 공연이 9월 9일 저녁 8시 30분 국제캠퍼스 종합관 301호에서 열렸다.

총동연 공연은 매 학기 초에 국제캠퍼스 학생들이 다양한 동아리 공연을 한날한시에 즐길 수 있도록 기획된다. 이번 공연에도 천 명 이상의 학생들이 관람하며 RC의 대표적인 공연문화임을 보여줬다. 이날 총동연 소속의 공연예술분과 여섯 개 동아리가 무대를 꾸몄다.

총동연 회장 박혜수(토목·11)씨는 "자주 볼 수 있는 춤이나 밴드 공연 외에 색다른 공연들을 준비했다. 학생들이 새로운 흥미를 찾고 다양한 장르를 접하는 기회가 되길 바란다."며 이번 무대 구성의 취지를 밝혔다. 실제로 이날은 다양한 장르의 공연이 무대에 펼쳐졌다. 클래식기타, 피아노 연주, 합창과 같은 고전-공연예술과 마술, 풍물패, 흑인음악의 시민-공연예술이 대조적이면서도 조화로운 무대를 꾸몄다.

첫 무대를 장식한 오르페우스는 "한 달 이상 연습하며 손가락을 많이 다쳤다."는 말로 이날 공연에 대한 열정을 전하면서 'JOBINIANA NO.1'을 포함한 세 곡을 선보였다. 혼성합창단 아브낭뜨는 첫 곡 '마른 뼈들'에서 합창과 함께 캐스터네츠, 트라이앵글 등의 악기로 곡의 활기를 더하고, 특히 부부첼라를 깜짝 등장시켜 학생들의 웃음을 자아냈다. 'Not Trick, It's Zeal'이라는 의미의 마술 동아리 NTIZ는 화려한 조명과 빠른 비트의 음악에 맞춰 무언극의 마술을 펼쳤고, 이후 관객 중 여학생 한 명을 무대 위로 초청하여 놀라운 책 마술을 선보여 관객들의 박수갈채를 받았다. 단아하고 점잖은 모습으로 등장한 피아노 동아리 Piano in Yonsei는 대중에게 사랑받고 있는 존 슈미츠(Jon Schumidt)의 'All of Me'를 포함한 세 곡을 연주하여 학생들의 호응을 얻었다.

가장 역동적인 무대를 펼친 풍물패 떼는 화려한 몸짓을 선보이며 객석에서부터 등장하여 15분 동안 한 순간도 멈추지 않고 다양한 진(陣)을 보여줬다. 공연을 관람한 이예림(정외·13)씨는 "춤과 동시에 악기를 연주하는 게 쉽지 않을 것이다. 특히 지휘자 없이 여러 악기들이 조화를 이룰 수 있다는 것이 놀랍다."며 소감을 전했다.

연세의 유일한 흑인음악 동아리 R.Y.U (Rap in da Yonsei University)는 신나는 비트의 힙합과 랩을 선보였는데, 최근 흑인음악 오디션 프로그램 Show me the money의 폭발적인 인기와 더불어 학생들의 기대가 컸던 공연이었다. 공연자들의 흥과 관객들의 호응이 돋보였던 무대였다.

이날 총동연은 학생들의 문자를 받아 익명으로 전해주는 이벤트를 진행했다. 독수리 복장의 일명 '독수리소녀'가 수집된 사연들을 선별하여 발표했는데, 학생들은 이 기회에 호감이 있던 이성 친구에게 마음을 전하거나 학과 친구들 혹은 룸메이트에게 고마운 마음을 전했다.

한편, 이날은 신입생들에게 중앙동아리들을 소개하고 동아리 활동과 관련된 정보를 전달할 수 있는 좋은 자리였다. 당일 공연 참가자들은 후배들을 위해 신촌에서 송도를 찾은 선배들로, 공연자인 동시에 선배로서 후배들과 함께 소통할 수 있었다. 앞으로도 RC 교육이 어떤 형태로 학생들 사이에 소통의 장을 제공할 수 있을지, 학생들은 이를 통해 어떤 새로운 기회를 얻게 될지 관심이 주목된다.

[국제캠퍼스 소식] 신입생 및 RC 하우스 OT

Vol. 139

2015년 9월 학기 신입생 오리엔테이션 및 RC 하우스 오리엔테이션
- 2학기 RC의 힘찬 시작을 준비하며

세계의 무대에 우뚝 선 우리대학교는 9월 입학제를 실시하는 몇 안 되는 국내 대학 중 하나로서 국제화 추세에 맞추어 2011년도부터 9월 학기 신입생을 선발해왔으며, 해외 국적이거나 초중고 전 학년 동안 외국 교과과정을 이수한 학생들을 대상으로 실시하고 있다. 우리대학교를 찾는 인원은 해마다 늘어 이번 학기에는 삼백 명이 넘는 학생들이 새로이 입학했다.

2015 9월 학기 외국인 신입생을 위한 RC 오리엔테이션이 지난 8월 31일 국제캠퍼스에서 실시됐다.

이 자리에 280여 명의 학생들이 참석했고, 아직 한국어에 서툰 학생들을 위해 외국어에 능한 선배 RA(Residential Assistant)들이 일부 순서에서 동시통역에 나섰다. RC 교육원 주최로 진행된 전체 오리엔테이션은 연세의 역사와 RC 교육의 핵심 가치인 5C(Christian Leadership, Communication, Convergence, Cultural Diversity, Creativity), RC 자기주도활동을 소개함으로써 학생들이 연세인으로서 자부심과 애교심을 함양할 수 있게 했다. 또한 캠퍼스 생활 안내 및 안전한 공동생활을 위한 소방안전교육을 실시하여 보다 즐겁고 보람찬 국제캠퍼스 생활을 영위할 수 있는 기반을 마련했다.

한편, 하우스 오리엔테이션은 8월 31일부터 9월 2일까지 사흘간 12개의 하우스에서 개별적으로 진행됐다. 이원철 하우스는 하우스 프로그램을 소개하면서 에너지 넘치는 노래로 공연을 방불케 하는 퍼포먼스를 보여주어 환호성을 받았고, 치원 하우스는 RA들이 사진을 곁들인 재미있는 자기소개 이야기를 선보여 좋은 반응을 얻었다.

에비슨 하우스는 서로 친해질 수 있는 게임을 진행하여 친목을 도모했으며, 무악 하우스는 RC 자기주도활동 계획을 미리 세워보고 지난 학기 참여도가 우수했던 학생을 시상하여 학생들의 참여의지를 자극했다. 이 외에도 언더우드, 알렌, 아리스토텔레스, 용재, 백양, 청송 하우스 역시 하우스의 정체성에 걸맞은 다양한 프로그램으로 학생들을 맞이했고, 한결, 윤동주 하우스는 하우스 생활에서 꼭 알아야 할 중요한 정보를 제공하고 연락망을 단단히 하는 등 새로운 신입생들을 위한 배려를 보여주기도 했다.

모습은 다양했지만 모든 하우스가 염두에 두었던 것은 학생들에게 직접적인 도움이 되는 유익한 프로그램을 제공하고 참여를 독려하는 것이었다. RC 교육원은 진급을 앞둔 1학년 학생들을 위해 학업 능력의 향상을 도울 수 있는 양질의 프로그램들을 기획했으며, 특히 학생 주도적으로 구성될 Learning Community와 튜터링을 강화한 프로그램은 학생들의 기대감을 높였다. 더불어 매 학기 인기가 많았던 명사 초청 특강이나 음악 프로그램 등, 자신의 관심사를 알아가고 타인의 관심사를 이해하도록 돕는 전체 프로그램 역시 알차게 기획되어 있다.

국제캠퍼스의 학생들은 RC의 알찬 학습지원 프로그램을 통해서 만족스러운 학문적 성취도를 이룰 수 있게 될 것이다.

[국제캠퍼스 소식] RA, RC 교육의 리더로 준비되다

Vol. 139

RA, RC 교육의 리더로 준비되다
- 2015-2학기 RA 리더십 개발론

2015년 8월 24일, 아직 가을학기 개강을 한 주 앞둔 국제캠퍼스가 학생들로 북적였다. 2학기 RC(Residential College) 프로그램을 함께 이끌어갈 신임 RA (Residential Assistant)들이 모였기 때문이다.

가을학기를 맞아 새로이 선발된 RA들은 지난 8월 24일부터 28일까지 4박 5일에 걸쳐 'RA 리더십 개발론'을 이수했다. 이 수업은 1학년 학생 멘토링, RC 교육 프로그램 기획 등 RC 교육에 필요한 역량 개발에 중점을 두며, 2015학년도 1학기부터 RA가 되려면 필수적으로 이수해야 하는 교과목이다. 이는 RC 제도의 운영과 학생들에게 직접적인 영향을 주는 RA의 중요성을 방증해준다.

RA들의 학번은 RC 교육의 경험이 없는 09학번부터 작년에 RC 프로그램의 대상이었던 14학번까지 다양했지만 모두 'RC 교육'과 '새내기'라는 공통된 관심사를 가지고 있었다. RA 지원 이유로 '작년 국제캠퍼스에서 RC 생활을 하며 쌓았던 추억들이 그리워 다시 송도를 찾았다'는 한결 하우스 RA(신학과 14 이지수)의 말이 많은 학생들의 공감을 얻었다. 이밖에 신입생과의 교류, 개인의 역량 개발, RC 생활의 경험 등 RA 지원 이유는 다양했다.

연세의 비전을 구현하고 윤리의식을 갖춘 지도자 배양을 목표로 하는 RA 리더십 개발론은 세부적으로 네 가지 측면에 초점이 맞춰져 있다. 첫째, RC 교육의 역사와 여러 교육 모델을 통해 연세 RC 교육 모델과 목표를 정확히 이해하는 것, 둘째, 대학교 1학년 학생의 특성과 발달과업을 이해하는 것, 셋째, 글로벌 리더의 역량인 크리스천 리더십, 의사소통능력, 융합능력, 문화적 다양성, 창의성을 증진시키는 것, 넷째, RC 제도의 교육목표에 부합하는 구체적인 프로그램들을 기획하는 것이다.

이론 교육은 김은정, 이원경, 홍혜경 RM(Residential Master)의 지도하에 이루어졌다. RA들은 강의와 토론, 질의응답으로 진행되는 수업들을 통해서 RC 교육과 제도에 대한 이해를 높이고 서로의 의견을 자유롭게 피력할 수 있었다. 특히, 김은정 RM은 'RC 프로그램의 가장 큰 수혜자는 RA 자신일 수 있다. 자신의 역량과 리더십을 개발할 수 있는 기회가 RC 제도'라며 이론과 실습을 병행하는 이번 RA 워크숍의 중요성을 재차 강조했다. 이밖에도 화재대비 교육이나 성평등 교육, 상담 교육, 심폐소생술 실습 등 응급상황이나 재난대응을 위한 안전교육도 병행되었다.

RA 리더십 개발론의 마지막 날, RA들은 지난 4박 5일간의 참여 후기를 나누는 시간을 가졌다. 많은 학생들이 RC 제도에 대한 기대와 RA로서의 책임감에 대해 언급하는 가운데 강다혜 특임RA(행정학과 14)는 "작년에 비해 하우스나 전체 프로그램들이 강화된 모습이 눈에 띄며, 학생들의 참여율도 높아졌다."며 발전하는 RC 프로그램을 긍정적으로 평가했다. 또 다른 RA는 "살면서 꼭 알아야 할 응급처치, 안전교육, 에티켓 등의 교육을 배울 수 있어서 감사했다."는 소감과 더불어 "RC 교육의 목표를 알고 나니 우리 학교가 대단하다는 생각이 들었고, 질 높은 리더십 교육이 마음에 불을 지폈다."며 RC 프로그램에 대한 강한 의욕을 보였다.

가을과 더불어 시작되는 RA들의 새 학기는 담당 학생들을 향한 노력과 열정을 자양분 삼아 더욱 다채롭게 물들어갈 예정이다.

연세투데이

[국제캠퍼스 소식] 송도학사 RHC의 뜨거운 여름

Vol. 133

송도학사 RHC의 뜨거운 여름

- 기숙사 주변 제초 작업 나서

한 학기를 마무리하고 정적만 흐르는 송도학사 한구석이 뜨거운 열기로 가득 찼다. 학기 중 쾌적하고 안전한 기숙사 환경 조성을 위해 애썼던 RHC (Residential Hall Coordinator) 학생들이 방학을 맞아 자발적으로 기숙사 주변 제초 작업에 나선 것이다.

"사생에게 벌점을 주는 역할이라 욕도 많이 먹지만, 섬김의 리더를 양성하는 RC 교육에 일조하고 있다는 자부심을 느낍니다." 땀방울을 닦으며 이렇게 말하는 RHC의 환한 웃음이 상큼하다.

제초 작업은 일주일에 세 시간씩 총 8주간 진행하기로 했다. 뜨거운 태양을 피해 이른 아침에 밀짚모자와 토시 차림으로 작업을 시작한 지 불과 2주인데 송도학사 주변은 눈에 띌 만큼 말끔해졌다.

작은 봉사가 차곡차곡 쌓여 2학기에 보다 나은 RC 환경을 구축할 수 있으리라는 믿음을 가지고 RHC 학생들은 오늘도 기숙사 주변 제초 작업에 비지땀을 흘리고 있다.

[국제캠퍼스 소식] 2015년 1학기 제4회 RC 공연 "음악대학 오케스트라 연주회"

Vol. 130

2015년 1학기 제4회 RC 공연 "음악대학 오케스트라 연주회"
- 초여름 밤 국제캠퍼스에서 펼쳐진 해설이 있는 클래식 공연

음악대학 오케스트라 연주회가 5월 27일 수요일 오후 7시 30분 국제캠퍼스 종합관 다목적홀에서 열렸다.

학부대학 RC 교육원과 음악대학 공동 주관으로 열린 연주회는 2015년 1학기 마지막 RC 공연 프로그램의 일환으로 진행되었으며, 1000여명의 국제캠퍼스 학생들이 참석한 가운데 성황리에 진행됐다.

연주회는 최수열 지휘자의 연주곡 설명과 함께 진행되었으며, 음악대학 1학년, 2학년으로 구성된 91명의 02 오케스트라 단원들과 첼로, 피아노, 바이올린 협연자 3명이 참석했다.

첫 곡으로 연주된 시벨리우스(Sibelius; 1865-1957)의 핀란디아(Filandia) 교향시에 앞서, 최수열 지휘자는 곡의 배경이 되는 핀란드와 작곡가의 생애 및 곡의 특성에 대해 상세히 설명했다. 두 번째 곡은 차이코프스키(P. Tchaikovsky; 1840-1894)의 로코코 주제에 의한 변주곡으로, 관현악과 4학년 최혜인 학생이 첼로 협연을 하였다. 세 번째 연주는 피아노과 4학년 박준빈 학생의 협연으로 베토벤(Beethoven; 1770-1827)의 피아노 콘체르토 2번 1악장의 연주로 이어졌으며, 마지막 피날레 곡으로는 관현악과 2학년 김지인 학생의 바이올린 협연으로 시벨리우스(Sibelius; 1865-1957)의 바이올린 콘체르토가 연주되었다.

본 연주회에 참석했던 김구연(경제 15학번) 학생은 "클래식 음악을 어렵게만 생각했었는데, 지휘자의 설명이 있어서 친숙하게 접할 수 있었다"고 소감을 전했다.

평소 바쁜 학교생활로 수준 높은 클래식 공연을 접할 기회가 많지 않았던 국제캠퍼스 1학년 학생들에게 이번 해설이 있는 오케스트라 공연은 클래식 음악에 대한 관심을 자연스럽게 키울 수 있는 계기가 되었으며, 아울러 클래식 음악을 감상하는 에티켓도 배울 수 있는 좋은 기회가 되었다.

RC 교육원과 음악대학은 국제캠퍼스 새내기 학생들을 위하여 오케스트라, 오페라 등 수준 높은 연주회를 매 학기 기획해 온 바 있으며, 앞으로도 다양한 레퍼토리로 RC 교육을 위한 연주회를 계획 중이다.

[국제캠퍼스 소식] 2015년 신입생 학부모를 위한 Parents Day 행사

2015년 신입생 학부모를 위한 Parents Day 행사
- RC 교육 시스템 소개
- 연세 교육 철학 및 RC 교육의 비전 공유

2015년 신입생 학부모를 위한 Parents Day 행사가 5월 23일 토요일 오후 1시부터 7시 30분까지 국제캠퍼스에서 진행됐다.

이 행사는 신입생 학부모들에게 학부대학의 교육내용과 RC 교육 시스템에 대한 소개를 통하여 연세의 교육 철학 및 RC 교육의 비전을 공유함으로써 교육 목표와 그 효과에 대한 이해를 높이고자 개최됐다. 행사에는 약 520명의 학부모 및 교무위원, 학부대학과 UIC 교직원 등이 참여하였다.

행사 등록은 오후 1시부터 시작되었으며, 학교에 도착한 학부모들은 학부대학 학생자문단 학생들의 안내로 학교 투어를 하면서 국제 캠퍼스의 도서관, 기숙사, 강의동 등을 방문했고, 투어 중간에는 학생들의 HE(Holistic Education) 교과 수업의 결과물 전시를 관람하기도 하였다. 또한, 메시지보드 이벤트를 통하여 학생들과 부모 간에 평소에 직접 전하지 못하였던 마음속 이야기를 서로 전달하기도 하였다.

장수철 RC교육원장의 사회로 오후 3시부터 본행사가 시작되었으며, 개회인사로 정갑영 총장은 21세기의 변화와 도전 속에서 송도 국제캠퍼스의 RC 교육을 통하여 이웃과 세계를 섬기는 리더들을 키워갈 것임을 강조하였다. 또한, 130년 전 연세 설립자들의 헌신과 믿음의 정신을 되살려 새로운 연세를 만들어 가는 '제3의 창학' 비전에 대하여서도 설명했다.

이어 학부대학 최강식 학장은 RC 교육 시스템에 대하여 상세히 설명하고 RC 교육이 더욱 체계화되고 안정적으로 발전할 수 있도록 최선을 다할 것이라고 말했다.

이후 김상준 대외협력처장의 학교 현황 소개, 세브란스 체크업 심상열 원장의 검진관련 혜택 소개, 그리고 HE 문화예술 교과목의 학생 공연이 이어졌다. 특히 문화예술 교과목인 'CCM 찬양팀'의 공연에서는 정갑영 총장이 무대에서 학생들과 함께 CCM곡들을 직접 불러, 분위기가 더욱 무르익은 가운데 행사가 마무리되었다.

본 행사 이후 학부모들은 학부대학/UIC 지도교수 간담회에 참여하여 자녀들의 진로 및 대학교육에 대한 보다 구체적인 설명을 듣고 이야기를 나누었다. 또한 자녀들이 거주하는 개별 하우스를 방문하여 담당 RM(Residential Master) 교수들과 학생들의 기숙사에서의 일상생활 및 RC 프로그램에 대한 대화를 이어 갔다.

Parents Day 행사에 참여한 학부모들은 "RC 교육에 대하여 더 많이 알고 신뢰할 수 있는 기회가 되었으며, 자녀가 다니는 대학교에 대하여 자긍심을 느낀다.", "총장님, 교수님들과의 만남과 대화로 자녀의 구체적인 대학 생활에 대하여 이해하게 되었다" 등 다양한 소감을 전했다.

이번 행사를 통하여 학부모들은 연세 가족으로서 학교와의 유대감을 높이며, RC 교육에 대한 깊이 있는 이해를 더할 수 있었다. 또한, 세계적인 명문으로 성장하려는 연세의 장기적인 비전을 공유하고 그 과정에 지속적인 관심을 가질 수 있는 계기가 마련되었다.

[국제캠퍼스 소식] 이창래 교수와 함께한 제3회 RC 특강

Vol. 129

이창래 교수와 함께한 제3회 RC 특강

이창래 교수와 함께하는 제3회 RC 특강이 5월 20일(수) 국제캠퍼스에서 열렸다.
총 다섯 편의 장편 소설을 발표한 재미교포 작가인 이창래 교수를 만나기 위해 500여명
의 학생들이 의자뿐만 아니라 강의실 바닥까지 빼곡하게 채웠다.
"이 작품을 대중에게 공개하는 것은 처음이라 다소 긴장 된다"라는 말과 함께 이창래 교
수는 최근 쓰고 있는 신작 "My Year Abroad"에서 한 부분을 발췌하여 들려줬다. 백인
의 젊은이가 경험과 지식이 풍부한 중국인 사업가의 눈으로 세상을 바라보며 성장해 나
가는 이야기로, 듣는 사람이 상상의 나래를 펼치게 하는 흥미로운 내용이었다.
영어 특강이라 모든 순서가 영어로 진행되었지만, 학생들의 몰입도와 긴장감은 여느 강
연보다도 대단했다. 학생들은 작품, 작가의 삶에 대한 질문과 더불어 미국에서 아시아
출신 작가로 활동하는 것이 어떠한지 등 다양한 질문을 던졌다. 이에 대해 이창래 교수
는 진지하고 따뜻하게 답변을 이어갔다.
특히 이창래 교수는 자신의 문화적 정체성에 대한 질문에 "사람은 누구나 맥락에 따라 바뀌고 내 속에 한국인이 몇 퍼센트, 미국인이 몇 퍼센트인지
논하는 것은 의미가 없다"고 답하며, 사람 그 자체의 모습을 바라보고 인정할 것을 당부했다.
'글이 잘 써지지 않는 경우가 있는지 그리고 어떻게 하시는지'에 대한 질문에는 '늘 안 써지지만 크게 개의치 않는다'고 웃으며 재치 있게 답변했다.
이창래 교수는 "문학은 인간이 자신을 찾아가는 유일한 방법"이라고 이야기하며, 열린 마음으로 있을 때 가능성이 찾아온다는 말로 강연을 마무리
하였다.

연세투데이

[국제캠퍼스 소식] 총장님과 함께하는 피자타임

총장님과 함께하는 피자타임
-"나의 미래 어떻게 만들어 갈 것인가?"

'총장님과 함께하는 피자타임' 행사가 5월 18일(월) 저녁 6시 국제캠퍼스 제2기숙사 세미나실에서 열렸다.

이 행사에서는 "나의 미래 어떻게 만들어 갈 것인가?"라는 주제로 정갑영 총장과 60여 명의 새내기들이 피자를 함께 먹으며 자신의 미래와 꿈에 대해 이야기하는 시간을 가졌다.

정갑영 총장은 "여러분의 잠재력은 무궁무진하다. 꿈을 크게 가지고 긍정적인 면에 초점을 맞추어 세상을 바라봤으면 좋겠다"고 말하며, 신입생들이 변화하는 세계에 대응하여 열정을 가지고 새로운 것에 도전할 것을 당부했다.

피자타임 이후 1시간이 넘도록 열띤 질의응답 시간도 이어졌다. 학생들은 교육, 사회, 경제, 자신들의 꿈 등 다양한 분야에 대한 질문을 쏟아냈다. 경제학자로서 아무리 사회가 개선되더라도 누군가는 소외될 수밖에 없는 사회구조에 대해 어떻게 생각하시냐는 질문에 "그렇기에 우리 연세인들의 역할이 중요한 것이다"라며 열린 마음으로 인류 사회에 이바지하는 사명을 새기는 지도자가 되기를 당부했다.

또한 꿈을 이루기 위한 인생설계 방법을 묻는 질문에는 새내기들이 1년 동안 RC 프로그램에 참여하면서 자연스럽게 글로벌 인재의 핵심 역량인 소통능력(Communication), 창의력(Creativity), 융·복합능력(Convergence), 문화적 다양성(Cultural Diversity), 크리스천 리더십(Christian Leadership)의 5C를 함양할 수 있을 것이라고 답하였다. 그밖에도 학업 스트레스를 받는 새내기들에게 어떻게 하면 공부를 잘할 수 있는지에 대한 조언도 덧붙였다.

질의응답 시간이 끝나고 정갑영 총장은 학교와 관련된 흥미로운 퀴즈를 맞춘 학생들에게 직접 연세굳돌이 인형을 선물했다.

본 행사에 참여했던 이예림 학생(아동가족학과)은 "총장님과 피자라니, 어떤 그림이 그려질 지 궁금해서 와봤는데 좋은 결정이었다고 생각한다"며 소감을 전했다.

이번 행사는 학생들과의 거리를 좁히고 소통의 장을 마련하였다는 점에서 큰 의미가 있다. 또한 학생들은 연세의 비전을 공유하고 연세인으로써 긍지를 높이며 다른 사람에 대한 존중과 배려를 다시 한 번 생각해 볼 수 있는 시간을 가졌다.

[국제캠퍼스 소식] 'RC 추천도서, 클래식을 만나다' 북 콘서트

'RC 추천도서, 클래식을 만나다' 북 콘서트
- Midnight in Underwood Memorial Library
- RC 추천도서 52선 콘텐츠를 주제로

'RC 추천도서, 클래식을 만나다' 북 콘서트 행사가 5월 21일(목) 저녁 7시 국제캠퍼스 언더우드기념도서관 4층 믿람실에서 열렸다.

이번 행사는 'RC 추천도서 52선'의 진흥을 위해 추천도서의 콘텐츠를 주제로 한 클래식 음악 콘서트이다. 1부 행사에서는 강윤희 사서와 클래식 공연업체 나인뮤직소사이어티의 배예랑 대표가 서양사를 다룬 '호메로스에서 돈키호테까지' 책을 바이올린, 첼로, 비올라가 어우러진 클래식 음악과 연계하여 소개했다.

2부 행사에서는 1부에서 다루어진 RC 추천도서 및 내가 읽고 싶었던 책 읽기와 YonBook에 오늘 읽은 책 서평 남기기 등이 진행됐다. 책과 저자라는 인문학적 코드로 풀어가는 이번 북 콘서트는 신입생들의 흥미를 불러일으켜 독서활동을 장려하고자 마련됐다.

이대형 도서관 디지털미디어팀장은 "웹툰을 비롯해 요즘은 디지털 기기를 통해 읽을거리가 풍부해졌다. 하지만 인쇄물을 읽으면 이해도가 깊어지고 감성이 풍부해질 수 있기에 계속해서 이번 북 콘서트와 같이 독서를 권하는 행사를 마련할 계획이다"고 말했다.

2015년 신입생 학부모를 위한 RC 체험 프로그램

2015년 신입생 학부모를 위한 RC 체험 프로그램 행사가 4월 29일에서 30일까지 1박 2일간 국제캠퍼스에서 진행됐다.

이 행사는 자녀들의 교육과 생활이 이루어지는 RC 환경을 직접 체험함으로써 교육 목표와 그 효과에 대한 이해를 높이고자 금년에 처음으로 개최되었으며, 60여명의 학부모님들이 참여하여 학생들과 함께 기숙사에서 생활하는 기회를 가졌다.

정갑영 총장은 환영 인사말에서 21세기의 변화와 도전 속에서 송도 캠퍼스의 RC 교육을 바탕으로 이웃과 세계를 섬기는 리더들을 키워갈 것임을 강조하였으며, 130년 전 연세 설립자들의 헌신과 믿음의 정신을 되살려 새로운 연세를 만들어 가는 '제3의 창학' 비전에 대하여 설명했다.

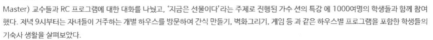

학부모들은 환영 만찬에서 자녀들이 속한 하우스의 담당 RM(Residential Master) 교수들과 RC 프로그램에 대한 대화를 나눴고, '지금은 선물이다'라는 주제로 진행된 가수 션의 특강에 1000여명의 학생들과 함께 참여했다. 저녁 9시부터는 자녀들이 거주하는 개별 하우스를 방문하여 간식 만들기, 벽화그리기, 게임 등과 같은 하우스별 프로그램을 포함한 학생들의 기숙사 생활을 살펴보았다.

둘째 날에는 기숙사에서의 아침식사와 가벼운 운동, 언더우드기념도서관 투어를 마친 후 전공별 학사지도 교수와의 면담을 통하여 자녀들의 진로 및 대학교육과 생활 전반에 대한 이야기를 나누었다. 이후 전문가 특강에서는 강북삼성병원 신동원 교수님의 '학부모가 알아야할 신입생의 정신건강'에 대한 강연이 진행됐다.

본 행사에 참여한 학부모들은 "RC에 대해 막연히 기숙사에서 지내는 것이라는 생각만 가지고 있었는데, RC교육에 대해 더 많이 알고 신뢰할 수 있는 기회가 되었다.", "총장님, 교수님들과의 만남과 대화로 친밀함을 느꼈다.", "추후 더 많은 학부모님들에게도 기회가 제공되었으면 좋겠다"와 같은 소감을 밝혔다. 이번 행사를 통하여 RC 교육에 대해 학부모들의 심도 있는 이해를 도모하고 우리대학에 대한 지속적인 관심과 장기적인 비전을 공유할 수 있었다.

국제캠퍼스에서는 이번 1박2일 체험행사 이외에도 보다 많은 신입생 학부모와 가족들에게 RC 교육 및 생활환경을 소개하기 위한 행사로 5월 23일 토요일 'Parents day' 행사를 개최할 예정이다.

[국제캠퍼스 소식] 전통과 현대가 어우러진 흥겨운 무대, RC 공연 – '고래야'

Vol. 125

전통과 현대가 어우러진 흥겨운 무대, RC 공연 – '고래야'

'고래야(古來惹)'.

한자를 풀이하면 '옛 것으로부터 시작된 감성이 현대에 전해지고 사람들을 끌어당긴다'는 뜻이다. 이름처럼 독특한 밴드가 국제캠퍼스 RC 교육원 (원장 장수철)의 제2회 RC 공연 무대를 장식했다. 고래야는 옴브레(기타), 김동근(대금, 소금, 퉁소), 경이(퍼커션), 권아신(소리), 정하리(거문고), 김초롱(퍼커션) 등 6명으로 구성되었다. 이미 연주 실력을 인정받아 주한 외교관들이 자주 연주를 요청하는 밴드다.

이들은 지난 4월 1일 저녁 종합관 301호에서 거문고, 대금, 장구 등의 국악기와 기타, 브라질 퍼커션이 결합된 사운드에 판소리 보컬이 만들어내는 독특하고 매력적인 음악으로 500여명의 학생들의 가슴을 두드렸다.

무대는 화려하면서도 장엄하였다. 고래야는 '애원이래', '아이고 답답', '생각나네' 등으로 고래야만의 독보적인 연주와 창법을 이어갔다. 공연에 참석한 학생들은 고래야만의 독특한 연주와 하나되는 진귀한 일체감을 경험했다. 독특한 매력적인 창법이나 연주만큼 한국어로 전하는 가사 역시 청중의 마음을 사로잡았다. 공연 마지막까지 관람석을 가득 메운 학생 500여명은 밴드의 연주에 심취했다.

많은 학생들은 이날 공연에 만족을 표시했다. 조아영 학생(경제학)은 "'고래야'의 무대를 볼 때 마치 옛 조상과 현대인이 손을 마주잡은 느낌이 들었다"고 소감을 말했다.

[국제캠퍼스 소식] 2015학년도 1학기 RC 특강, TVN 본부장 이명한 PD

Vol. 125

2015학년도 1학기 RC 특강, TVN 본부장 이명한 PD

TVN 본부장 이명한 PD의 RC 특강이 3월 25일 수요일 저녁 국제캠퍼스 종합관 다목적홀에서 1,000여명의 1학년 학생들이 참석한 가운데 진행됐다.

이번 학기 첫 RC 특강의 주제는 "대중예술의 관점에서 본 창의성에 관하여"였다. 이명한 TVN 본부장은 1995년에 KBS 방송국에 입사해 1박2일, 스타 골든벨 등의 굵직한 프로그램을 제작했고 2011년에 TVN 방송국으로 옮겨 '꽃보다 할배', 응답하라 1994/1997 등 다양한 예능 프로그램 및 드라마를 기획했다.

이명한 본부장은 자신이 제작한 프로그램을 소개하며 "창의성이란 우리 주변의 아주 익숙한 것들을 다른 맥락에 놓아 새롭게 느끼게 하는 능력"이라면서 "창의성의 또 다른 이름은 발견과 통찰"이라고 말했다. 또한 '패러다임을 진정으로 이해했을 때 패러다임을 벗어나는 창의적 사고가 가능하다'고 강조하며 학생들에게 기본기를 충실히 다질 것을 당부했다.

강연 마지막 부분에서 이명한 PD는 유명한 배우의 말을 인용하며 불확실성을 창조를 위한 과정으로 이해하기 바란다고 조언하였다. 특히 질문과 답변 시간에는 진정성 있는 조언과 격려로 1학년 학생들에게 큰 박수를 받았고, 강연 후에도 계속되는 학생들의 질문, 사인, 촬영 요구 등에 적극적으로 응해 주었다.

RC 특강은 이번 학기 두 차례 더 진행될 예정이다. 학생들은 이창래 프린스턴대 교수를 포함해 쉽게 만날 수 없는 명사들을 만날 기회를 갖게 된다. 이를 통해 학생들은 자신의 전공을 벗어나 다양한 시각으로 자신과 세상을 바라보는 안목을 습득할 수 있을 것이다.

[국제캠퍼스 소식] RC문화·예술제, 중앙동아리 참여 RC 공연

Vol. 124

RC문화·예술제, 중앙동아리 참여 RC 공연

2015년 1학기 첫 RC공연이 3월 11일 수요일 국제캠퍼스에서 진행됐다.

본 공연은 RC교육원에서 주최하는 RC문화예술제의 일환으로, 교내에서 내로라하는 중앙동아리 여섯 팀이 참여하였다. 3월 2일부터 나흘 간 개최된 역대 최대 규모의 동아리 박람회와 꾸준한 홍보에 힘입어, 꽃샘추위가 찾아온 송도의 칼바람을 뚫고 1,000여 명의 신입생들이 공연장을 찾았다. 일부는 서서 공연을 관람하는 불편함을 감수하기도 하였다.

8시 정각에 사회자의 간단한 인사로 공연이 시작되었다. RC공연의 오프닝은 재즈댄스 중앙동아리 〈Jazz Feel〉이 맡았다. 재즈댄스의 정석답게 캐리비안 지방의 전통 춤과 발레, 그리고 현대 무용의 동작이 적절히 가미된 퍼포먼스에 학생들은 몸이 절로 들썩이기 시작했다. 섹시하면서도 우아하게, 강하지만 섬세하고 또 자유롭게. 분명 몇몇의 관객은 조명 아래 빛나는 댄서들의 모습에서 자신의 미래를 그리고 있을 터였다.

두 번째 순서의 〈오르페우스〉는 1969년 설립된 통기타 중앙동아리로, 기타에 대한 사전 지식없이 가입해도 체계적인 레슨과 선배와의 교류를 통해 교내에서 집중적으로 통기타를 배울 수 있다. 관객들은 기타 줄을 뜯는 학생들의 손가락에서 시선을 떼지 못한 채 기타 선율에 귀를 기울였다. 가사와 화려한 세션 없이도 공감대를 형성하는 오르페우스 특유의 '치유 능력'을 확인하는 순간이었다.

〈오르페우스〉와는 또 다른 매력을 자랑하는 락밴드 중앙동아리 〈Medusa〉가 그 다음 무대를 장식했다. 꾸준한 연습으로 방학 동안에도 녹슬지 않은 실력을 마음껏 발휘한 이들의 무대에 새내기들도 덩달아 흥에 취해 열정적으로 호응했다. 특히나 로맨틱 펀치의 '토요일 밤이 좋아'를 연주할 때는 새내기들을 자리에서 일어나도록 능숙히 유도하며 분위기를 더욱 고조시켰다.

때로는 잔잔하게, 때로는 파도처럼 들이닥치는 듯한 감동을 선사한 동아리가 있다. 중국어로 '아름다운 연회'라는 뜻을 지닌 아카펠라 중앙동아리 〈YAYAN〉의 무대에 학생들은 〈Medusa〉의 공연 이후 고조된 흥분을 가라앉히고 또다시 숨을 죽였다. 〈YAYAN〉은 세상에서 가장 아름답고 정교한 악기인 목소리를 엮어 메시지를 전달하는 사람들의 모임이다. 빼어난 가창력이나 기교를 자랑하기보다는 한마음으로 화음을 만들어나가는 짜릿함을 공연자와 관람자 모두가 공감할 수 있는 시간이었다.

이어서 '국내 최고'를 자부하는 중앙 작곡동아리 〈MAY〉(Midi Association of Yonsei)와 재즈 중앙동아리 〈So What〉의 공연이 이어졌다. 〈MAY〉는 컴퓨터와 악기를 이용하여 작곡과 편곡, 믹싱 및 마스터링까지 모두 직접하여 완성한 곡들을 선보여 신입생들로부터 감탄을 자아냈다. 행사 진행을 위해 공연장 밖을 지키던 한 RA는 〈So What〉의 퍼포먼스 도중 "잔잔한 비트가 감수성을 자극해서 들어와 보지 않을 수 없었다"며 잠시 공연을 감상하였다.

중앙동아리는 전공을 불문하고 같은 관심사를 가진 사람이라면 누구나 가입할 수 있기에 '인간박물관'이라고도 불린다. 이처럼 다양한 사람이 모여 한 몸처럼 춤을 추고 연주하기 위해 기획부터 리허설, 홍보까지 엄청난 노력과 정성을 쏟았다. 그 흔적이 무대에서 역력히 드러나 새내기들을 사로잡은 것이다. 공연에 참석한 총동아리연합회 국제캠퍼스 국장 이효주(ASD·13) 학생은 "이렇게 관중이 많을 줄 몰랐다"며 "앞으로도 RC공연이 더 활성화되어서 동아리 사회뿐만 RC교육의 발전에 크게 기여하기를 바란다"고 짧은 소감을 건넸다.

이번 학기에 앞으로도 세 번의 RC공연이 열릴 예정이다. 국제캠퍼스에서 신입생에게 일상 속 문화생활을 가능토록 하고, 신촌캠퍼스 선배들과의 교류를 증대시켜주는 RC프로그램으로 더욱 발전하기를 바란다.

[국제캠퍼스 소식] 새내기, '잠겨 죽어도 좋으니 너는 물처럼 내게 밀려오라!'

Vol. 123

새내기, '잠겨 죽어도 좋으니 너는 물처럼 내게 밀려오라!'

수업 준비로 한창인 강의실 안에 후끈한 공기가 맴돈다. 시간은 오전 9시를 향해 달리고, 이내 곧 기다렸다는 듯이 자유관B로 사람들이 몰려들기 시작한다. 치열한 경쟁을 뚫고 12개의 하우스와 특임 RA(Residential assistant), RHC(Residence Hall Coordinator)로 선발된 선배들이 바로 그들이다.

1월 10일 하루, 그리고 2월 23일부터 26일까지 RA예정자들은 을 수강하며 새내기를 맞이할 준비에 본격적으로 들어섰다. 이란, RA가 RC교육의 조교업무를 수행하는데 필요한 이론과 실무를 익히는 RA 전용수업이다. RC교육 모델의 핵심 가치인 5C (Christian leadership, Communication, Convergence, Cultural Diversity, Creativity)를 실천하여 국제캠퍼스를 '배움과 소통의 장'으로 만들기 위해서는 RA들이 먼저 이를 숙지할 필요가 있기 때문에 2015학년도부터 필수 교과목으로 지정되어 있다.

월요일 1교시는 김은정 RM의 '삼중학사지도'와 'RC교육체계'에 대한 설명으로 시작되었다. 1월에 진행된 첫 수업내용을 복습하는 시간이어서 모두에게 익숙한 내용이었지만 RA들은 혹시라도 놓친 내용이 없도록 끝까지 경청하였다. 이어서 총괄본부 행정 2팀과 상담센터, 장애학생지원센터, 그리고 건강센터의 업무 및 이용방법에 관한 수업이 잇따라 진행되었다. 이 날 소방방재교육은 다채로운 구성을 자랑했다. 작년과는 달리 RA들은 C&S 안전 팀장의 도움 없이 교육용 완강기로 시뮬레이션을 했으며 이는 지켜보는 학생들도 구두로 실습에 동참케 했다. 이어진 손은경 학사지도교수의 심폐소생술수업에도 RA들은 높은 집중도를 보였다. RA들은 교수님의 담백한 설명에 웃음을 터뜨렸다가도 곧 진지한 표정으로 Bee Gees 의 〈Stayin' Alive〉 노래 박자에 맞춰 심폐소생술 실습에 임했다.

첫 날 수업량에 지쳤을 법도 했지만 RA들은 여전히 씩씩한 발걸음으로 둘째 날 수업을 듣기 위해 자유관B 202호에 모였다. 이원경 RM교수의 '여러분은 대학에 왜 왔어요?' 라는 질문으로 시작된 이야기꽃은 배부된 종이에 각자 생각을 정리하는 와중에도 질 줄을 몰랐다. '대학생의 7가지 발달과업'(Chickering) 등의 이론적인 내용은 선배로서 지난 대학생활을 돌이켜보며 '대학생의 학년 별 주요 과제'가 무엇일지 토론하는 시간을 통해 엄청난 시너지를 내기도 했다. 곧바로 이어진 홍혜경 RM의 'Peer Mentoring' 수업시간에 RA들은 자신만의 팁을 공유했다. "Remember and call the student's name before you start the conversation. Not just, 'Hey, man'." (Pierre · TAD13) 이에 홍혜경 교수는 'RC 프로그램 참여횟수가 많은 학생일수록 학교에 대한 만족도가 높음'을 언급하며 이를 위한 RA의 역할과 그 중요성을 다시 한 번 부각시켰다. 이날 토론 중에 등장한 사례별 적절한 대처방법은 하우스 자치규약 제작용 자료로 사용되었다.

셋째날 나정은 RM의 수업에서 RA들은 대인관계를 맺을 때 중요한 다섯 가지 촉진제, 그리고 튜터링, 코칭, 멘토링의 차이에 대해 배우며 앞으로 멘토로서 갖춰야할 지식과 개인기술 및 자질을 향상시킬 것을 다짐했다. 잇따라 성평등센터와 김학철 RM의 성인지 및 양성평등 교육이 진행되었다. 김학철 교수는 종교와 도덕, 철학에서 흔히 접할 수 있는 '황금률(黃金律) 원칙'을 설명하며, "다른 사람을 대할 때, 남에게 대접을 받고자 하는 대로 남을 대접할 것"을 거듭 강조했다. 다양한 성폭력의 현장에서 RA들이 어떻게 조력해야하는 지에 대한 지침서는 이후 별도로 제공될 예정이다.

26일 아침 9시. RA들은 나흘 간 배운 내용들을 정리하는 필기시험을 치르고 한결 편안해진 표정으로 다시 모여 금년부터 활성화 될 RC 자기주도활동과 예산에 관한 실무적인 이야기를 나누었다. 은 RA서약서와 명예 선언서에 서약을 남기는 것으로 막을 내렸다. 이는 RA들이 맡은 일에 성실히 임하고 RC교육의 책임감 있는 일원이 되도록 하는 데에 주목적을 둔다. 수업이 끝난 후에도 삼사오오 모여 서로를 격려하거나 열띤 토의를 벌이는 RA들의 모습에서 곧 있을 신입생 입사에 대한 이들의 열정을 엿볼 수 있었다. 한 주간 성실히 수업에 임한 한 특임 RA는 "RC교육은 신입생과 재학생 모두를 고려한 제도라고 생각한다"며 "이 곳을 또 하나의 '집'으로 받아들이고 이곳을 발전시키기 위해 선배로서 또 연세인으로서 노력하고 싶은 마음이 절로 들었다"고 수업에 대한 후기를 남겼다.

이제 시작이다. RA들은 앞으로 새내기들과 동고동락하며 실습에 나서게 된다. 하우스와 RC 전체 프로그램의 원활한 운영과 다양한 상황에 시의 적절하게 대응하기 위해 그들은 '뭉쳐서 협력해야 한다는 것'을 강의와 분반활동을 통해 우선적으로 터득했다. 2015년 1학기 동안 RA들 또한 얼마나 더 성장할지, 기대를 걸 수밖에 없게 만든 나흘이었다.

[국제캠퍼스 소식] "RC생활의 첫 걸음, 하우스 오리엔테이션"

Vol. 123

"RC생활의 첫 걸음, 하우스 오리엔테이션"

2015년 RC프로그램의 희망찬 막이 오르다. 15학번 새내기들의 RC 생활의 시작을 알리는 하우스 오리엔테이션이 2월 28일(토)과 3월 1일(일) 양일간 국제캠퍼스에서 실시되었다.

하우스 오리엔테이션은 열두 개의 하우스별로 매 학기마다 개최되는 행사로 2월 28일에는 언더우드, 청송, 아리스토텔레스, 치원, 백양과 한결 하우스가, 3월 1일에는 용재, 이원철, 알렌, 윤동주, 에비슨과 무악 하우스가 각각 종합관, 진리관A, 자유관 B에서 나누어 진행하였다. 각 하우스마다 전원에 가까운 인원이 참석하는 높은 참여율을 보여 신입생들의 RC생활에 대한 기대와 의욕을 엿볼 수 있었다.

하우스 오리엔테이션은 각 하우스가 추구하는 가치관과 특색을 살려 다채롭고 유익한 프로그램으로 구성되었다. Residential Master(RM), Residential Assistant (RA) 및 하우스 프로그램을 소개하는 시간과 더불어, 이번 학기부터 새롭게 각 하우스로 전담 배치된 Residence Hall Coordinator (RHC)들이 직접 기숙사 생활 유의사항을 설명하는 시간도 있었다.

특히 각 하우스 RM들이 신입생들을 위해 준비한 격려와 당부의 말씀이 학생들에게 깊은 인상을 남겼다. 한봉환 교수(언더우드 하우스 RM교수)는 "국제캠퍼스에서는 기숙사에서 강의실까지 이동하는데 5분밖에 걸리지 않기 때문에 학생들이 많은 시간을 활용할 수 있다. 이곳에서의 학습과 생활공동체의 통합을 통해 여러분이 5C(Creativity, Convergence, Christian Leadership, Cultural Diversity, Communication)를 갖춘 연세인으로 성장하여 우리 사회의 중추가 되기를 바란다."고 당부하였다. 그리고 김학철 교수(치원 하우스 RM교수)는 영화 '스타워즈'의 한 장면을 인용하여 '나는 당신들의 지적인 아버지이다'라는 말로 본인을 재치있게 소개하였고, '나는 치원하우스의 RM을 맡은 것이 제일 자랑스럽다.'고 하며 학생들에 대한 애정을 아낌없이 표현하였다. 최강식 학부대학 학장, 장수철 RC교육원장, 이경호 학부대학 기획부학장 역시 각 하우스 오리엔테이션 현장을 방문하여 연세인으로서의 첫 발을 내딛은 학생들의 RC생활 시작을 격려하였다.

한 시간여의 하우스 전체 오리엔테이션 이후, 담당 RA의 인솔 하에 분반별로 자리를 옮긴 신입생들은 푸짐하게 준비된 치킨, 피자 등의 간식을 먹으며 게임을 하는 등 하우스 구성원 간 친목을 다지는 시간을 가졌다. 신입생 김건우 학우(청송 하우스)는 '기숙사 안전에 대하여 부모님께서 걱정이 많으셨는데, 화재 시 대피 요령이나 심폐소생술 등 교육을 실시하는 것을 보고 학교 측에서 안전에 관심이 많다는 것을 알 수 있었다. 그리고 O/X 퀴즈를 이용하여 RA들이 어떤 사람인지 알 수 있었던 것이 참신했고 기억에 많이 남았다. 하우스 동기, 선배들과 많이 친해지고 싶다'라며 새내기로서의 포부를 힘차게 밝혔다.

재학생 선배들로 구성된 하우스 RA들에게서도 새롭게 신입생을 맞게 되어 기대에 가득 찬 모습을 엿볼 수 있었다. 정소현 RA(청송 하우스)는 '작년에 RC생활을 마치고 이번에 처음 RA가 되었다. 지난 한 주 동안 오리엔테이션 준비로 많이 힘들었지만, 강의실을 가득 메운 신입생들을 보니 설레고 RA에 지원하기를 잘했다'라며 의욕에 넘치는 모습을 보였다.

하우스 오리엔테이션은 지난 해 신입생 전원을 대상으로 처음 실시된 이후, 한 해가 지나는 동안 한층 다채롭고 흥미를 더한 모습이었다. 특히 인상 깊었던 언더우드 하우스의 '아이스 브레이킹'은 신입생들이 자리를 이동하며 다른 학우에게 자신을 소개하는 프로그램이었는데, 초면의 어색함을 풀고 비록 학과/전공은 다르지만 '우리는 모두 연세인'이라는 동질감을 심어 줄 수 있는 프로그램이었다. 올해도 더욱 다양하고 알찬 프로그램을 통해 RC 공동체의 구성원 모두가 많은 것을 느끼며 함께 배우는 국제캠퍼스 RC생활이 되기를 기대한다.

[국제캠퍼스 소식] Holistic Education 1 '2014 연인(延仁) 프로젝트' 우수 멘토 29명, 인천시장 표창장 받아

Vol. 121

Holistic Education 1 '2014 연인(延仁) 프로젝트' 우수 멘토 29명, 인천시장 표창장 받아

인천광역시와 인천인재육성재단은 지난 2014년 12월 23일, 한 해 동안 '연인 프로젝트'에 참여하여 적극적으로 활동한 국제캠퍼스 학생들 중 29명의 우수 멘토들에게 표창장을 수여하였다.

인천 송도 컨벤시아에서 개최된 이 행사에서 유정복 인천광역시장은 '연인 프로젝트가 사교육을 받기 어려운 인천 지역의 교육소외계층 학생들에게 많은 도움을 주고 있으며, 멘토링에 참여한 초·중·고등학교 멘티 학생들의 만족도가 매우 높다'고 말했다. 또한 우수 멘토들을 비롯해 멘토링에 참여한 우리 대학교 학생들에게 감사한 마음을 전했다.

우리 대학교와 인천시의 첫 글자를 따서 이름 지은 '연인 프로젝트'는, 우수한 재능과 잠재역량을 가진 우리 대학교 국제캠퍼스 학생들이 2013년도부터 인천시 관내 482개 초·중·고교를 대상으로 방과 후 학습 및 외국어, 예체능 분야 활동 등 다양한 학습 멘토링을 지원하는 인천광역시, 인천시교육청과의 교육협력사업으로 매년 1200명 이상의 학생들이 HE1(사회기여교과)의 일부로 이 사업에 참여하고 있다.

한편 이 날 행사에서는 우수 멘토 뿐만 아니라 우수 멘티들의 표창 및 멘토, 멘티의 멘토링 사례발표도 함께 진행되었다. 우수 멘토 중 한 명으로 초등학생 멘토링 사례 발표를 한 김진호 학생은 멘토링 동안 조금씩 변화되는 멘티들을 대하면서 가슴 벅찬 보람을 느꼈으며, 연인프로젝트를 통해 자신감과 책임감을 경험할 수 있었다고 말했다.

올해에도 지속되는 연인프로젝트는 '2015 연인프로젝트' 우수멘토 선정, 표창이 연말에 예정되어 있으며, 지역과 상생하는 송도 국제캠퍼스에서 '섬김의 리더십'과 사회적 책임감 함양교육과 지역사회 발전에 기여하는 실천적 봉사활동 프로그램으로 정착되고 있다.

이 날 표창장을 받은 우수 멘토 학생들은 1학기에 참여한 12명, 2학기에 참여한 17명으로 다음과 같다: 강민성(이학계열), 강승우(이학계열), 김민찬(공학계열), 김상돈(교육과학계열), 김상연(경영계열), 김원종(이학계열), 김유경(사회과학계열), 김주은(상경계열), 김진호(교육과학계열), 김채검(상경계열), 김태하(공학계열), 김태현(공학계열), 김향수(신학계열), 김현우(자유전공), 남수경(인문계열), 서동욱(공학계열), 신동준(경영계열), 심은영(인문계열), 안정아(경영계열), 우주형(언더우드학부), 윤정인(문헌정보학과), 이길문(생명시스켐계열), 이종학(경영계열), 이현성(언더우드학부), 이주희(공학계열), 임윤정(인문계열), 황지영(인문계열), 허정호(언더우드학부), Pedro Ruben Gregorio(공학계열).

[국제캠퍼스 소식] "꿈을 크게 가지고 긍정적으로 세상을 바라보세요"

Vol. 116

"꿈을 크게 가지고 긍정적으로 세상을 바라보세요"
- 정갑영 총장 RC 강연, '열정으로 만든 기적'
"'Impossible'에 어퍼스트로피 하나만 찍으면 'I'm possible'이 됩니다."

지난 12월 2일 저녁 7시 진리관 A 101호. 강연이 시작되기 전 강연장은 270여명의 학생들과 교직원들로 발 디딜 틈 없이 가득 찼다. 좌석은 물론 통로까지 가득 메웠다.

정갑영 총장이 국제캠퍼스를 찾아 이번 학기 RC 특강의 마지막을 장식하였다. 강연 주제는 1학년 학생들의 눈높이에 맞게 '열정으로 만든 기적'이었다. 정 총장은 이번 강연을 통해 학생들에게 "여러분의 잠재력은 무궁무진합니다. 하지만 꿈이 소박해 보여요. 꿈을 크게 가지고 아무리 작더라도 가능성이 조금이라도 있다면 긍정적으로 세상을 바라봤으면 좋겠습니다."고 말했다.

경제 이야기로부터 시작한 정 총장은 펄벅 등 유명인의 이야기를 예로 들면서 흥미롭게 강연을 이끌어 나갔다. 정 총장은 "'Impossible'에 어퍼스트로피 하나만 찍으면 'I'm possible'이 됩니다. 어퍼스트로피를 찍어주는 것이 교육의 역할이라고 생각합니다."라며 교육에 대한 자신의 철학을 피력했다. 그러면서 긍정의 힘을 강조하고 큰 꿈을 가지고 더 큰 세계로 뻗어나갈 수 있도록 학생들을 격려했다.

40여 분간 정 총장의 강연이 끝나고 학생들의 질문을 받는 시간이 이어졌다. 학생들은 특강과 관련된 질문과 함께 RC제도나 재수강 제한 제도 등 학교의 학사시스템에 대한 질문도 했다.

강연을 들은 한 학생은 "총장님께서 말씀하신 긍정의 힘에 대한 강조가 상당히 인상적이었다. 총장님께서 우리에게 많은 것을 가르쳐 주시는 것이 느껴져 감사했다"라고 강연을 들은 소감을 밝혔다.

[국제캠퍼스 소식] "Holistic Education 1 – 아이사랑 아우사랑"

Vol. 116

"Holistic Education 1 – 아이사랑 아우사랑"
- 세브란스 어린이병원에 아우 인형 전달

국제캠퍼스에서는 RC교육대상자인 1학년들에게 HE1(사회기여) 과목을 통해 섬기는 리더십을 함양할 수 있도록 하고 있다. Holistic Education 1 영역의 '아이사랑 아우사랑'(지도: 나정은 교수)수업에서는 매 학기 신생아 배냇저고리와 손으로 직접 만드는 아우인형을 교내 제작하여 관련 기관에 전달하고 있다. 2014-2학기에 만들어진 아우인형 57개가 지난 12월 5일 세브란스 어린이병원에 전달되었다. 학생들은 어린이병원에서 지정해준 병동에 직접 인형을 전달하면서 작은 행동이 어려운 주변 분들에게 얼마나 큰 영향력을 미치는지 체험하는 기회를 가졌다.

'아이사랑' 활동은 (사)함께하는 사랑밭 캠페인에 동참하여 미혼모를 위한 배냇저고리를 만드는 작업이다. 바느질을 못하는 학생들도 홈질, 박음질 방법을 배워서 한 땀 한 땀 손수 만들게 한다. 축복받지 못할 생명은 없다는 것을 알게 되고 동시에 책임 있는 행동을 하게끔 하는 교육효과도 아울러 얻게 된다. '아우 인형'은 유니세프 인형캠페인으로 지구촌 어린이의 생명을 구하자는 취지로 시작됐으며, 헝겊으로 만든 아우인형은 어린이, 동생을 상징하는 것이다. 이렇게 만들어진 작품들은 학기말 교내 전시를 통해 홍보활동을 거친다. 그리고 참여했던 학생들이 직접 해당기관으로 전달하는 절차를 밟고 있다.

본 과목은 신입생 전원이 RC 교육을 받기 시작한 2013-1학기부터 개설되었으며, 개설 첫 학기에는 만든 인형을 유니세프로 보내는 방식으로 진행하였다. 2013-2학기부터는 유니세프의 후원 하에 인형을 세브란스 어린이병원에 기증 전달하는 것으로 협의되어 이후 직접 전달하고 있다. 이러한 기회를 통해 학생들은 사회기여 활동에 대한 인식을 더욱 높이는 계기가 될 것이다.

전달 행사에 참석한 학생은 "어린이 환자들을 만나게 되니 우리가 교내에서 활동한 것이 어떻게 전달되는지 알 수 있었고 조금 더 열심히 만들어야겠고, 다음 학기에 이 활동을 하게 될 후배들에게도 꼭 이야기해주고 싶다"고 말했다. 복도까지 뛰어나와 학생들에게 간식을 전해주시던 보호자는 학생들의 손을 잡고 "아이가 정말 좋아하고 큰 위로가 된다"며 감사인사를 전했다.

[국제캠퍼스 소식] 파리 보헤미안들의 러브스토리 울려 퍼지다

파리 보헤미안들의 러브스토리 울려 퍼지다
- 음악대학 라보엠 공연, 2014-2 RC 공연 대미 장식

파리 보헤미안들의 아름다운 러브스토리가 국제캠퍼스에서 화려하게 펼쳐졌다.

푸치니의 3개 오페라 중 하나인 '라보엠'이 2014학년도 2학기 마지막 RC 공연을 장식했다. 우리대학교 음악대학과 RC 교육원이 공동으로 주최한 라보엠 공연이 11월 26일 저녁 7시 국제캠퍼스 종합관 다목적홀에서 열린 것이다.

'라보엠'은 푸치니의 4막 오페라로 파리의 뒷골목 다락방에 살고 있는 시인 로돌포, 철학자 코르리네, 음악가 쇼나르 등 보헤미안 기질을 가진 4명의 방랑생활과 우정, 그리고 폐결핵을 앓는 소녀 미미와 로돌포의 슬픈 사랑을 큰 줄거리로 하고 있다. 또한 '토스카', '나비부인'과 함께 푸치니의 3대 걸작 가운데 하나로 꼽힌다.

학생들에게 오페라는 낯선 장르지만, 학생들이 공연한다는 친근감 때문인지 560여 명의 학생과 교직원들이 다목적홀 관람석을 가득 메웠다.

이번 공연은 총 4막에 걸쳐 시인 로돌포와 병약한 미미, 화가 마르첼로와 바람둥이 무제타의 사랑이야기를 그려냈다. 대부분의 대화가 아리아로 노래하듯 이어졌으며 여러 아리아 중에서도 널리 사랑받는 '그대의 찬 손'과 '내 이름은 미미'가 단연 압권이었다. 화려한 소품과 의상, 춤과 노래 등 볼거리 등도 눈길을 사로잡았다. 음악대학 학생들의 연기와 노래는 관객의 심금을 울렸다. 보답으로 각 막이 끝날 때마다 뜨거운 박수갈채를 보냈다.

김기남 학생(경영13)은 "오페라라는 장르가 낯설게만 느껴졌었는데 재미있었다. 특히 로돌포와 친구들이 같이 춤추고 결투 놀이하는 장면은 눈길을 끌었다"고 말했다. 또한 작품의 우수성 때문인지 공연의 뛰어남 때문인지 몇몇 청중은 눈가에 눈물이 맺히기도 했다. 학부대 양재원 교수는 "공연의 끝 부분에서 콧날이 시큰함을 느꼈다."고 감상을 표시하기도 했다.

한편, 12월 1일(월)에는 국제캠퍼스의 1학년 학생들이 주축이 되어 공연하는 REC(RC Ending Contest)가 열렸다. REC는 지난해 '송도 갓 탤런트'라는 이름이 바뀐 것으로 넘치는 끼를 가진 학생들의 공연을 뽐치는 프로그램이다.

[국제캠퍼스 소식] DGMIF 신약개발지원센터와의 MOU 체결

DGMIF 신약개발지원센터와의 MOU 체결

약학대학은 11월 11일 대구경북첨단의료산업진흥재단(DGMIF) 신약개발지원센터와의 연구협력을 위한 협약을 체결하였다.

신약개발지원센터 8층 회의실에서 열린 협약식에는 안영수 약학대학장을 비롯한 약학대학 교수 4명이 참석하였고, 신약개발지원센터에서는 윤석균 센터장과 5명의 수석 및 책임연구원이 참여하여 상호 협력 의지를 확인하였다.

본 협약을 계기로 신약개발지원센터에서 보유하고 있는 각종 첨단 장비와 분석 서비스를 무료 혹은 저렴한 비용으로 이용할 수 있도록 하였고, 약학대학에서 보유한 고속대량스크리닝(High Throughput Screening) 기술을 이용한 신약 개발 공동 연구를 진행하기로 합의하였다.

또한 지속적인 협력관계를 유지하기 위해서 상호 교류 세미나의 개최, 학부 및 대학원 교육 프로그램을 개발, 신약 개발에 관한 정보 교류, 공동연구 과제 수주 등 각종 교류 활동을 진행할 예정이다.

[국제캠퍼스 소식] 학부대학 자유전공 '제6회 자유창의 공모전' 실시

Vol. 115

학부대학 자유전공 '제6회 자유창의 공모전' 실시

지난 11월 28일(금) 17:00부터 국제캠퍼스에서 '제6회 자유창의 공모전' 결선이 열렸다.

자유전공학부는 다양한 학문과 전공을 융합할 수 있는 개방적, 창의적인 사고력과 건전한 공동체적 윤리, 도덕, 가치관을 지닌 인재를 양성하는 것을 교육목표로 하고 있는데, 이와 같은 목표를 위해 매 학년도 1학기에는 '자유창의 전공탐색 공모전'을, 2학기에는 '자유창의 공모전'을 실시해오고 있다.

2학기의 '자유창의 공모전'은 특히 자유전공 학생들의 학문적 수월성과 글로벌 리더십 함양을 지원하기 위한 행사로서, 학생들에게 사회적으로 이슈가 되는 주제를 제시한 후 실현 가능성을 가지는 창의적인 해결책을 제시할 것을 과제로 요구하는 식으로 이루어진다.

올해로 6회 째가 된 이번 공모전은 '한국 고등학교 교육에서 문.이과 통합 또는 교육 일반에서 융합에 대해 논하여 보라'라는 주제로 개최되었는데, 당일의 결선에는 1차 논문 심사를 거쳐 최종 선발 된 4개 팀이 참여하여 금상, 은상, 동상, 장려상을 가렸다.

해당 주제에 대한 프레젠테이션 및 질의응답으로 행해진 경연의 결과, 금상은 '문.이과 통합 방안의 한계와 융합교육의 실현방안 – 문.이과 분리의 필요성과 대안 중심으로'를 발표한 노도일, 이민지, 이세연, 조희주, 채수림 학생이 차지하였다. 금상 팀을 비롯하여 모든 수상 팀 개개인에게는 상장과 부상으로 소정의 장학금이 수여되었다.

이날의 심사위원으로는 김영희 자유전공 주임교수, 이원경 자유전공 학생지도교수, 그리고 김종철 법학전문대학원 교수가 참여하였다.

[국제캠퍼스 소식] 인천지역 연탄나누기 봉사

Vol. 115

인천지역 연탄나누기 봉사

약학대학은 인천 지역사회에 기여하기 위한 활동으로 올해에도 연탄나누기 봉사 활동을 11월 22일에 진행하였다.

인천연탄은행(대표: 정성훈 목사)과 함께한 이번 행사는 안영수 학장을 비롯한 약학대학 교직원 및 학부 3학년 학생 등 40여 명이 참가하였다. 인천시 연수구 동춘1동 소암마을에서 약학대학 교원의 성금으로 마련한 연탄 1,200장을 필요한 가정에 배달했다.

인천연탄은행 관계자는 연탄 기부가 점점 줄어들고 있어 많은 어려움이 있으며 연세대학교를 비롯한 사회 각계의 많은 도움이 절실하다고 했다. 이에 따라 약학대학에서는 내년부터 사전 기부금 모금 활동을 강화하여 연탄 기부액을 늘려갈 예정이다.

[국제캠퍼스 소식] "대학생 때 연애, 여행, 도전을 많이 해보세요"

Vol. 114

"대학생 때 연애, 여행, 도전을 많이 해보세요"
- 이순우 우리은행장 RC 특강

지난 11월 18일 저녁 국제캠퍼스 자유관B 202호. 소탈한 모습의 강연자가 경상도 사투리로 자신의 이야기를 펼치자, 강단 앞에 모인 400여 명의 학생은 즐거운 표정을 지으며 강의에 집중했다. 이순우 우리은행장이 국제캠퍼스에서 '청춘, 도전 그리고 시작'이라는 주제로 강연을 펼쳤다. RC 교육원(원장 장수철)이 개최한 RC 특강에서 강연자로 나선 것. 그는 간단한 우리은행 소개에 이어 현재 자신이 있기까지의 이야기를 학생들에게 들려주었다.

이순우 우리은행장은 한 시간 동안 학생과 적극적으로 소통하며 강연을 이끌어 나갔다. 특유의 친화력으로 강의 도중에 학생들에게 질문도 많이 하고 학생들이 질문에 대답하면 호탕하게 웃으며 연신 "잘했다!"라며 힘을 북돋아 줬다. 그는 학생들에게 수많은 실패를 딛고 성공을 이룬 자신의 이야기를 하며, 그 실패들이 결국 자신의 밑천이 되었다고 강조했다. 이순우 우리은행장은 "'연애, 여행, 도전'을 많이 해보세요. 연애라는 것이 남녀 간의 관계만을 의미하는 것은 아닙니다. 대학 때는 여러 사람을 만나보길 바랍니다."라며, "그러면서 여행도 많이 다녀보길 바랍니다. 세상의 여러 군데를 다니며 여러 사람이 사는 모습을 볼 필요가 있습니다. 모든 사람은 자기 나름의 짐을 짊어지고 있죠. 여행을 통해 '나는 왜 이런 집에 태어났지?', '나는 왜 이런 나라에서 태어났지?' 같은 생각을 떨치게 됩니다."라고 했다. 그는 마지막으로 '도전'을 강조했다. 그는 "무작정 도전한다고 능사가 아닙니다. 독서를 통해 해볼 만한 도전인지 판단할 수 있는 능력을 기르길 바랍니다"라며 학생들에게 의미 있는 얘기를 전했다. 유익하면서도 재미있는 강의와 친근한 말투에 학생들은 시종일관 웃음을 터뜨렸고 적극적으로 질문에 대답하며 화기애애한 분위기 속에 강의는 끝을 맺었다.

특강에 참여했던 한 학생은 "지금까지 RC에서 주관하는 특강에 다 참석했는데 이번 특강이 가장 좋았다. 인생선배의 경험에서 우러나오는 깊은 지혜와 깨달음을 배울 수 있었다."라고 소감을 나눴다.

[국제캠퍼스 소식] 국제캠퍼스 RC 교육은 학술 공론의 장

Vol. 114

국제캠퍼스 RC 교육은 학술 공론의 장
- 제1회 RC 학술제 '독서와 Presentation 대회' 개최

제1회 RC 학술제 '독서와 Presentation 대회' 결선이 11월 19일 국제캠퍼스 자유관에서 열렸다.

이번 학술제 행사는 학부대학 RC 교육원(원장 장수철)이 RC 교육환경을 명실상부한 학술적 공론의 장으로 만들기 위한 취지로 마련됐다. 이를 위해 국제캠퍼스 학생에게 특정 주제에 관한 도서 추천과 함께, 참여하는 학생이 공동으로 탐구하고 결과물을 발표하도록 했다. 주제는 '사이버 세계와 나'였다.

결선 대회참가자들은 인문, 사회, 자연·응용과학 분야 관련 도서(리투아니아 여인, 생각하지 않는 사람들: 인터넷이 우리의 뇌 구조를 바꾸고 있다, 링크: 21세기를 지배하는 네트워크 과학) 중 한, 두 권을 선정했고, 이후 독후감과 발표 자료를 작성 후 동료와 교수 앞에서 최종 발표와 함께 질의·응답을 했다. 예선과 달리 결선에는 학부대학 교수진뿐만 아니라 '학생 청중 평가단'도 직접 심사에 참여했다.

결선 준비과정도 주목할만하다. 결선 이전에 10월 중순경 먼저 추천 도서가 발표됐고, 동시에 시작되어 한 달여간 팀별 토론과 프레젠테이션이 진행됐다. 예선에서 총 108명(56개 팀)이 참가 신청을 했다. 10:1의 경쟁률을 뚫고, 이 중에서 최종 10명(5개 팀)이 결선에 진출했다. 예선심사는 학사지도 교수진이 맡았다. 이들은 결선 진출 학생이 더욱 충실하게 결선을 준비할 수 있도록 특별 코칭 세션을 마련했다. 코칭 세션에서는 프레젠테이션 방법과 팀별 유의 사항을 개별 지도했다.

김성수 교수(학부대학 글쓰기)는 결선심사 교수진의 총평을 통해 참가 학생들의 뛰어난 학술적 역량과 노력에 찬사를 아끼지 않았다. 청중평가단으로 참가한 학생들은 "한 공동체 안에서 같은 책을 읽고, 서로 다른 생각을 토의할 수 있었다는 점에서 큰 의미가 있었다."라며, "앞으로도 이 행사를 지속했으면 좋겠다."라고 입을 모았다.

레지덴셜칼리지만의 특·장점이 응축되어 표출된 RC 학술제. 앞으로 국제캠퍼스를 상징하는 새로운 아이콘으로 자기매김할 것으로 전망된다.

[국제캠퍼스 소식] 자신에게 질문하라, "왜 고시를 보는가?"

Vol. 113

자신에게 질문하라, "왜 고시를 보는가?"
- 제3차 RC 특강

지난 11월 12일 저녁 7시 진리관A 101호. 평범한 차림을 한 강연자 앞에 200여 명의 국제캠퍼스 1학년 학생들이 귀를 쫑긋 세우며 강의를 듣고 있었다. 강연자 말 한 마디 한 마디를 놓칠세라 강의에 몰입하고 있었다.

강연의 주인공은 5전 6기 끝에 행정고시에 합격해서, 현재 경기도청 교육협력국 교육정책과 사무관(5급 행정직)으로 근무하는 하언우 씨다. 그는 신림동 고시촌에서 고시를 준비했던 시절을 회상하며 이야기를 풀어 갔다. "1학년 때 공부만 하지 말고 세상을 배우고 많은 경험을 했으면 좋겠다."라며, "대학 1학년 때는 어학, 독서, 예체능 등 기본기에 충실하고 미래에 자신감을 갖길 바란다."라고 말했다.

이어 로스쿨 합격자 최은령 씨가 강단에 올랐다. 그는 로스쿨을 고민하는 후배들에게 어떤 마음가짐을 가지고 준비해야 하는지에 대해 먼저 스스로에게 질문을 해볼 것을 권했다. "사회경험을 많이 하고 로스쿨 진학을 결심하게 된다면 진지하게 한 번쯤 생각해 보아야 한다."라며, "출세나 돈을 위해서 하려는 것인지 공익을 추구하려는 것인지에 대해 먼저 생각해 보라."고 말했다. 행정고시 출신인 윤상혁 씨, 외교관 후보자 선발시험에 합격한 황덕환 씨도 강단에 올라 다양한 고시경험담에 대해 학생들과 나눴다. 강연후 질의응답이 뒤따랐다. 관심이 많은 탓인지 질문이 많았다. 질문 하나 하나에는 예비 공직자로서의 치열한 고민과 진지함이 배어 있었다.

학부대학 RC교육원은 RC특강을 통해 매학기 유명 인사나 학생들이 관심있는 분야의 인물을 초청해 강연을 개최하고 있다. 이번 제3차 RC특강은 국가고시지원센터가 주관했다. 고시준비생에게 고시합격자의 노하우와 경험담을 들려줌으로써 국가 고시를 준비하는 학생에게 도움을 주기 위해 마련했다. 오는 11월 18일 저녁 7시30분 자유관B 202호에서 이순우 우리은행금융지주회장을 초청, 제 4차 RC 특강을 개최한다.

[국제캠퍼스 소식] 'Songdo's GOD Talent' 개최

Vol. 113

- 'Songdo's GOD Talent' 개최 (제1회 Mission Festival)

'Songdo's GOD Talent'가 지난 11월 13일 목요일 크리스틴 채플에서 열렸다. 'Songdo's GOD Talent'는 '기독교 복음'을 담은 CCM, 워십댄스, 스킷 드라마 등 다양한 장르의 공연을 내용으로 하는 경연 대회이다. 영국의 유명 오디션 프로그램 'Britain's Got Talent'를 기독교적으로 패러디해서 꾸민 행사이다. 이 행사는 국제캠퍼스 학원 복음화 연합(이하 국학연)이 주최 및 주관하였다. 국학연은 우리 대학교 국제캠퍼스 내의 모든 선교단체와 교목실, 연세기독학생연합회가 모인 연합체다. 국학연은 국제캠퍼스의 학생이 기독교 문화를 통해 하나 됨을 누리는 축제의 장을 만들고자 이 행사를 기획하였다.

이날 행사는 국학연 대표 심예은(신학 12) 학우의 대표 기도로 막을 열었다. 고영철(신학 13) 학우와 최고은(간호 14) 학우가 본격적으로 행사를 진행했다. 김동환 교목의 개회사에 이어 심사위원 소개가 있었다. 심사위원은 김동환 교목과 허진설 교수를 비롯한 교수 3명, 학생 대표 3명으로 구성되었다. 총 7명의 심사위원이 지켜보는 가운데 각 참가팀은 준비한 공연을 무대에 올렸다.

참가팀은 주로 국제캠퍼스에 거주하는 학생으로 구성됐다. 각 팀은 지난 10월 30일에 있었던 예선전을 통해 선발되었다. 참가자들은 각기 다른 장르에 기독교 복음을 담아 자신의 신앙을 고백했다. 가령 'ㅇㅅㅇ'팀은 "힘들었던 시간에 대한 간증이 담긴 찬양이다."라며, '바보생각밴드'의 '눈물'을 불렀다. '14 성길동' 팀은 'Above all'이라는 곡에 맞추어 스킷 드라마를 공연했다. 공연이 끝나고 국제캠퍼스 찬양팀의 축하무대가 이어졌다.

이날 1등은 언더우드의 삶을 그린 창작 뮤지컬을 공연한 '연세 JOY 14' 팀이었다. 2등은 혼성 합창을 공연한 'CCC'팀, 3등은 지미선의 할렐루야에 맞추어 워십댄스를 공연한 'Just Love' 팀이 각각 차지했다. 모든 경연 순서가 끝나고 참가팀과 심사위원, 무대를 지켜본 관중은 '이 시간 너의 맘 속에'를 부르며 서로를 축복했다. 노래가 끝난 후 김동환 교목의 축도로 행사는 막을 내렸다.

이번 경연대회는 제1회 미션페스티벌(Mission Festival)로서 주 예수그리스도의 말씀을 사모하고 제자로 살아가기를 원하는 그리스도인의 만남과 교제를 위한 축제였다. 하루 저녁의 짧은 시간이었지만, 국제캠퍼스의 학생들은 Songdo's GOD Talent를 즐기며, 서로가 사랑 안에서 연합된 지체임을 확인하며 감사했다. 이 행사를 계기로 국제캠퍼스에서 공부하는 그리스도인이 더욱더 주 예수 안에서 하나 되길 기대한다.

[국제캠퍼스 소식] '좋아서 하는 밴드'와 유쾌하고 진지한 음악무대

'좋아서 하는 밴드'와 유쾌하고 진지한 음악무대
- 제3회 Residential College(RC) 공연 개최

지난 11월 5일 저녁 8시 국제캠퍼스 자유관 B202호. 가을의 꼬리를 밟을 이때, 낙엽이 떨어지는 늦가을 날씨와 달리 강연장 안의 분위기는 후끈 달아올랐다. 200여 명이 넘는 학생들이 무대 앞에 모여 인디밴드 '좋아서 하는 밴드'의 공연에 빠져 있었다.

조준호, 손현, 안복진 등 3인으로 구성된 '좋아서 하는 밴드'는 2008년도에 결성, 다양한 페스티벌, 콘서트, 음반 활동을 활발히 해오고 있다. 모두의 이야기를 각자 방식으로 풀어내며 유쾌하고 진지하게 음악을 그려내는 게 밴드의 특징. 특히 이 밴드는 학생들의 눈높이에 맞춰 관객과의 호흡을 잘 맞췄다. 곡이 시작되기 전, 밴드의 리더 조준호는 곡을 만들게 된 배경과 사연을 하나하나 설명하며, 관객과의 친밀도를 높였다.

밴드의 첫 곡 '너에게 흔들리고 있어'가 공연장에 울려 퍼지는 가운데 공연이 시작되었다. 이후 '북극곰아'와 같은 노래들이 차례로 소개되며 흥을 돋우었다. 인디밴드 공연의 묘미는 관객들이 함께 참여하고, 따라 부를 수 있다는 것이다. 이날 역시 학생들은 밴드와 함께 호흡하며 공부 스트레스를 날려버렸다. '좋아요', '뽀뽀' 등 귀에 감기는 멜로디에 따라하기 쉬운 가사 때문인지 밴드의 음악에 매료됐다.

이날 공연의 절정은 '샤워를 하지요'였다. 우쿨렐레와 퍼커션을 담당하는 조준호가 샤워하는 동작을 형상화한 율동을 알려주자, 관객들이 일제히 노래 중간마다 신이 나게 율동하는 모습은 매우 신선했다. 공연이 아니었다면 다소 유치하다며 따라하지 않을 수 있는 동작도 밴드와 하나가 되어 노래를 함께 즐기며 만들어가는 모습이 눈길을 끌었다.

좋아서 하는 밴드의 모든 곡은 유쾌하기도 했지만, 의미 있는 가사가 전달되는 곡도 많았다. '의미 없는 너와 나의 어제오늘이 먼 훗날 아름다운 사진이 될 수 있을까'라는 가사가 압권인 '천체사진'이라는 곡이 연주될 때는 학생들은 숨죽인 채 가만가만 노랫말에 귀 기울였다. 노래를 통해 기쁨과 행복만이 아니라 고민과 외로움 또한 공감하며 다독일 줄 아는 좋아서 하는 밴드의 무대를 통해 음악의 치유 능력을 확인하는 순간이었다.

앙코르 요청으로 노래한 솔직한 가사의 '옥탑방에서'를 끝으로 공연은 환호성과 박수갈채로 마무리되었다. 공연이 끝난 후, 학생들은 "국제캠퍼스에서 올해에 관람한 공연 중에 가장 신이 났고, 즐거웠다."고 말했다.

한편, 이번 학기 마지막 RC 공연은 오는 11월 26일 음악대학의 오페라 무대로 꾸며질 예정이다.

[국제캠퍼스 소식] 제1회 국제캠퍼스 행복 포럼

Vol. 112

제1회 국제캠퍼스 행복 포럼

'제1회 국제캠퍼스 행복 포럼'이 8일(토)에 국제캠퍼스 자유관 102호에서 열렸다. 포럼에는 국제캠퍼스 재학생 학부모를 비롯해 초·중·고 학부모, 교직원가족, 아파트 주민 등 총 120여 명이 참가했다. 강연을 통해 국제캠퍼스의 빛나는 미래상을 살펴보고, 삶의 목적인 행복의 의미를 깨닫는 시간을 가졌다. 또한, 세계 대표 가곡과 오페라에 관한 이해와 감상 체험도 진행했다.

먼저, 오세조 국제캠퍼스 부총장, 김상준 대외협력처장이 '연세 제3의 창학'을 주제로 강연을 했다. 이어 오세조 국제캠퍼스 부총장은 '변화를 즐기자: 우리 국민의 문화적 특성', 서은국 문과대학 교수가 '행복은, 결국사람', 권수영 연합신학대학원 부원장은 '리더십과 소통'이라는 주제로 강연을 했다. 만찬 이후에는, 강무림 음악대학 교수팀의 '세계 대표 가곡과 오페라의 이해와 감상' 시간으로 막을 내렸다.

[국제캠퍼스 소식] 제1회 국제캠퍼스 행복 포럼

Vol. 111

제1회 국제캠퍼스 행복 포럼

제1회 국제캠퍼스 행복 포럼이 8일(토)에 국제캠퍼스 자유관 102호에서 열린다. 이번 행사에는 국제캠퍼스 재학생 학부모, 초·중·고 학부모, 교직원가족, 아파트 주민을 초대한다. 포럼에서는 강연을 통해 국제캠퍼스의 빛나는 미래상을 살펴보고, 삶의 목적인 행복의 의미를 깨닫는 시간을 갖는다. 또한, 세계 대표 가곡과 오페라에 관한 이해와 감상 체험도 진행할 예정이다.

강연자는 이종철 인천경제자유구역청장이 '인천경제자유구역의 전망과 과제'를 주제로 첫 강연을 한다. 이어 오세조 국제캠퍼스 부총장이 '변화를 즐기자: 우리 국민의 문화적 특성', 서은국 문과대학 교수가 '행복이란?', 권수영 연합신학대학원 부원장이 '리더십과 소통'이라는 주제로 강연을 한다. 만찬 이후에는, 강무림 음악대학 교수팀의 '세계 대표 가곡과 오페라의 이해와 감상' 시간으로 막을 내릴 예정이다. 접수는 11월 8일(토)까지이며, 현장 접수도 가능하다.

[국제캠퍼스 소식] "큰 줄기를 잡는 통섭"

Vol. 111

"큰 줄기를 잡는 통섭"
– 최재천 국립생태원장 RC 특강

지난 10월 29일 국제캠퍼스 자유관B 202호. 강단 앞에는 320여명의 학생들이 입추의 여지없이 모여 있었다. 이어 강연장에 한 인사가 등장하자 학생들이 기립해 박수를 쳤다. 국립생태원 원장인 최재천 이화여대 에코과학부 석좌교수. 그는 이날 저녁 '통섭'을 주제로 강연을 하며 연세대 학생들과 만났다.

그는 융합적 사고와 실천에 어떻게 가능한가를 물은 책 '대담'의 출간 10주년 기념 강연도 최근에 나선 바 있다. 최 교수는 이처럼 책과 강연을 통해 활발하게 대중과 가까이 소통하고 있다. 열정적이고 친근하게 강연 분위기를 이끄는 때문일까. 강당을 가득 채운 학생들도 눈과 귀를 쫑긋세우며 강연에 열중했다.

그의 강연 속에 한결같이 들어있는 단어는 '융합', '통섭'이다. 이날도 역시 그가 연구한 동물들과 융합을 접목하며 이야기를 풀어나갔다.

그는 "학생들이 하고 싶은 연구를 하자고 마음먹은 이후로 연구실에 바퀴벌레부터 시작해서 온갖 동물들이 다 있습니다. 연구실에서 하고 있는 주제의 동물들만 해도 돌고래, 오랑우탄, 코끼리 등등 열 가지가 넘습니다."고 말했다. 이어 그는 코스타리카의 개미부터 인도네시아의 긴팔원숭이, 한국에서는 까치에 이르기까지 다양한 연구 주제와 그에 얽힌 일화들을 소개했다. 특히 개미에 대한 이야기는 흥미진진했다. "개미들도 처음에 자기 세력을 넓히기 위해 다른 개미들과 동맹을 맺습니다. 심지어 다른 종의 개미인데도. 하지만 어느 시점이 지나면 하나의 여왕만을 남기기 위한 피튀기는 전쟁이 시작됩니다. 삼국지에서 여러 나라들이 그랬던 것과 너무도 비슷해 보이지 않나요?"

최 교수는 다양한 연구주제를 통해 '통섭'을 강조했다. 통섭이란 큰 줄기(통)를 잡다(섭), 즉 서로 다른 것을 한데 묶어 새로운 것을 잡는다는 의미로 학문 간의 경계가 무너지는, 지식의 대통합을 뜻한다고 풀이했다.

강연 후 질의응답 시간이 이어졌다. 학생들 사이에서는 '어떻게 그렇게 새로운 일에 많이 도전할 수 있는 지', '동물들도 의도적으로 유머를 구사하는 지' 등 많은 질문들이 쏟아져 나왔다.

강연을 들은 한 학생은 "주로 분자생물학적, 유전학적으로 생물을 이해하곤 했었는데 이번 강연을 통해 생물학에 대해 다양한 방향으로 접근하는 또 하나 시선을 배울 수 있었고 매우 흥미로웠다. 그리고 생물은 부분만 봐서는 안 되는 학문이며 세포와 개체, 집단을 뛰어넘어 사회까지 아우르는 학문이라는 말씀이 인상깊었다'고 말했다. 또 다른 학생은 "교수님께서 연구를 하시면서 겪은 일화들이 재미있어서 시간가는 줄 몰랐다. 만족스러운 강연이었다."고 강연에 대한 소감을 밝혔다.

[국제캠퍼스 소식] 국제캠퍼스 제2 기숙사, 2014 인천시 건축상(우수상) 수상

Vol. 110

국제캠퍼스 제2 기숙사, 2014 인천시 건축상(우수상) 수상

우리 대학교 국제캠퍼스 제2 기숙사가 이번 '2014 인천시 건축상'에서 우수상을 받았다. 인천시는 19일 국제캠퍼스 제2 기숙사를 비롯해 '2014 인천 아시아드 주경기장'(공공), 'sinew(부평작전교회)', '송도 글로벌캠퍼스 푸르지오'(주거)를 각각 선정했다. 지난 2011년에는 국제캠퍼스 제 1 기숙사가 서울경제신문이 주최하는 '한국건축문화대상'에서 우수상을 차지했다.

한편, 시상식은 다음 달 7일 '2014 건축문화제 개막식'이 진행되는 인천종합문화예술회관에서 열린다.

[국제캠퍼스 소식] 강렬하고 기교넘치는 퓨전음악으로 사로잡다

Vol. 108

강렬하고 기교넘치는 퓨전음악으로 사로잡다
- 2014년도 2학기 RC 공연, 'Con-Fusion' 펑크밴드 연주

'Confusion' 이 단어의 본래 의미는 혼동, 혼란의 뜻이다. 이 단어에 붙임표을 넣어 분절화하면, 'Con-Fusion'이 된다. 그럴 때 '온합', '퓨전'이라는 뜻으로 재탄생하게 된다.

지난 10월 1일 저녁 8시 자유관 B202호에서 2014년도 2학기 RC 공연이 열렸다. 'Con-Fusion' 밴드의 이름처럼 퓨전 음악들이 가득한 무대였다. 멤버 구성도 다국적이었다. 테너 색소폰의 유종현, 전자 기타의 Luke Doyle, 베이스 기타의 James Atkinson, 드럼의 Forest Muther 모두 4인이다. 펑크 밴드는 재즈, 퓨전펑크 등 다양한 음악을 선보였다. 팻 매스니, 허비 행크, 케니 버렐 등 재즈계의 대가이자 뉴에이지의 청상음악을 연주해 눈길을 끌었다.

첫 스타트는 'Cold duck time'이었다. 단순한 멜로디에 강렬한 연주가 조화를 이뤘다. James Atkinson은 첫 곡 연주 후 서투른 한국말로 밴드 소개와 곡 설명을 곁들였다. 장난스럽기도 했지만 친근한 멘트로 유쾌한 분위기를 이끌었다.

이어 'Chitlins con carne', 'Keep me in mind', 'Come as you are', 'Bowlegged', 'Hermitage', 'Chicken', 'Watermelon man' 곡이 차례로 연주되었다. 열정적이면서 숨 가쁜 연주, 폭발적인 감정이 담긴 목소리로 100여 명의 관객의 귀를 사로잡았다. 또한, 간간이 보여준 솔로 파트 연주는 학생들로부터 박수갈채를 받았다.

김 알렉스 RA는 "색소폰 연주를 많이 들어보지 못한 편이었는데 이번 공연을 통해 그 매력을 느낄 수 있었다."고 소감을 밝혔다.

[국제캠퍼스 소식] 글로벌 마인드, 교환학생' 관심 뜨거워

Vol. 106

글로벌 마인드, 교환학생' 관심 뜨거워
- 국제처장 특강 및 교환학생 경험담 강의

지난 9월 24일 저녁 7시 국제캠퍼스 자유관 B 202호. 강연장 앞에 많은 학생이 모여들었다. 글로벌 인재, 교환학생 등 학생들의 관심있는 주제라서일까. 그 어느 때보다 강연에 대한 관심은 폭발적이었다. 300여 명이 강의실에 들어서 발 디딜 틈이 없었다. 강의실 좌석이 모자라 계단에 앉을 만큼 열기는 뜨거웠다.

모종린 국제처장이 글로벌 마인드를 주제로 특강을 했다. 모 처장은 "글로벌 경쟁력을 갖추기 위한 조건으로 교환학생 경험이 필요하다."라며, 글로벌 리더십을 갖추는 데 필요한 요소가 무엇인지에 관해 자세히 설명했다.

1시간이 넘는 강의에도 불구하고 학생들은 자리를 떠나지 않고 또렷한 눈빛으로 강연에 열중했다. 모 처장의 강연이 끝나자 실제 교환학생을 다녀온 학생들의 경험담 발표가 이어졌다.

네덜란드로 교환학생을 다녀온 오정훈 학생(경영학)은 교환학생을 준비하기까지 과정은 힘들었지만, 그곳에서 많은 결실을 얻었다고 했다. 이어 고은새 학생(사회복지학)은 하와이에서 보낸 교환학생 생활에 대해서 경험을 소개했다. 둘의 실제 경험담은 학생들에게 현실감 있고 친근하게 전달되었다. 시간 관계상 미처 질문을 하지 못한 학생들은 행사가 끝난 뒤에 남아 교환학생을 다녀온 선배들에게 질문하기도 했다. 이날 특강에 참석한 이하린 학생(약학)은 "교환학생 경험이 있는 선배들의 이야기를 가까이에서 듣고 궁금한 것을 물어볼 수 있어서 큰 도움이 되었다."며 기뻐했다.

[국제캠퍼스 소식] "화재 발생 후 7분 이내에 대피해야 합니다."

Vol. 105

"화재 발생 후 7분 이내에 대피해야 합니다."
- 2014-2 국제캠퍼스 화재 대피 훈련

"지금 곧바로 테니스장으로 나가 주세요."

지난 9월 15일 저녁 8시 국제캠퍼스 자유관B 202호. 강연장에 모인 RA(Residential Assistant, 이하 RA)들은 테니스장에 모이라는 안내 방송에 술렁거렸지만, 곧 모두 테니스장으로 이동했다. 테니스장으로 이동한 RA 전원은 직접 소화기를 들고 가상의 화재 지점에 호스로 하얀 연기를 분사했다.

국제캠퍼스에서는 지난 9월 15일부터 17일까지 RC 화재 대피 훈련이 진행했다. 이날 훈련은 세월호 사고 이후 각종 재난 상황에 대한 경각심을 높이고 화재를 예방하기 위해 시행됐다.

테니스장에서 소화기를 실제로 사용한 RA들은 다시 강연장으로 돌아와서 스크린을 통해 동영상 및 PPT를 시청했다. 실제 화재 사고를 다룬 뉴스가 스크린에 나왔을 때는 RA들이 숨죽이며 눈과 귀를 집중했다. 이날 교육은 화재 발생 시 RA가 해야 할 일에 대해 배우는 자리였다. 직접 소화기를 사용해 보고 실제로 기숙사에서 일어난 화재 사건에 대한 뉴스를 본 후라서 강의를 듣는 RA들은 그 어느 때보다도 진지한 표정이었다. 16, 17일에는 RC 학생 전체를 대상으로 송도학사 전체에서 화재 대피 훈련을 진행했다. 아직 충분히 훈련에 익숙하지 못한 탓에 상황 자체의 긴박감보다는 놀이 같은 흥겨움마저 느껴지기도 했지만, 학생 대부분이 생사를 결정짓는 기준 시간으로 설정한 7분 이내에 기숙사를 빠져 나왔다. 특히 송도2학사 훈련 시에는 송도1학사 훈련 때보다 더 많은 학생이 훈련에 적극적으로 참여했다.

화재 대피 훈련에 참여했던 간호학과 13학번 김예은 학생은 "화재 대피 훈련의 필요성을 체감할 수 있었다. 화재 발생 시 잘 대처할 수 있도록 훈련을 잘 받았다."고 대피 훈련에 대한 소감을 밝혔다.

훈련을 진행한 총괄본부에서는 앞으로는 매 학기 훈련을 정례화하여 전체 학생을 대상으로 교육과 훈련을 병행하여 실시하고, 화재 대피로 표지 정비, 장비 확충, 안전시설 점검 등을 지속적으로 해 나갈 계획이라고 밝혔다.

[국제캠퍼스 소식] RC 개강축하 공연, 환호로 맞이하다

Vol. 104

RC 개강축하 공연, 환호로 맞이하다
- 2014-2학기 개강 축하 및 신입생 환영 동아리 연합회 공연

9월 3일 저녁 8시 국제캠퍼스 종합관 301호에서 2014학년도 2학기 첫 RC 공연이 열렸다. 동아리 연합회 공연에 앞서 객석은 호기심과 기대에 부푼 200여 명의 학생들로 가득 찼다.

첫 무대는 피아노 동아리 Piano in Yonsei가 장식했다. 개강 분위기에 맞게 모차르트의 '터키 행진곡'으로 힘차게 시작했다. 이어 연주된 곡은 재즈사에서 명곡으로 꼽히는 'Autumn leaves'. 이 곡은 클래식처럼 세월이 흘러도 잊히지 않고 이루마 등 많은 뮤지션들에 의해 재해석되고 연주되고 있다. 감미로운 피아노 연주가 빚어내는 소리에 관객들은 빠져들었다.

이어진 공연은 YAYAN의 아카펠라였다. 풍부한 표현력, 들숨과 날숨을 자유자재로 이용한 화음은 관객들의 호기심을 감동으로 바꿔놓았다. May는 직접 작사, 작곡한 곡과 원곡을 편곡한 곡을 선보여 학생들의 박수와 환호를 받았다.

음악 공연 가운데 마련된 마술동아리 NTIZ의 마술공연은 눈을 즐겁게 했다. 링을 이용한 마술을 선보이자 연신 박수소리가 객석에서 터져 나왔다. 이어서 관객 한 명을 무대로 불러 풍선 점을 치고 상상력을 이용한 마술도 선보였다. 흥미진진한 공연에 모든 관객들은 무대에서 눈을 떼지 못했다. 이어 클래식 기타 동아리 ORPHEUS의 견고한 현의 움직임이 객석을 감동시켰다. 아멜리아의 유서, 아디오스 노니노, 밤과 꿈 등 세 곡을 연주해 관객과 소통하고 교감했다.

HARIE가 춤 공연으로 장식한 피날레는 폭발적인 환호를 받았다. HARIE는 크럼프팀과 로킹팀으로 나뉘 파워풀한 춤을 선보였다.

공연에 참석한 조아영 학생(경제학과 2년)은 "다채로운 공연들을 한 자리에서 볼 수 있어서 좋았다. 공연이 끝난 뒤 동아리 공연 티켓을 사서 보러 갈 생각이다."라며 소감을 말했다. 이번 행사는 관객 수가 증가한 것은 물론이고 참석한 학생들의 소감이 지난 학기에 비해 전반적으로 더 긍정적이었다. 이를 보아 동아리 공연 행사의 준비와 진행이 더욱 진일보한 것으로 평가된다.

[국제캠퍼스 소식] "RA로서 자랑스럽고 책임감 느껴"

"RA로서 자랑스럽고 책임감 느껴"
- 2014-2학기 RA 워크숍 실시

"RC(Residential College) 교육 목적을 이해하고 RA(Residentail Assistant, 이하 RA)에게 부여된 책임과 의무를 성실히 이행하겠습니다."

지난 8월 21일 오전 자유관 B 202호 대강연장. 2014학년도 2학기 RA로 선발된 170여 명의 학생들이 한 손에 서약서를 들고 외쳤다. 연세마크가 오롯이 새겨진 흰 색 티를 모두 갖춰 입은 이들의 눈빛은 또렷했고 목소리는 힘이 넘쳤다.

학부대학 RC 교육원(원장 장수철)이 2014-2 RA 워크숍을 개최했다. 이번 행사는 8월 20일부터 2박3일 일정으로 국제캠퍼스에서 진행됐다. 첫날 개회선언을 시작으로 재난대응 안전훈련, 안전사고 예방 응급처치, 상담교육, 성평등교육, 장애학생 관련 교육 등 특히 세월호 사건으로 인한 안전교육의 중요성에 따라 RA 워크숍의 주요 교육에 포함돼 눈길을 끌었다.

또한 이전 학기에 RA를 역임했던 하우스 RA들이 나와 경험을 말하는 순서는 신임 RA 들에게 많은 공감을 얻었다. 특히 최신태 RA가 동영상 자료와 PPT 자료를 활용해 발표하면서 경험을 공유할 때는 많은 RA들이 각종 경험 하나 하나를 빼놓지 않고 들으려고 노트필기를 하는 모습도 눈에 띄었고 질문도 많이 쏟아졌다. 이날 워크숍에선 한 학기 동안 운영될 RC 학술제(특강), RC 문화 예술 공연, RC 체육제(올림픽) 등에 대한 교육도 상세히 이뤄졌다. 이밖에도 RA들이 한 학기 동안 운영하면서 필요한 RC 행정, 송도 학사 규정 및 생활, RA 역할, RC 시스템 교육도 진행됐다.

최강식 학부대학 학장은 "우리대학교가 국내 처음으로 RC 교육을 도입한 뒤, 서울대, 이화여대 등 많은 대학들이 벤치마킹하려고 한다."면서 "우리 대학교는 RC 교육을 오래전부터 준비, 시행하고 있다. 다른 대학들이 별다른 RC 교육이념 없이 연세대를 따라간다면 큰 교육효과를 얻을 수 없다."며 우리대학교 RC 교육의 독보성을 강조했다.

2014-2학기에 첫 RA로 선임된 홍민수 RA(아리스토텔레스 하우스)는 "2박3일간의 RA 워크숍 교육을 통해 많은 것을 배웠다."면서 "국제캠퍼스 RA로서 책임감을 느낀다."고 소감을 말했다.

[국제캠퍼스 소식] "편안한 마음으로 자기 자신을 드러내는 게 창작의 핵심"

Vol. 94

"편안한 마음으로 자기 자신을 드러내는 게 창작의 핵심"
- 재미작가 이창래 언더우드국제대학 교수, 2014-1학기 RC 특강 대미 장식

지난 5월 27일 저녁 7시 국제캠퍼스 진리관 303호, 재미작가인 이창래 언더우드국제대학 교수(미국 프린스턴대 문예창작과 교수)가 나지막한 음성으로 강의를 하고 있었다. RC 교육원(원장 장수철)과 언더우드국제대학(학장 박형지)이 공동으로 진행한 RC 특강 행사였다. 이날 RC 특강은 2014-1학기의 대미를 장식하는 무대였다.

서울에서 태어나 3살 때 의사인 아버지를 따라 미국으로 이민을 떠난 이창래 교수는 미국 동부 보딩스쿨에서 명문 교육을 받고 예일대 영문과에 진학했으며 오리건대에서 미술학 석사 학위를 취득했다. 오리건대 교수를 지낸 그는 1995년 미국으로 이민을 떠난 후 역사적, 사회적 이유로 거대한 미국 사회에 내던져진 한국인의 삶을 그린 장편소설 '영원한 이방인(Native Speaker)'으로 미국 문단에 등단하며 화려한 찬사를 받아 헤밍웨이 재단상, 펜 문학상, 미국 도서상 등을 수상한 미국 언론이 주목하고 있는 소설가이다.

노벨문학상 유력후보로 거명되고 있는 이 교수는 강연 시작 전 강단 앞에 모인 250여 명의 학생들에게 "송도 국제캠퍼스를 찾아 연세대 신입생들을 만나 반갑다."며 활짝 웃었다. 이 특강은 강연이라기보다는 자신의 창작생활과 스스로를 이야기하는 자리에 더 가까웠다.

그는 작가의 꿈을 어떻게 키워나갔는지에 대해 이야기를 풀어나갔다. "길고도 정확하지 않은 대답이지만"이라며 말문을 연 그는 보딩스쿨 시절을 회고했다. 그는 "수학과 과학 과목에 소질이 없었지만 책 읽기를 좋아했다. 문학과 시에 깊은 감명을 받았으며 주변 학우들의 훌륭한 문장력과 표현을 밑거름 삼아 자신의 창작세계를 꿈꾸게 되었다."고 말했다. 어린 문학도의 창작 열정은 기숙사 방에서 시작됐다. 그가 노트에 깨알같이 적은 짤막한 글에는 사춘기 고등학생의 사랑, 가정, 학업에 관한 여러 가지 감정들이 고스란히 담겨 있었다.

문학의 열정이 가득했던 이 교수는 대학 졸업 후 곧바로 문단에 등단하지 않았다. 미국 월스트리트에서 첫 직장을 가지게 된 것이다. 하지만 이후 작가 활동을 하며 열심히 글을 쓰기 시작했다.

마침내 그의 열정은 데뷔작인 '네이티브 스피커(Native Speaker)'에 투영돼 나타났다. 이어 일제시대 일본군 위안부 문제를 다룬 소설 '척하는 삶(Gesture Life)', '가족(Aloft)', 한국전쟁을 배경으로 한 소설 '생존자(The surrendered)' 등을 연달아 출판하며 주목을 받았다. 최근에는 미국의 암울한 미래를 내다본 신작 '만조의 바다 위에서(On such a full sea)'를 출간, 뉴욕타임스 등 미국 주요 언론의 조명을 받았다. 하지만 그는 정작 강연을 통해 자신의 히트작을 소개하기보다는 자신이 '실패한 첫 작품'(출간되지 않음)에 대해 얘기를 했다. 그는 "첫 작품에 대한 욕심 때문인지 나의 글을 쓰기보단 글의 표본에 대한 강박관념을 가졌다."면서 "결과적으로 자기 자신이 드러나지 않는 글이 되어 버렸고 결국 출간되지 못했다."고 했다. 이를 통해 글을 쓸 때 편안한 마음으로 자기 자신을 드러내는 것을 가장 중요하게 여기게 되었다고 덧붙였다. 강연에 참석한 학생들은 "교수이기 이전에 너무나 저명한 작가분을 만나게 되어 영광이었다.", "첫 술에 배부를 수 없다. 꾸준히 글을 쓰는 습관이 필요하다는 교수님의 말이 인상 깊었다."며 소감을 밝혔다.

[국제캠퍼스 소식] 네 곡의 클래식으로- 협주곡과 사랑에 빠지다

Vol. 93

네 곡의 클래식으로- 협주곡과 사랑에 빠지다

- RC 교육원, 음악대학 '협주곡의 밤' 개최

음악대학 오케스트라는 네 곡의 클래식 협주곡으로 청중을 사로잡았다.

지난 5월 21일 저녁 7시 국제캠퍼스 종합관 3층 다목적 체육관. 70여 명의 음악대학 오케스트라 단원들이 아름다운 비올라, 플루트, 바이올린, 그리고 피아노 선율을 선보였다. 콘서트홀을 가득 채운 학생들은 선율뿐만 아니라 연주하는 음악대학 단원들의 손짓, 눈짓 하나하나에도 집중했다.

RC 교육원(원장 장수철)은 음악대학 '협주곡의 밤'을 개최하며 2014학년도 1학기 마지막 RC 공연을 마쳤다. 이날 공연은 비올라 협연의 B. Bartok, 플루트 협연의 C. Reinecke, 바이올린 솔로의 J. Sibelius, 마지막으로 피아노 솔로의 M. Ravel 콘체르토로 꾸며졌다.

이날 협주곡의 밤에는 500여 명의 국제캠퍼스 신입생들은 물론, 인근 송도지역의 주민들도 참석해 눈길을 끌었다. 음대 단원들이 연주한 협주곡은 포근할 정도로 참석자들의 마음의 빗장을 풀어주었다. 포근함의 근원은 저음이 매력적인 비올라, 청명한 플루트, 은은한 바이올린이 내뿜는 절묘한 앙상블에 있었다. 관객들은 한 곡 한 곡이 끝날 때마다 아낌없는 박수로 섬세하고 아름다운 연주에 대한 감사를 표현했다.

특히 솔로 연주 부분인 카덴자(cadenza)는 청중을 숨죽이게 만들었다. 이날 공연의 하이라이트인 Ravel의 피아노 협주곡은 트라이앵글과 같은 다양한 악기를 가미한 환상적인 분위기로 학생들을 사로잡았다. 엄청난 속도로 이어지는 경쾌한 연주와 2악장의 느린 선율의 상반됨은 클래식 음악의 묘미를 느끼도록 했다.

공연을 관람한 학생들은 "클래식 음악이 지루하다는 편견을 마지막 라벨 협주곡을 통해 깰 수 있었다. 아름답고 수준 높았다." "Holistic Education(HE) 교수님의 추천으로 왔는데, 기대 이상으로 좋은 공연이었다." 등의 반응을 보이며 공연이 매우 만족스러웠음을 적극적으로 표현했다.

연세투데이

국제캠퍼스 소방훈련 실시
- 세월호 참사 이후 경각심 높이기 위해 시행

지난 5월 14일 저녁 7시 국제캠퍼스 자유관B 202호 대형 스크린에는 2008년 물류 창고 화재 동영상이 흘러나왔다. 학생들은 숨죽이며 눈과 귀를 집중하고 있었다. 국제캠퍼스에 있는 RA와 RHC, RM 교수를 대상으로 소방 훈련이 진행되었다.

세월호 사고 이후 재난 상황에 대한 경각심을 높이려는 목적에서 시행됐다. 이날 소방교육은 사고 사례 동영상 시청, 소방시설의 이해, 화재 발생 시 행동요령의 순으로 진행되었다. 특히 소방시설 교육에서는 소화설비, 경보설비, 피난설비로 나누어 이루어졌다. 건물 모형에 완강기를 달아 숙련된 조교가 시범을 한 뒤 RA들이 직접 실습하기도 했다. 김호영 RA(수학과 10학번)는 "편안한 상태에서 완강기 실습을 했는데도 시범에서 본 것만큼 신속하고 정확히 이루어지지 않았다. 위급 시 신속함을 요하는 상황에 대비하여 완강기 사용법을 정확하게 익혀놓는 것이 필요하다고 느꼈다."고 말했다.

이번 훈련은 화재 시 RM, RHC, RA가 해야 할 역할에 대한 교육으로 마무리되었다. 허정 RA(UIC 12학번)는 '그동안 위험에 대해 크게 생각하지 않고 살아왔는데 사고사례를 통해 위험 상황이 언제든지 발생할 수 있다는 것을 느꼈다. 오늘 교육에서 실제 실습하는 것도 배웠으니 사고 발생 시에 잘 대처할 수 있을 것 같다.'며 소감을 밝혔다.

한편, 5월 20일 재난대피 교육이 열리며, 21일에는 1기숙사, 22일에는 2기숙사에서 소방훈련이 진행될 예정이다.

정석주 양지실업 회장 특강
– "팽이는 계속 돌아야 한다. 멈추면 넘어진다"

정석주 양지실업 회장의 강연이 지난 5월 8일 오후 3시 인천 국제캠퍼스 진리관A 101호에서 열렸다. 정석주 회장의 강연을 알리는 안내 포스터에는 절반 이상을 가득채운 화려한 이력이 눈에 들어왔다.

정석주 회장은 1964년 우리대학교 상대를 졸업하고 1977년 양지실업을 창업했다. 양지실업은 1988년 미국 데이튼 허드슨 백화점에서 수여하는 최우수 품질상 수상하였고, 1992년 대한무역진흥공사 세계일류 상품화기업으로 지정받기도 하였으며, 정석주 회장은 2008년 지식경제부장관 특별공로패를 수상했다.   정석주 회장은 자신의 모교인 연세 사랑도 남달랐던 것으로 유명하다. 그는 1999년에 연세대 총동문회 상임부회장을 역임했고 지난 2월에는 백양로 프로젝트에 기금을 선뜻 쾌척하는 등 학교와 관련된 일이라면 솔선수범하여 먼저 팔을 걷고 나서고 있다. 졸업한지 오랜 시간이 지났음에도 불구하고 학교에 대한 애정과 후배

들에 대한 사랑이 여전히 유지되고 있음을 느낄 수 있다.

이처럼 다채로운 이력과 우리대학교에 대한 사랑으로 충만한 정석주 회장의 목소리는 또렷하고 힘이 실려 있었다. 현직에서 활동하고 있는 만큼 '중년 정도의 강연자'라 예상하는 대부분의 사람들은 강연장에 들어서자마자 그 예상이 빗나갔음을 직감했다. 그렇지만 정석주 회장의 강연을 듣고 있으면 또 한 명의 20대 연세대 학생이 자신의 친구들에게 마치 중요한 이야기를 하는 듯 그의 이야기에 빠져들었다. 비록 나이는 칠순이 되었고 머리는 희끗희끗해졌을지 모르지만, 정석주 회장은 넥타이를 푼 채 강단에 올라 열정적으로 강연을 펼쳤다. 강연장에 모인 200여명의 우리대학 국제캠퍼스 학생들은 강연자의 말을 한 마디라도 놓칠 새라 경청했다.

정석주 양지실업 회장은 제조업 분야에서 자신만의 사업을 창립해 30년 동안 수출 위주의 사업성과를 바탕으로 흑자경영을 해 온 주인공이다.

화려한 이력을 가지고 있는 정석주 회장인 만큼 그의 강연 내용은 그의 경험을 펼칠 것이라 많은 사람이 예상했다. 하지만 그 예상 역시도 여지없이 빗나갔다. 그의 강연은 그가 경영해온 양지실업의 성공과 자신의 삶에 대한 이야기를 벗어나서 마치 아버지가 자식들에게 전하는 자상한 말씀과 같았다. 그는 강연장에 들어서자마자 학생들에게 "밝고 똑똑해 보인다. 여러분의 눈빛에서 미래의 희망을 확인할 수 있다."며 운을 떼었다.

강연 중 그는 피터 드러커를 예시로 하여 대학생활에 대한 이야기를 학생들에게 들려주었다. "대학생활은 매우 중요하며 좋은 기회다." 라고 하며 편협한 사고를 갖지 않기 위해 다방면의 서적을 읽어야 한다고 강조했다. 무엇보다도 인문학 서적을 통해 도덕에 관한 자신만의 철학을 갖추어야 하며, 나아가 삶을 지탱하는 윤리의식을 갖추어 한다고 덧붙였다. 또한 "한 달 동안 하루도 빼먹지 않고 신문을 읽는 것은 50권의 책을 읽는 것과 같다."며 신문 구독의 중요성도 간과해서는 안 된다는 것을 많은 학생들에게 일러 주었다.

그는 강연을 갈무리하며 '팽이'의 비유를 들어 학생들에게 삶을 살아가는 원리를 알려주었다. "팽이는 계속 돌아야 한다. 멈추면 넘어진다."고 말하며 만약 학생들이 꾸준히 무엇인가를 하지 않고 "고민만을 하고 있다면 대학생활이 허무하게 끝나버릴 수 있다."고 전했다. "당장의 성과보다 큰 그림을 그리고 성취하고 실천해야 한다."면서 학생들에게 꾸준한 실천과 창의적인 마음가짐을 가지라고 조언해 주며 강연을 마무리지었다.   강연에 참석했던 우리대학 국제캠퍼스 학생들은 "우리가 쉽게 잊게 되는 '꾸준함'이 얼마나 큰 효력을 가지는지 알게 되었다." 며 "우리대학의 선배이자 인생의 선배인 정석주 회장님의 강연을 통해 삶의 지혜가 무엇인지를 알게 되었다."고 밝혔다.

이날 강연에는 정갑영 총장이 직접 오셔서 정석주 회장을 친근한 멘토로 소개해 주셨다. 평소 정석주 회장이 갖고 있는 학교에 대한 애정을 다시 확인할 수 있는 대목이다.

[국제캠퍼스 소식] 김동준 innoCatalyst 대표 RC 특강 개최

김동준 innoCatalyst 대표 RC 특강 개최
- 혁신을 수용하고, 도전정신을 승리의 표상으로 삼아야

지난 4월 30일 저녁 7시 인천 국제캠퍼스 자유관B 202호에서 김동준 innoCatalyst 대표의 강연이 열렸다. 평범한 강연들과는 다르게 강연은 준비된 영상과 함께 시작했다. 종영된 드라마 '신사의 품격'의 일부가 상영되며 시작된 강연은 학생들의 주목을 끌었다.

영상에 나타난 드라마 주인공들의 대화가 사뭇 어색했다. '나중에 진짜 이런 것 생기는 것 아니야?'라고 묻는 질문의 대상이 되는 것들은 현재는 일상적으로 사용하고 있는 IT 기술이 접목된 기기들이었다. '신사의 품격' 주인공들의 어린 시절에는 상상하지 못했던 여러 IT 기술이 그들이 성인이 되는 그 짧은 기간 동안 발전을 했다는 것을 상징적으로 보여주는 장면이었다.

지금 우리가 상상하고 있는 것들 중 실제로 삶 속에서 실현되는 것들이 있을까. 이 질문은 상상력 그리고 창의력을 가진 사람이라면 한 번쯤은 품어봄직한 질문이다. 이날 강연에서 이 질문에 대한 대답을 김동준 innoCatalyst 대표로부터 들을 수 있었다.

김동준 대표는 이날 RC교육원(원장 장수철) 주최로 열린 특강에서 '창조시대의 혁신과 성공적 아이디어의 태동'을 주제로 2시간 동안 강연을 펼쳤다. 풀어서 이야기하면 '상상을 실현시키는 법 그리고 그것을 우리의 삶 속으로 옮겨놓는 것'이 이날 강연의 주제였다. 많은 사람들의 상상 속에만 존재하는 기술과 그러한 기술이 우리의 삶을 어떻게 변화시키는지를 강연을 통해 알 수 있었다. 그리고 무엇보다 중요한 것, 그것은 바로 변화를 이끌어 내는 데 우리대학 학생들과 같이 창조적이며 창의적인 학생들의 역할에 대한 제안이 강연의 일부를 이루었다.

김동준 대표는 그 자신을 '혁신 촉매자'로 소개했다. 그는 우리대학교에서 공학박사 학위를 취득했다. 이후 삼성전자에 입사, 15년 간 근무하며 60여 개의 혁신 프로젝트를 수행하는 등 남다른 성과를 이뤄냈기에 삼성전자 VIP(Value Innovation Program)센터 파트장의 역할까지 수행할 수 있었다고 술회했다.

그는 15년간의 국내 굴지의 대기업에서의 근무 기간 동안 끊임없이 변화하는 새로운 환경에 부딪힐 수밖에 없었다고 말했다. 하지만 그는 그러한 것을 '좌절'의 순간으로 삼지 않고 '혁신'과 '도전'의 기회로 삼을 수 있었다고 회고했다. 나아가 자신뿐만 아니라 자신과 함께 일하는 동료들에게 그것을 '혁신'으로 받아들일 수 있도록 하는 자신만의 태도를 갖게 되었기에 그 스스로를 '혁신 촉매자'라고 칭했다. 그는 "대부분 사람들은 자신들이 상상하는 것들이 실현될 리 없다며, 상상조차도 주저하는 사람들이 늘어나고 있다."며 "어느 누구도 실현의 가능성을 스스로 점쳐 볼 수는 없다."고 많은 학생들에게 전했다. 그리고 "이러한 태도들이 우리가 반드시 탈피해야 하는 생각의 매너리즘"이라고 전했다. 생각의 매너리즘을 탈피하고, 시대를 이끄는 새로운 기술 및 생각을 가지기 위해서라도 그는 끊임없이 상상해볼 것을 학생들에게 주문했다. 그러면서 그는 "실현 가능성이 없어 보이는 엉뚱한 상상이야말로 새로운 조합을 이끌어 내는 것"이라고 강조했다.

김동준 대표는 "끊임없이 변화하고 또 정체되지 않는 방식으로 이뤄지는 혁신을 받아들여야 한다. 그리고 이런 혁신을 실현시키기 위해서 무엇보다 중요한 꾸준한 노력이 필요하다"고 전했다. 변화에 수긍하지 않는 삶에 대한 태도가 기술의 발전뿐만 아니라 자신의 삶을 성공적으로 바꿀 수 있는 바탕이 되는 것이다. 김 대표는 마지막으로 "혁신과 노력 그리고 태도의 변화는 끝까지 포기하지 않는데 있다"고 전하며 포기하지 않는 법을 학생들은 대학생이라는 시간을 통해 배워야 한다고 전했다.

김동준 innoCatalyst 대표의 강연을 들은 국제캠퍼스 학생들은 "이전까지 스스로 할 수 없었다고 생각했던 것들에 대해서 다시 생각할 수 있는 계기가 되었다."며 "쉽게 단정지어 버렸던 여러 가지 현상과 사실들에 대해서 익숙해지지 않아야 혁신이 싹틀 수 있다는 것을 배웠다"고 전했다. 그리고 "무엇보다 자신의 경험을 토대로 한 내용을 통해 강연이 현실적으로 다가왔다."며, "우리도 열심히 노력하여 김동준 선배님과 같은 혁신 촉매자가 되고 싶다." 며 소감을 밝혔다.

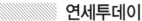
[국제캠퍼스 소식] 청신한 새잎처럼 유쾌한 재즈 연주, '중간고사 스트레스 확 풀려'

청신한 새잎처럼 유쾌한 재즈 연주, '중간고사 스트레스 확 풀려'
- RC 교육원, 유명 재즈팀 'Prelude' 초청 공연

RC 교육원(원장 장수철)은 지난 4월 23일 저녁 8시 국제캠퍼스 자유관B 202호에서 '훈남 재즈 밴드' 프렐류드(Prelude)를 초청하여 연주회를 열었다.

중간고사를 막 마치고 홀가분한 마음으로 이곳을 찾은 220명의 학생들은 무대를 채운 프렐류드의 고희안(피아노), 최진배(베이스), 리차드 로(색소폰), 한웅원(드럼)의 공연을 만끽했다.

프렐류드는 즉흥연주의 파격이 적고 멜로디를 선명하게 살려 연주하는 그룹으로 편안한 재즈 음악을 좋아하는 이들에게 인기가 높다. 이 그룹은 명문음대인 미국 버클리음대에서 재즈 퍼포먼스를 전공한 4명의 연주자가 모여 2003년 결성했다. 이후 총 9장의 앨범을 발매하였고 국내 최고 재즈 연주자를 뽑는 투표인 '2013 리더스폴'에서 멤버 전원이 각 악기별 연주자 1위에 뽑힌 기록도 가지고 있다.

개성 있는 음악 컬러와 유쾌한 연주가 특징인 이들은 이날도 어김없이 관객과 함께 호흡할 수 있는 친근하고 아름다운 재즈 음악을 들려주었다. 컴퓨터 모니터에 뜨는 팝업창에서 모티브를 얻어 프렐류드가 작곡한 재즈 음악 'Pop up'은 스타카토의 발랄한 분위기로 학생들의 큰 호응을 이끌었다. 이어 찰리 채플린이 작곡했다는 'Smile'은 재즈문법에 잘 맞춘 곡으로 편안한 분위기를 안겨주었다. 이밖에 재즈의 본고장 뉴올리언즈를 떠올리게 하는 '12st.rag', 영화 '하울의 움직이는 성'의 주제곡, 산울림의 '개구쟁이' 등을 연주해 학생들의 귀를 즐겁게 했다. 학생들은 연주가 진행되는 동안 리듬에 따라 박수로 응답하기도 했고 각 연주자들의 화려한 연주 테크닉이 돋보이는 솔로 파트의 연주가 끝날 때에는 환호성과 함께 박수갈채를 쏟아내기도 했다.

한편, 이날 연주회에 앞서 참석자들은 경건한 분위기에서 세월호 침몰 사고 희생자에 대한 묵념의 시간을 가졌다.

RC 교육원은 오는 4월 30일 오후 7시 진리관A 101호에서 김동준 innoCatalyst 대표를 초청해 RC 특강을 개최할 예정이다.

[국제캠퍼스 소식] 제2회 Residential College RA 특강 개최

Vol. 88

제2회 Residential College RA 특강 개최
- 김학철 치원 하우스 RM이 '누가 리더인가'라는 주제로 강연

RC 교육원(원장 장수철)은 제2회 RA 특강을 지난 4월 9일 저녁 8시 국제캠퍼스 진리관A 101호에서 개최하였다. 이번 특강은 국제캠퍼스 김학철 치원 하우스 RM(Residential Master)이 '누가 리더인가'라는 주제로 강연을 하였다. 200여 명의 학생들이 참석하여 호기심 어린 눈빛으로 강연자의 말에 귀를 기울였다.

김학철 RM은 스파르타 교육을 소개하면서 강연을 시작했는데, "폐쇄적 사회체제, 엄격한 군사교육, 강력한 군대 등으로 유명한 스파르타의 모든 남성들을 7살부터 19살까지 입법자인 리쿠르고스로부터 제정된 '스파르타식 교육'을 생활규정으로 삼았다." 면서 "스파르타 사람들은 '정복' 아니면 '죽음'이라는 율령에 따라 살았다."고 말했다.

그는 이어 "율령을 통해 스파르타인들은 노예 10명 이상을 거느릴 수 있는 정신적, 육체적 강인함을 교육받아 스파르타를 지키게 되었다."면서 "리쿠르고스 또한 이 율령을 지키기 위해 자신의 목숨까지 내놓는 등의 행동을 통해 모든 스파르타인들을 감동시켰다."고 했다.

- 리더가 가져야 할 3가지 덕목은 능력, 지위, 덕

김 RM은 이같이 리쿠르고스의 일화를 들어 RC 교육의 리더에 대해 설명한 후, '학생들을 앞으로 걸어가게 하는 법'을 빗대어 리더가 되기 위한 3가지의 영향력을 소개했다. 첫 번째는 강제로 걸어가게 하는 방법인데, 걸어가지 않으면 그에 대한 대가가 따른다. 두 번째는 설득하는 방법인데, 앞으로 걸어갔을 때 유인책을 주는 것이다.

세 번째로 그는 감동을 주어 걸어가게 하는 방법을 덧붙였다. 학생들의 길 앞에 꽃을 놓아둠으로서 그들이 걸어가고 싶게 만드는 것이 요점이다. 김 RM은 "대체로 사람들은 위의 세 가지 방법 중 어느 한 가지만을 선택해 학생들을 지도하려 하지만, 이는 올바른 방법이 아니다. 3가지 영향력이 모두 적절하게 사용될 때 최고의 리더십이 실현된다."고 강조했다. 결국 능력, 지위, 덕을 모두 갖춰야만 좋은 리더가 된다는 것이다.

강연에 참석한 한 RA는 "RA로서 학생들을 이끌면서 힘든 점이 있었는데, 3가지 영향력을 골고루 사용하여 학생들을 잘 이끌어 갈 수 있을 것 같다."고 소감을 밝혔다.

한편, RC 교육원은 4월 23일에 국제캠퍼스 진리관 A303호에서 RC 전체 프로그램인 재즈밴드 '프렐루드'를 초청하여 'RC 공연'을 개최한다. 오는 4월 30일에는 같은 장소에서 CBS 프로그램 '세상을 바꾸는 시간, 15분' 연출자인 구범준 PD를 초청해 강연을 개최할 예정이다.

[국제캠퍼스 소식] 국제캠퍼스, 'RC 숲' 아세요?

Vol. 87

국제캠퍼스, 'RC 숲' 아세요?
– 식목일 맞아 하우스별 학생들 묘목 120여 그루 식목

지난 4월 5일 오전 국제캠퍼스 진리관 A 옆 공터. 기숙사로 향하는 길 옆 빈 터에 눈길이 쏠렸다. 기숙사에 거주하는 2014학년도 신입생들이 열심히 묘목을 심고 있었던 것이다. 국제캠퍼스 개교 이후 텅 빈 밭이었던 곳에 학생들이 직접 조성한 'RC 숲'이 생겼다.

꽃비 내리는 4월 식목일을 맞아 국제캠퍼스 신입생 120여 명이 RA(Residential Assistant) 선배들, RM(Residential Master) 교수님들과 함께 묘목을 심었다. 이 행사('내가 심는 연세의 역사')는 하우스 프로그램으로 학생들의 자발성에 근거하여 기획된 것이다. 학부대학(학장 최강식)과 RC 교육원(원장 장수철)은 행사 진행을 위해 필요한 장비들을 준비하였다.

한결, 무악, 백양, 청송 등 12개 기숙사 하우스에 소속된 학생들이 주말임에도 불구하고 소나무, 벚나무, 살구나무 등 3종의 수목 120여 그루의 묘목을 조성했다. 학생들은 열심히 삽으로 땅을 파고 묘목을 심은 뒤, 흙으로 덮었다. 처음 경험하는 '묘목 심기'에 모두들 익숙하지 않았지만 학생들은 담당 교직원의 도움을 받고 서로 도와가며 묘목을 심기도 했다. 묘목 앞에는 자신의 이름이 새겨진 표찰을 세웠다. 이날 오후 학생들이 심은 묘목이 하나둘씩 공터를 채우자 텅 빈 잔디밭이었던 이곳은 작은 관목이 모여 숲이 되었다. 행사에 참석한 무악하우스의 한 학생은 "식목일에 내 이름으로 심은 묘목을 심어 뿌듯하다. 매년 내가 심은 묘목이 커가는 모습을 보면 더욱 뜻 깊을 것"이라며 소감을 밝혔다.

[국제캠퍼스 소식] 봄 기운처럼 생기 넘치는 탱고, 국제캠퍼스에 울려 퍼지다.

Vol. 87

봄 기운처럼 생기 넘치는 탱고, 국제캠퍼스에 울려 퍼지다.
- 2014-1학기 제2회 Residential College(RC) 공연 개최

지난 4월 2일 저녁 8시 국제캠퍼스 자유관B 202호. 지난 소치 동계올림픽에서 김연아 선수가 프리 프로그램으로 선곡했던 배경음악이 공연장에 울려퍼지고 있었다. '아디오스 노니노'. 1959년 10월 피아졸라가 푸에르토리코 연주 여행 중 부친의 사망 소식을 듣고 뉴욕 귀환 후 바로 몇 시간 만에 작곡한 곡으로 우리에게 매우 익숙한 탱고 음악이다.

RC 교육원(원장 장수철)이 탱고 음악을 주제로 제2회 Residential College(RC) 공연을 개최했다. 공연은 초청된 코아모러스(coamorous) 밴드가 맡았다. 4명의 다국적 멤버로 구성된 코아모러스는 수년간의 공연을 해온 베테랑답게 공연 내내 훌륭한 탱고 연주로 흥겨운 분위기를 이끌었다. 어눌하지만 재치있는 밴드 멤버들의 한국어 말솜씨는 조미료처럼 간간한 재미를 주었다.

아디오스 노니노와 함께 피아졸라의 유명한 탱고 음악인 '리베르탱고' 역시 공연장에 모인 학생들의 귀를 즐겁게 했다. 마치 꽃이 봄의 정기를 불어 넣어 주듯 아낌없이 쏟아내는 것 같았다. 이날 코아모러스는 '베라노 포트레리오', '태오 메들리', '다크 아이스', '차우 파리' 등 귀에 익숙한 탱고 음악으로 1시간 반 가량 10여 곡을 연주했다. 이들의 연주는 형형색색의 봄꽃처럼 음악적 감성을 일깨웠다.

코아모러스는 학생 관객들의 커튼콜 이후 열렬한 앙코르 요청을 아리랑으로 화답해 눈길을 끌었다. 공연이 끝난 후 수많은 학생들이 무대로 나와 공연자들과 사진도 찍고 담소도 나누었다. 이날 학생들은 스스럼없이 공연자와 어우러져 연주자와 소통하는 시간을 가졌다. 약학과 이하린 학생은 "탱고라는 장르 자체를 많이 접해본 적이 없는데 생각보다 너무 좋았고 탱고에 관심이 생겼다."며 공연을 본 소감을 말했다. 한편 오는 4월 30일 국제캠퍼스 진리관 A303호에서는 RC 전체 프로그램인 'RC 특강'이 열릴 예정이다. '세상을 바꾸는 시간, 15분'을 연출한 구범준 PD가 '성장은 우리 사이로부터 온다.'라는 제목으로 강연을 한다.

[국제캠퍼스 소식] 2014학년도 제1회 Residential College(RC) 특강 열려

Vol. 86

2014학년도 제1회 Residential College(RC) 특강 열려

3월 26일 학부대학 RC교육원은 UIC 크리스 리(Krys Lee) 교수를 초청해 2014학년도 첫 번째 RC 특강을 열었다. 이번 강연에는 187명의 RC 교육 대상 학생들이 참석했다.

크리스 리 교수는 The 2012 Story Prize Spotlight Award 수상, 2012 BBC International Story Prize 후보, American Academy of Arts and Letters에서 Rome Prize fellowship for 2014-2015를 수상하는 등 그 이력이 화려하다. 대표저서로는 「Drifting House」가 있다.

'The Writing Life, The Dreaming Life'를 주제로 진행된 본 강연에서 크리스 리 교수는 자전적 경험을 바탕으로 학생들에게 작가가 된다는 것에 대한 진솔한 이야기를 풀어나갔다. 크리스 리 교수가 말하는 작가의 삶이란 상상력과 창의력을 키우는 연습이라고 말했다. 특강은 문답형식으로 진행되어 학생들의 자발적인 참여를 이끌어 내었으며 학생들로 하여금 강연에 더욱 몰입하게 하였다.

강연에 참석한 이은주 학생(테크노아트학과 12학번)은 "글이 쉽게 쓰이는 것이 아니라는 것을 알게 됐다. 작가의 고충을 느낄 수 있었다."고 말했다. 또 다른 한 학생은 "생각장소를 정해서 생각하는 훈련을 하면 글쓰기에 많은 도움이 된다고 하셨는데 나도 오늘부터 실천해 봐야겠다."며 "경험을 바탕으로 말씀해 주셔서 더 깊이 와 닿았던 특강이었다."는 소감을 밝혔다.

[국제캠퍼스 소식] 새 학기 국제캠퍼스에 봄을 재촉하는 선율이 흐르다

Vol. 85

새 학기 국제캠퍼스에 봄을 재촉하는 선율이 흐르다
- 2014-1학기 제1회 Residential College(RC) 공연 개최

지난 3월 19일 저녁 7시 국제캠퍼스 다목적홀, 봄을 재촉하는 선율이 강연장 안을 가득 채웠다. 우리 대학교 중앙 동아리인 'YAYAN', 'Piano In Yonsei', 'MAY'가 신입생들이 가득한 국제캠퍼스를 찾아 2014-1학기 Residential College(RC)의 첫 무대를 장식했다.

피아노 동아리인 'Piano In Yonsei'의 연주로 RC 공연이 시작됐다. 'Piano In Yonsei'는 클래식뿐만 아니라 학생들에게 친숙한 뉴에이지 음악 등을 연주해 학생들에게 흥을 돋우었다. 이어서 펼쳐진 무대는 천상의 목소리를 가진 아카펠라 동아리 'YAYAN'이었다. YAYAN은 다양한 장르의 곡을 솜사탕처럼 달콤하고 보드라운 목소리로 감동을 선사했다.

마지막 무대는 작곡 동아리 MAY가 장식했다. 신선한 자작곡 연주와 함께 작곡 프로그램을 활용한 작곡 퍼포먼스를 선보여 무대 앞에 모여 있는 관객의 눈과 귀를 잡아끌었다. 봄을 재촉하듯 힘찬 리듬에 맞춰 학생들은 흥겹게 몸을 흔들었다. 이번 공연은 학생들이 직접 공연무대에 오르고 학생들이 관객으로 모인, 학생들의 눈높이에 맞춘 음악으로 자유롭게 소통한 무대였다. 그렇기 때문에 신입생, Residential Assistant(RA) 등 평소보다 많은 250여 명의 학생들이 참석해 관심을 끌었다.

공연에 참석한 학생들은 "세 동아리 모두 실력이 수준급이어서 깜짝 놀랐다.", "아카펠라 동아리 구성원들의 목소리가 너무 아름다웠다."며 호평했다.

한편, 오는 3월 26일 국제캠퍼스 진리관 A101호에서는 RC 전체 프로그램인 'RC 특강'이 열릴 예정이다. 언더우드국제학부 교수이자 'Drifting House'의 저자인 크리스 리(Krys Lee)가 'The Writing Life, The Dreaming Life'라는 제목으로 강연을 한다.

⬚⬚⬚ 연세투데이

RC 뉴스레터 발간

Residential College(RC) 생활과 각종 프로그램 활동을 담은 'RC Newsletter' (이하 RC 뉴스레터)가 12월 중순에 발간됐다. 이번 뉴스레터는 통권호수 8호로, 40개의 소식으로 구성됐다. 공통/연계 프로그램, RC Open Days, 하우스별 행사 등 한 해 동안 진행했던 프로그램을 총망라하여 RC 뉴스레터에 담았다.

이번 학기 총 4회에 걸쳐 진행된 RC 강연 시리즈, 총 5회에 걸쳐 진행된 Yonsei International Campus Performing Arts Series(YIC PAS), 9월부터 8개 하우스와 Non-RC팀 총 9개 팀이 축구, 농구, 피구, 배드민턴, 탁구 5개 종목을 겨룬 하우스 대항 RC 올림픽, 소셜댄스 페스티벌(Social Dance Festival), 84학번 이글스 콰이어 선배와 후배들의 만남, RC Open Days 등 공통 프로그램의 내용을 담았다.

또한 하자센터, 연수구 등 외부 기관과 연계하여 진행되는 자전거 강연 프로그램, 방진현 영화감독과 단편영화팀이 한 학기 동안 만든 단편영화를 상영한 제2회 국제캠퍼스 단편영화제 등 연계 프로그램 내용도 수록했다.

RC 뉴스레터에도 이색적이고 다채로운 하우스 프로그램 소식도 가득했다. 먼저 용재하우스에서 진행된 다양한 프로그램이 눈길을 끌었다. 기숙사에 사는 학생들의 불규칙한 식습관과 인스턴트 식품 위주의 식단을 개선하여 건강을 도모하자는 취지로 기획된 '용재's 샐러드 Day', 용재토크쇼 '연애하세요. 시즌 2', '용재 퀴즈대회 시즌 2' 등의 활동 등도 뉴스레터에 담았다.

또한 무악하우스에서 진행한 프로그램들도 소개됐다. 평소에 만날 기회가 없던 모든 무악인들이 모여 서로의 짝을 찾는 프로그램인 '짝', 얼마 전 태풍으로 큰 피해를 입은 필리핀 피해 주민을 위해 학생들이 자발적으로 주도한 모금행사인 '필리핀 태풍피해 모금', '무악 콘서트' 등의 활동을 뉴스레터에 소개했다.

이와 함께 언더우드하우스에서 진행된 프로그램들도 눈길을 끌었다. 해리포터 주간을 정하여 하우스 내 4개의 커뮤니티룸을 각각 그리핀도르, 슬리데린, 래번클로, 후플푸프 휴게실로 꾸미고, RA들은 해리포터 영화 내 인물들이 되는 하우스 데이 행사뿐만 아니라 마니또, 비전 및 사회 이슈 탐색 프로그램으로 진행된 자기 브랜드스쿨 등의 프로그램을 소개했다.

에비슨하우스는 남녀 RA가 짝을 지어 한 분반이 되어 다양한 활동을 했던 활동상을 엮은 '짝 분반 활동' 특집기사와 자치회 활동 등의 기사를 게재했다. 아리스토텔레스하우스는 외국 학생들의 친목을 도모하는 'International Dinner', 양상추 빨리 먹기 대회, 타코와 나초 등을 함께 만들고 즐기는 'Mexican Snack Night' 등을 소재로 기사를 담았다.

윤동주하우스에서 진행된 프로그램도 학생들의 눈길을 사로잡기에 충분했다. 끼와 재능을 뽐내는 '윤동주 갓 탤런트 프로그램', 윤동주하우스의 테마인 지적이고 실천하는 지식인에 입각한 프로그램인 'Voice of the Voiceless 자선 콘서트', 기타 교실, '감사 프로젝트'의 연장선으로 작은 것 하나도 축복이라는 것을 잊지 말며 감사하자는 취지에서 시작한 '참 감사하고 아름다운 것들 프로그램'의 감사 나무 만들기, 풍등 날리기, 한국어로 친구 사귀기 등을 소개했다.

알렌하우스에서 진행된 프로그램도 흥미진진했다. 알렌하우스의 인기 프로그램 중 하나인 김밥을 함께 만들고 즐기는 '알렌이 김밥 만드는 시간', 세 번째 오픈 세미나로 진정한 연애란 무엇인지 고민해 보는 프로그램 등이 열렸다.

백양하우스에서는 '미리 크리스마스'를 테마로 한 백양하우스 미팅 행사, 다과 뷔페, 경품추첨, 디제잉 파티 등 다채로운 프로그램들을 소개했다.

2012학년도부터 매 학기 2회 발간되는 RC 뉴스레터는 RA와 RC학생들이 모여 직접 제작하는 만큼 학생들의 활동을 생동감 있게 전하고 있다. 2013학년도부터는 웹진으로 발간, 누구나 손쉽게 확인할 수 있도록 하였으며 모바일 버전으로도 제작된다. (RC뉴스레터 주소: http://bonaem.co.kr/rcnewsletter)

[국제캠퍼스 소식] 국제캠퍼스, 제5회 자유창의 공모전 개최

Vol. 77

국제캠퍼스, 제5회 자유창의 공모전 개최

학부대학은 12월 6일(금) 오후 5시 30분에 국제캠퍼스에서 '제5회 자유창의 공모전'을 열었다.

이번 공모전 결선에는 1차 논문심사를 거쳐 최종 선발된 5개 팀, 자유전공 학생 50여 명이 참여하였다. 결선은 각 팀별로 프레젠테이션 및 질의응답 순서로 진행했다. 주제는 '한국 교육의 문제점 분석과 해결 방안'이었다. 금상은 '탐구 현장으로서 도서관의 역할 수행 미흡'을 주제로 한 이의현, 김용환, 이기혁, 이종하, 오경은 학생이 받았다. 나머지 수상 팀은 상장과 함께 부상으로 장학금을 받았다.

학부대학 자유전공의 교육목표는 다양한 학문과 전공을 융합할 수 있는 개방적, 창의적 사고력과 건전한 공동체 윤리, 도덕, 가치관을 갖춘 인재를 양성하는 것이다. 자유창의 공모전은 학부대학이 자유전공 학생들의 학문적 수월성과 글로벌 리더십 함양을 지원하기 위해 매년 2학기에 개최하는 행사이다. 2009년 최초 시행 이후 올해로 다섯 번째이다. 또한, 학부대학은 '자유창의 장학생 전공탐색 공모전'을 2010년부터 매년 1학기에 개최하고 있다. 자유전공 학생들의 능동적이고 적극적인 전공 설계를 지원하기 위해서이다.

[국제캠퍼스 소식] 제25회 Yonsei International Campus Performing Arts Series (YIC PAS) 개최

Vol. 76

제25회 Yonsei International Campus Performing Arts Series (YIC PAS) 개최

지난 12월 4일 제25회 Yonsei International Campus Performing Arts Series(이하 YIC PAS)가 개최됐다. 'BEYOND THE LIMIT'를 주제로 약 40명의 학생이 참석한 가운데 진행된 본 공연은 피아노 황소원, 첼로 반현정, 바이올린 최해성이 협연한 피아노 3중주로 공연했다. 세 사람은 합주 및 독주를 넘나들며 각각의 악기가 가진 매력을 발산함과 동시에 아름다운 하모니를 들려줬다.

이번 공연은 특히 바이올린 카프리스(Caprice : 형식과 내용에 구애받지 않는 자유분방한 곡)를 통해 공연 주제를 잘 드러냈다. '음'으로 구성된 것만이 음악이 아니라 움직임(Movement)과 정적(Silence) 역시 음악이 될 수 있다는 것을 보여주며 우리가 흔히 음악이라고 생각하는 한계를 뛰어넘는 인식의 전환을 유도했다. 공연 마지막에는 크리스마스 캐럴을 연주하며 훈훈한 분위기로 마무리했다.

공연을 관람한 학생들은 "신선한 충격이었다.", "연주자들의 뛰어난 실력과 세 악기의 하모니가 어우러지는 감동적인 공연이었다."고 평가했다. YIC PAS는 문화, 예술을 통한 정서함양과 대화형식의 공연을 통해 창의성을 탐구하고 발견하도록 하여 전인교육을 꾀하고자 하는 취지의 대표적인 RC 공통 프로그램 중 하나다. 이날 공연은 이번 학기 마지막 공연으로 내년에도 양질의 YIC PAS가 이어질 전망이다.

[국제캠퍼스 소식] 제24회 Yonsei International Campus Performing Arts Series 개최

Vol. 75

제24회 Yonsei International Campus Performing Arts Series 개최

11월 27일, 국제캠퍼스에서 '제24회 Yonsei International Campus Performing Arts Series(이하 YIC PAS)'가 열렸다. 학부대학 RC교육원과 음악대학이 공동주최한 이번 행사는 '협주곡의 밤'을 주제로 음악대학 '02 오케스트라'가 공연했다.

지휘를 맡은 윤승업 씨는 약 90명의 단원으로 구성된 오케스트라를 이끌며 니노 로타 (N. Rota)의 콘트라베이스 협주곡(Divertimento Concertante for Contrabass and Orchestra), 모차르트(W. A. Mozart) 클라리넷 협주곡 가장조(Klarinette Koncert A-dur, K.622), 모차르트(W. A. Mozart) 피아노 협주곡 24번 다단조 (Piano Concerto No.24 in c-minor K.491)를 선보였다. 음악대학에 재학 중인 3명의 학생(콘트라베이스: 정하나, 클라리넷: 김현, 피아노: 안려홍)이 협연하여 풍성한 클래식 선율을 들려주었다.

이날 행사에는 약 160명이 참석했으며 공연을 관람한 학생들은 "전문성이 느껴지는 수준 높은 공연이었다.", "송도에서 오케스트라 연주를 감상할 수 있어서 좋았다."고 말했다.

한편 오는 12월 4일 오후 7시 30분 진리관A 303호에서 이번 학기 마지막 YIC PAS 공연이 개최될 예정이다. 'Beyond the Limit'를 주제로 한 바이올린 3중주 공연이 예정돼 있다.

연세투데이

[국제캠퍼스 소식] RC 교과목 불우이웃돕기에 동참해 연말 감동 선사

Vol. 75

RC 교과목 불우이웃돕기에 동참해 연말 감동 선사
- '아이사랑 아우사랑' 수업서 만든 인형, 배냇저고리 개발도상국에 전달
- 세브란스 어린이병원에도 전달돼 또 다른 감동 전달
- '아기사랑모자뜨기'에서는 아프리카, 아시아 극빈곤층 아이들에게 전달

국제캠퍼스 학부대학(학장 최강식)이 RC 개설 교과목을 통해 불우한 이웃을 돕는 데 동참해 연말 훈훈한 감동을 주고 있다.
국제캠퍼스 2학기 개설과목인 선택교양 HE1 (Holistic Education 사회기여) 분반 '아이사랑 아우사랑'(담당교수 나정은) 수업에서 40여 명의 학생들은 유니세프 캠페인에 동참했다. 이들은 인형 키트(몸통)를 구입하고 자투리 천과 실, 단추, 리본 등 생활 주변의 재활용 가능한 재료들을 이용해 인형을 제작했다. 이렇게 만든 작품들은 개발도상국에 보내며, 이 캠페인의 수익은 신생아들의 7대 예방접종과 모기장 설치 등을 위해 쓰인다. 또한 학생들은 (사)함께하는사랑밭 캠페인에 동참했다. 배냇저고리 키트를 구매하고 만들어 미혼모 및 개발도상국의 어린 생명들을 위해 전달한다. 특히 이번 연말에는 수업시간에 제작한 인형과 배냇저고리를 세브란스 어린이병원(병원장 김동수)에 보낼 예정이다.
나정은 교수는 "바느질을 처음 하는 학생들의 작품이라 미숙한 느낌이 있지만 한땀한땀 정성이 들어간 손길을 느낄 수 있다."고 말했다.
또 다른 개설 분반과목인 '아기사랑모자뜨기'(담당교수 지용승)에서는 47명의 학생들이 신생아 모자와 담요를 제작했다. 제작한 물품은 세이브더칠드런을 통해 연말 잠비아, 에티오피아, 타지키스탄에 전달하게 된다. 모자뜨기를 통해 생존권과 보호권에 위협을 받고 있는 아프리카와 아시아의 신생아들에게 보건의료를 지원할 예정이다.
수업에서 제작된 인형, 배냇저고리, 모자, 담요는 12월 말까지 국제캠퍼스 기념관 3층 전시실에 전시된다.

[국제캠퍼스 소식] 학부대학 RC 과목에서 공들인 미술 작품들 첫 선 '눈길'

Vol. 75

학부대학 RC 과목에서 공들인 미술 작품들 첫 선 '눈길'

국제캠퍼스 학부대학(학장 최강식) RC 개설 교과목에서 학생들이 한 학기동안 공들여 만든 미술 작품들이 11월 30일 '페어런츠 데이' 행사를 통해 첫 선을 보였다.

학부대학은 이날 행사에 참석한 정갑영 총장을 비롯해 실처장들과 학부모들에게 학생들이 수업시간에 직접 그린 유화, 드로잉, 수채화 등 200여 점의 작품들을 선보였다. 학생들의 작품은 국제캠퍼스 종합관 로비, 진리관 B 로비, 자유관 A로비에 나눠 전시됐다.

HE2(Holistic Education 예술) 교과목 중 분반 '유화' 수업(담당교수 박시완) 시간에 제작한 36점의 작품은 종합관 로비와 1,2층 계단 벽면에 전시돼 있다. 박시완 교수는 "학생들 대부분은 처음 유화를 접함에도 불구하고 뛰어난 표현력이나 창작력을 발휘했다."면서 "매뉴얼이나 고전적인 프레임에 얽매이지 않고 각자 자유롭고 개성적인 표현방식으로 풀어낸 점이 돋보인다."며 칭찬을 아끼지 않았다. 작품들 중 일부는 미술을 전공하는 학생의 작품이라 해도 손색이 없을 정도로 수준이 높았다.

또 다른 분반 수업인 '그림의 이해' 수업(담당교수 이연주)에서는 학생 60명이 참여해 공동작품 5점과 120장의 드로잉 작품을 내놓았다. 이연주 교수는 "다양한 시각예술을 이해하기 위해 학생들은 기초 드로잉을 직접 배웠다."면서 "새롭게 보는 실험들과 사물을 입체적으로 표현하는 데 꼭 필요한 빛의 이해와 명도를 연필로 표현하는 방법을 배운 과정들이 작품 속에 녹아 있다."고 말했다. 특히 공동작품 가운데 프랑스 화가 페르낭 레제의 '세 여인'이 눈길을 끌었다.

이와 함께 또 다른 분반인 '2-D Art: Foundation and Development' 수업(담당교수 하태심)에서 학생들은 세 영역을 바탕으로 서로 다른 재료와 주제를 가진 200여 점의 작품들을 내놓았다. 세 영역은 다음과 같다. 첫째, 주어진 음악을 듣고 그 느낌을 선으로 표현하는 'Line in Expression', 둘째, 잡지 속의 컬러풀한 이미지들을 오려 붙여 구성한 뒤 흑백 명암을 주어 바꾸는 콜라주 형태와 'Value Study'를 통해 완성한 'Values in Collage', 셋째, 'Form'과 'Shape', 'Abstraction'의 기본 콘셉트 이해를 위해 다양한 재료를 사용해 완성한 기본 소묘와 디자인 구성작업이다.

하 교수는 "미술 작업이나 전시의 경험이 거의 없는 비전공 학생들에게 이번 전시회는 새로운 창작경험을 통해 내적 성장을 도모하는 계기가 되었을 것"이라고 밝혔다. 이와 함께 HE2 분반 수업 '수채화 및 드로잉'(담당교수 이문호)에서 선보인 수채화, 드로잉 작품들도 진리관 B 로비에 함께 전시됐다.

HE2 교과목의 미술 작품 전시는 12월 말까지 이어진다.

연세투데이

[국제캠퍼스 소식] 레지덴셜칼리지(RC) 강연시리즈 진로특강

Vol. 74

레지덴셜칼리지(RC) 강연시리즈 진로특강

국제캠퍼스에서 진로 탐색을 위한 특강이 열렸다. 학부대학 레지덴셜칼리지(Residential College: 이하 RC) 교육원(원장 장수철)은 지난 11월 13일 창업 분야, 20일 공직 분야를 주제로 총 2회에 걸쳐 강연을 진행하였다. RC 학생들에게 더욱 능동적이고 적극적인 진로 탐색을 지원하기 위해서이다.

창업 분야 진로 특강은 (주)다음커뮤니케이션 창업자인 이재웅 대표가 맡았다. 이날 강연에는 50여 명의 학생들이 참석하였다. 이 대표는 강단에서 내려와 편안한 분위기 가운데 강연하였다. 강단이 아닌 객석에서 학생들과 눈높이를 맞춰 대화하는 형식으로 강연을 진행하였다. 현재 이 대표는 소셜벤처인큐베이터 SOPOONG 대표로 활동하고 있다. 소셜벤처인큐베이터란 소셜 벤처 기업에 투자하고, 투자한 기업이 성공할 수 있도록 도와주는 기업이다. 그는 'Why Entrepreneurship? 왜 기업가 정신인가?'를 주제로 한 강연에서 "기업가는 단순히 사업으로 돈을 버는 사람이 아니라 세상을 바꾸고 시스템을 혁신하는 사람들이다."라며, "세상을 바꾸는 꿈을 꾸고 있다면 그것이 정치, 사업, 예술을 통해서라고 믿고 있다 하더라도 기업가 정신을 꼭 마음속에 새기고 있어야 한다."고 강조했다.

강연에 참석한 학생은 "회사 창업자로부터 강연을 직접 듣게 되어 매우 유익했다."며, "세상에 적응하지 말고 세상을 자신에 적응시키라는 말에 크게 공감했다."고 전했다.

공직 분야 진로 특강도 있었다. 이는 공직에 진출하고자 하는 학생들에게 실질적인 도움을 주기 위해 기획되었다. 현직에 있는 선배들의 생생한 현장 이야기를 통해 공직 분야에 대한 막연한 환상이 아니라 명확한 개념을 정립하기 위한 프로그램이다.

강연은 사법, 행정, 외교 3가지 분야로 나누어 진행되었다. 사법 분야는 법학전문대학원 손창완 교수, 행정 분야는 산업통상자원부 박수정 사무관, 외교 분야는 외교통상부 김도형 서기관이 강연을 맡았다. 강연에는 약 180여 명의 학생이 참석하였다. 공직 분야에 대한 학생들의 높은 관심을 확인할 수 있는 자리였다. 강의를 마친 후, 분야별로 약 20여 분간 질의응답을 하는 시간도 가졌다. 강연에 참석한 학생들은 "실질적 준비과정에 대한 안내를 받을 수 있어서 좋았다."고 소감을 전했다. 또한, "국가고시를 준비할 수 있는 사람의 성향과 기본적 자질 등을 생각해 볼 수 있는 좋은 계기가 되었다."라며, 강연을 마친 후 뜨거운 반응을 보였다. RC 강연시리즈는 2013학년도 RC 공통프로그램의 대표적인 프로그램이다. 이번 학기에는 지난 20일 공직 분야 강연을 마지막으로 막을 내렸다.

한편, RC가 자부하는 또 하나의 대표적인 프로그램인 Yonsei International Campus Performing Arts Series(YIC PAS) 공연이 있다. 이 공연은 오는 11월 27일 수요일 저녁 7시 국제캠퍼스 종합관 다목적체육관에서 열릴 계획이다. 공연주제는 '협주곡의 밤'으로, 우리대학교 음악대학의 오케스트라가 연주에 참가할 예정이다.

[국제캠퍼스 소식] RC Lecture Series: 피터 알렉산더 언더우드 이사 초청 강연

Vol. 72

RC Lecture Series: 피터 알렉산더 언더우드 이사 초청 강연

학부대학 RC 교육원은 10월 30일 피터 알렉산더 언더우드 (원한석) 이사를 초청하여 '창조와 혁신을 위한 환경조성'이라는 주제로 강연을 진행했다. 강연에 앞서 강사 소개를 하던 장수철 RC 교육원장이 "퍼스트 무버라는 개념은 진화론적으로 흥미롭다."며 운을 띄우자 언더우드는 "이건 장사하는 이야기라 과학이랑은 거리가 멀어요."라며 능숙한 한국어로 응답하여 한바탕 웃음이 흘러나왔다. 강연이 한국어로 진행된다는 공지가 미리 있었지만 언더우드 이사의 능숙한 한국어 솜씨에 많은 학생들이 놀라는 눈치였다.

강연은 언더우드 이사의 저서 '퍼스트 무버'를 중심으로 진행됐다. 언더우드 이사는 "한국인만 한국에 대해서 이야기할 수 있다고 한다면 나는 자격이 없는 사람"이라며 "그러나 한국에 대해 도움되는 이야기를 해 달라는 거듭된 요청이 있었다."고 책을 쓰게 된 배경을 밝혔다. 이후 한 시간에 걸쳐 한국의 성공적인 과거와 그 한계점, 앞으로의 전략에 대한 강연이 이어졌다. 강연의 핵심은 과거 대한민국은 경제발전을 위해 준비된 토양과 강력한 비전을 가진 지도자에 의해 '패스트 팔로워' 전략을 수립하여 성공적으로 발전했으나, 앞으로는 '퍼스트 무버' 전략을 세워야만 계속 성공할 수 있다는 것이었다. 이를 위해 개선해야 하는 점으로 언더우드 이사는 능력보다 스펙이 중시되는 사회, 합리적인 계획을 세우지 못하게 방해하는 위계질서 등을 꼽았다.

이후 30분 정도 학생들의 질문이 이어졌다. 언더우드 이사는 "너무 어려운 질문은 하지 말라"면서도 모든 질문에 세심하게 답했다. 특히 "퍼스트 무버가 되고 싶어도 세상이 아직 그럴 조건이 안 되어 있다."는 학생들의 볼멘소리에 대해 "한국은 이미 퍼스트 무버의 시대로 빠르게 넘어가고 있다. 중요한 것은 그 변화를 가속화시키는 것"이라고 격려하기도 했다.

한편, 강연에 앞서 언더우드 이사는 장수철 RC 교육원장, 김태훈 언더우드 하우스 RM 교수, 황대훈 언더우드 하우스 Chief RA의 안내로 RC의 언더우드 하우스를 돌아봤다. 개척, 나눔으로 이름 붙여진 언더우드 하우스의 커뮤니티 룸과 학생 방 등을 둘러본 언더우드 이사는 언더우드 선교사의 정신을 계승하는 언더우드 하우스 활동에 대하여 관심을 보였다. 또한 "내 학생 시절에 비해 아주 깨끗하게 살고 있다."고 농담을 하며, "해외 대학은 같은 층에 남녀 방을 섞어서 배치하기도 한다."며 성별로 층이 구분된 기숙사 운영에 대해 관심을 보이기도 했다. 강연이 끝난 후, 언더우드 하우스에서는 언더우드 이사에게 언더우드 하우스 단체 후드티를 선물하며 설립자의 후손에 대한 환대의 마음을 표시하고 행사를 마무리했다.

연세투데이

국제캠퍼스 뉴스레터 발간

Residential College(RC) 생활과 각종 프로그램 활동을 담은 RC Newsletter(이하 RC 뉴스레터)가 지난주 발간됐다. 이번 뉴스레터는 통권호수 7호로, 약 50여 개의 소식으로 구성되었다. RC 뉴스레터에 소개된 기사는 학생들의 특별활동에 초점을 맞추고 있다. 특별활동은 하우스별 테마의 특성에 따라 각각 다르다. 먼저 언더우드 하우스는 개척과 나눔 정신의 공동체이다. 이들은 개척 프로젝트의 일환으로 하우스 프로그램 공모전 '상상을 실현하라' 프로그램, 자전거 공방 굴리샘 시범 운영 개시 등 활동을 진행하였다.

에비슨 하우스는 조용하고 아늑한 분위기의 하우스로 규칙적인 생활을 원하는 학생들의 생활공동체이다. 이들은 스쿼시를 배우고 함께 운동할 수 있는 스쿼시클럽 운영, 문학경기장 야구관람, 성경공부와 삶을 나누고 서로를 위해 기도하는 시간을 가질 수 있는 아침 QT(Quiet Time) 등의 프로그램에 대해 소개하고 있다.

무악 하우스는 음악을 테마로 하는 하우스이다. 이들은 RC합창단, 콘트라베이스와 바이올린, 플루트, 클라리넷, 색소폰, 통기타, 오카리나 등 다양한 악기를 배우고 합주를 통해 하모니를 체득할 수 있도록 하는 '무악 플레이스 더 뮤직(Muak plays the Music)' 프로그램을 진행하고 있다.

용재 하우스에서는 심리적, 정신적, 신체적 건강증진을 위한 다양한 프로그램을 운영한다. 탱고파티, 만남, 사랑, 이별로 구성된 용재토크쇼 '연애하세요', '도전 용재 50곡', '용재 퀴즈대회'와 같은 다채로운 프로그램을 진행하였다. 이외에도 스포츠모임, 포토샵과 일러스트레이터를 배울 수 있는 정담한 스케치북 등의 프로그램도 눈여겨볼 만하다.

윤동주 하우스는 지적이고 실천하는 하우스로 우리말과 글을 사랑하는 학생들로 구성된 것이 특징이다. 월별로 테마를 선정, 그에 맞는 영화를 선택한 후 주 1회 함께 영화를 감상하는 주중엔 영화, 한글날을 기념하여 순 한글만을 사용, '윤동주'로 삼행시 짓기, 윤동주家로 예쁜 글씨체 만들기, 로고 제작하기 등 분야로 구성된 윤동주家공모전을 진행하는 등 활동을 하였다.

백양 하우스는 창의적 문화 예술이 중점 테마이다. 아카펠라팀, 케이팝 댄스(K-pop Dance)팀, 싱어송 라이터 팀이 활발하게 활동 중이다. 영화제작팀은 단편영화 제작에 박차를 가하고 있다. 이들은 네이버 TV캐스트 '립덥(LIB DUB) 공모전'에 참가하여 우승한 바 있다.

아리스토텔레스 하우스는 더 굿 라이프(The good life)를 추구하며 블랙과 화이트를 드레스코드로 한 '블랙 앤 화이트파티(Black and White Party)', 아동용 자전거를 가지고 펼쳐지는 '트라이사이클 레이스(Tricycle Race)'와 같은 기발한 프로그램도 진행하고 있다.

알렌 하우스는 글로벌(Global), 다문화(Multi-Cultural), 다양성(Diversity) 등을 테마로 하고 있다. 동심으로 돌아가자는 취지로 진행된 운동회 '알렌은 12살', 만두 요리 대회, 군대, 라면을 주제로 한 '오픈 세미나'를 비롯한 다양한 프로그램을 진행되고 있다.

RC 뉴스레터는 2012학년도부터 매 학기 2회 발간되고 있다. RA와 RC학생들이 모여 제작하는 자체적인 뉴스레터이기에 무엇보다도 학생들의 관심과 흥미를 끌고 있다. 특별히 올해부터는 웹진으로 발간함으로써 이메일과 모바일로도 확인할 수 있도록 하였다(RC뉴스레터 주소: http://bonaem.co.kr/rcnewsletter).

[국제캠퍼스 소식] 세계적인 재즈 음악가들의 국제캠퍼스 방문 공연

세계적인 재즈 음악가들의 국제캠퍼스 방문 공연

라틴재즈 피아니스트 우고 파토루소(Hugo Fattoruso)와 퍼커셔니스트 토모히로 야히로(Tomohiro Yahiro), 드러머 마틴 이바르부루(Martin Ibarburu) 등 세계적인 재즈 음악가들이 10월 2일 국제캠퍼스를 찾아와 국제캠퍼스의 젊은 새내기들을 감동과 열광이 가득한 축제의 장으로 이끌었다. 이들은 'Falling in jazz'를 주제로 제22회 YIC Performing Arts Series(YIC PAS)에서 환상적인 연주를 선보였다. 대부분의 연주곡들은 아프리카계 축제 음악의 하나로 우루과이의 대표적인 전통문화이자 세계 인류무형문화유산으로 지정되었던 곡들이다.

탱고의 모체인 칸돔베에 대한 설명과 영상 상영이 있은 후, 파토루소의 경쾌한 피아노 연주와 강렬한 칸돔베 연주가 감동을 이어갔다. 공연 무대에 눈과 귀를 모은 학생들은 현재와 과거를 아우르는 라틴의 정취에 흠뻑 젖어들었다. 공연자와 관객 모두가 음악으로 한마음이 되어 자유롭게 소통한 무대였다. 이 자리에는 학생뿐만 아니라 주한 우루과이 대사 일행, 송도 주민 등 약 150명이 참석했다.

공연에 참석한 학생들은 "음악이 너무 좋아서 몸이 절로 반응을 하게 되었고, 다른 장소, 다른 시간으로 여행할 수 있었다", "연주자들의 손 움직임 하나하나를 볼 수 있을 정도로 가까운 거리에서 좋은 공연을 감상할 수 있어 영광스럽다", "앞으로도 이런 기회가 자주 있었으면 좋겠다"며 뜨거운 반응을 보였다.

[국제캠퍼스 소식] 인천송도마라톤대회에 RC 구성원 120여 명 참가

Vol. 68

인천송도마라톤대회에 RC 구성원 120여 명 참가

지난 10월 6일 2013 인천송도마라톤대회(이하 대회)에 우리대학교 RC(Residential College) 구성원들이 참가해 눈길을 끌었다. 송도 센트럴파크에서 열린 이번 대회에는 RC 교육 대상 학생들과 RA(Residential Assistant), RM(Residential Master) 교수 등 120여 명이 참가했다. 참가종목은 10km 또는 5km 코스였다. 우리대학교 백양하우스의 Grudinschi Sabina(경영·13) 학생은 하프코스 여자부 3등을 차지하였다. 또한, 우리대학교는 최다 단체상 5등상을 수상하였으며, 부상으로 쌀 18kg을 받았다.

대회가 끝난 후에는 하우스별로 모여 대회 소감 등을 나누는 자리도 마련됐다. 참가 학생들은 "이번 대회를 통해 기초체력의 중요성을 절감했다"며 "앞으로도 꾸준히 운동을 해야겠다고 느꼈다"고 소감을 밝혔다.

이번 마라톤대회 참가행사는 학부대학 RC 교육원이 지성, 덕성, 체력, 예술적 감수성을 키우기 위한 전인교육 프로그램의 하나이다. 이 프로그램은 매 학기 인천 마라톤 대회에 RC 구성원들을 참가하게 함으로써, RC 내 생활체육을 정착시키고, 학생들의 체력훈련과 공동체 의식을 키우는 것이 목적이다. 이외에도 RC 교육원은 전인교육 차원에서 예술적 감수성 함양을 위해 YIC Performing Arts Series(YIC PAS), 강연시리즈 등 다양한 프로그램을 계획하고 있다.

연세투데이

- 송도국제가요제, 강연 '난 네가 좋아', YIC PAS 동아리 공연 등

지난 9월 3일 열린 제2회 송도국제가요제를 시작으로 각종 RC 프로그램들이 활발하게 진행되고 있다.

300명 이상의 학생이 참석한 본 행사에는 하우스별 예선과 1차 선발을 거친 14팀과 개인 참가자의 본선 무대, 차여울 밴드와 폴보의 초대가수 무대, 시상 순으로 오후 7시 30분부터 밤 10시까지 진행됐다. 가요제 1등은 알렌하우스의 박준성 학생(UIC 13학번)이 차지했다. 2등은 무악하우스의 최승리(경영 13학번), 윤동주하우스의 홍주형(응용통계 13학번) 학생 및 RC비대상자인 고종경(물리 13학번) 학생으로 구성된 팀이, 3등은 에비슨하우스의 임도현(경제 13) 학생이 수상했다. 송도국제가요제는 단순한 노래 경연대회가 아닌 RC만의 색을 띤 축제한마당이다. RC 구성원 전체가 음악으로 소통하며 하우스 간, 나아가서는 전체 RC 구성원이 화합하는 장으로서의 역할을 한다는 점에서 그 의의가 있다.

한편 지난 4일에는 2013학년도 2학기 첫 강연 시리즈인 '난 네가 좋아'가 진행됐다. RC 공통 프로그램으로 7회째를 맞는 이번 강연 시리즈는 성평등 교육을 목적으로 진행됐고, 우리대학교 성평등센터 노주의 전문연구원이 강연했다. 강연에 참석한 구성원 간 허심탄회한 소통을 위해 남학생, 여학생으로 대상을 구분하여 총 2회 강연이 진행되었으며 총 70여 명의 학생과 학부대학장, RC교육원장, RM, 학부대학 학사지도 교수가 참석했다. 강연 시리즈에 참석한 학생들은 "평소 이성에 대해 가지고 있던 잘못된 인식을 전환할 수 있어 좋았다", "실생활에서 이성을 어떻게 대해야 할지 배울 수 있었던 실용적인 강의였다"고 답했다.

지난 11일에는 2학기 첫 YIC Performing Arts Series(YIC PAS)인 새 학기 맞이 동아리 특별공연이 진행됐다. 총 9개의 동아리에서 99명의 인원이 공연에 참가, 눈을 뗄 수 없을 만큼 흥미진진한 공연을 선보였다. 선배들이 기획하고 선보이는 공연이니만큼 250여 명의 학생들이 참석해 본 공연에 대한 학생들의 뜨거운 관심을 확인할 수 있었다. 동아리 떼의 고창농악 판굿 무대로 막을 연 본 공연은 마술동아리 NTIZ, 락밴드 MEDUSA의 무대로 그 열기를 더하였다. 이후 연세국악연구회의 고풍스러운 연주 및 Piano in Yonsei의 아름다운 피아노 선율, 재즈 동아리 So What의 감미로운 연주, 오케스트라 유포니아의 웅장하고도 풍성한 연주가 이어졌다. 피날레 무대는 흑인음악 동아리 RYU, 재즈댄스 동아리 Jazz Feel이 화려하게 장식했다. 본 공연을 관람한 학생들은 "공연시간 2시간이 어떻게 지나가는지 몰랐을 정도로 흥미롭고 알찬 공연이었다", "선배들의 열정과 진지함이 묻어나는 공연이었다"고 말했다.

이밖에도 각종 하우스 프로그램이 순조롭게 진행되고 있으며, 10월 2일에는 제22회 YIC PAS: Falling in Jazz(재즈 밴드 공연) 공연이 개최된다. 6일에는 송도국제마라톤대회에 참가, 그 동안 아침연습으로 다져온 체력을 중간점검 하는 시간을 갖는다. 30일에는 경제학자이자 우리대학교를 설립한 호러스 그랜트 언더우드의 4대손인 피터 언더우드의 강연이 예정되어 있다. 이외에도 다양한 공통 및 연계, 하우스 프로그램이 진행될 계획이다. 다채로운 행사를 거듭하고 있는 학부대학 RC교육원의 다음 행보를 기대해 본다.

저자 약력

정갑영 연세대학교 제17대 총장

연세대학교 제17대(2012. 02.~2016. 01.) 총장을 역임한 경제학자로 코넬대학교에서 경제학 박사학위를 받았다. 연세대학교 경제학부 교수로 부임하여 정보대학원장, 교무처장, 원주캠퍼스 부총장을 거쳤다. 대외적으로는 국민경제자문회의 거시금융분과위원장, 감사원 혁신위원장, 삼성경제연구소 석좌 연구위원, 동북아경제학회 회장 등을 역임하였고, 현재는 연세대학교 명예특임교수로 재직 중이다. 영국 루트리지(Routledge) 출판사에서 발행하는 『글로벌 이코노믹 리뷰(Global Economic Review)』의 에디터를 맡고 있으며, 1993년 매경 이코노미스트상, 2007년 시장경제대상, 2011년 다산 경제학상, 2016년 청조근정훈장을 받았다. 총장 재임 중 정책과 자료를 담은 『1,461일의 도전』과 『대학교육의 혁신』을 출간하였다.

최강식 연세대학교 (전) 학부대학 학장

연세대학교에서 경제학을 전공하고 예일대학교(Yale University)에서 인적자본에 관한 연구로 경제학 박사 학위를 받았다. 한국경제학회 이사 및 대표 학술지인 『경제학연구』의 편집위원장을 지냈으며, 대통령이 위원장인 국민경제자문위원회, 규제개혁위원회 등에서 위원으로 활동하였다. 연세대학교에서 학부대학 학장으로 재임하면서 국내 최초로 송도 국제캠퍼스에서 1학년 학생 전체를 대상으로 하는 RC 교육 프로그램을 총괄하였다. 전국대학교양교육협의회 회장을 역임하였으며, 주요 관심사는 교육 투자, 기술진보, 일자리 문제 등이며 최근에는 교양교육 관련 연구에 치중하고 있다.

박형지 연세대학교 (전) 언더우드국제대학(UIC) 학장

연세대학교 영어영문학과 교수로서 언더우드국제대학(UIC) 설립부터 참여하였다. 2004년에서 2006년까지 UIC 설립준비위원회 교과과정소위원장, 공통과정책임교수 및 부학장 역임 후 2012년부터 4년간 언더우드국제대학 학장을 맡았다. 리버럴 아츠(Liberal arts) 교육의 목표 및 실천, 한국형 리버럴 아츠의 모습, 그리고 융복합 교육 및 연구에 관심을 갖고 있다. 2008년부터 2년 반 동안 학부대학 교학부학장을 맡기도 하였다.

정경미 연세대학교 (전) 학부대학 교학부학장

연세대학교 심리학과 교수로 학부대학에서 2년간 교학부학장으로 재직하면서 교양교육의 현실에 대해 배우고 경험하였다. 수준별 교육 및 교양교육 변화에 따른 학생들의 성장과 변화에 대한 논문과 책 집필에 참여하였고, 현재 교양교육위원회 위원으로 활동하며 지속적으로 교양교육에 관심을 갖고 배우고 있다.

장수철 연세대학교 (전) RC 교육원 원장

연세대학교 학부대학 교수로 2013년부터 약 3년간 RC 교육원장으로 재직하면서 연세대학교의 RC 교육을 출범하는 데에 일정한 기여를 하였다. 생명과학 교과목 운영 및 교양교육으로서의 생물학 교육에 대한 논문과 책을 집필하였고, 현재 교양교육학회의 회원으로 활동하며 지속적으로 교양교육과 관련한 연구와 교육을 수행하고 있다.

김은정 연세대학교 학부대학 학생지도교수

연세대학교 학부대학 교수로 재직 중이며, 성공적인 대학생활을 위한 1학년의 대학교육 경험을 발전시키는 데 관심이 많다. 연세대학교 학부교육제도 개편위원 및 학부대학 필수교양 운영위원, 연세대학교 RC 준비위원 및 RC 운영위원, 현 청송 RC 하우스의 레지덴셜 마스터로서 연세대학교 고유의 RC 교육모델을 만드는 데 참여하고 있다.

홍혜경 연세대학교 학부대학 학생지도교수

연세대학교 학부대학 교수로 재직 중이며, 1999년부터 대학 1학년의 교육경험과 학생지도에 관심을 가지고 연구하고 실행해왔다. 최근에는 레지덴셜 칼리지 교육에 참여하여 새로운 교육모델 개발에 관심을 두고 있으며 에비슨 하우스 마스터 교수를 맡고 있다.

이원경 연세대학교 학부대학 학생지도교수

연세대학교 학부대학 교수로 재직 중이며, 학생지도를 전담하고 있다. 1999년부터 대학교육 현장에서 전문 학사지도 제도의 정착과 발전을 위해 일해왔으며, 대학 1학년의 교육 경험과 대학생의 성장 발달에 관심을 가져왔다. 최근의 관심 영역은 학습과 생활이 통합된 교육의 장으로서 RC의 체계적 운영과 학생들이 함께 성장해나갈 수 있는 창의적 교육 프로그램을 개발하고 운영하는 것이다.

한봉환 연세대학교 학부대학 학생지도교수

연세대학교 학부대학 교수로 재직 중이며, 1학년 학생들의 전공 및 진로지도를 포함한 대학생활 전반에 대한 학사지도를 담당하고 있다. 2013년부터 시작된 연세대학교 1학년 대상의 국제캠퍼스 레지덴셜 칼리지 교육의 준비와 정착과정에 참여하였다. 언더우드하우스의 레지덴셜 마스터로서 학생들과 가장 밀착된 형태의 RC 교육을 시행하고 있으며, 교양교육 시스템에 따른 학생들의 변화에 대한 논문 집필에도 참여하였다.